基金项目：
四川师范大学学术著作出版基金资助；
四川省财政厅2020年度会计项目：基于政府会计改革视角的四川省政府债务风险预警研究（项目号：2020-sckjkt-001）

地方政府投融资平台债务风险管控研究

刘 娅 赵淑鹏 著

科学出版社
北 京

内 容 简 介

本书以地方政府投融资平台为研究对象，通过对其债务风险形成机理、分类特征、传导机制的分析，建立了一套地方政府投融资平台债务风险评价体系及地方政府投融资平台债务风险度量模型，提出了债务风险管控的对策建议。此外，针对地方政府债务测度、风险管控、PPP（public-private partnership，政府和社会资本合作）项目等进行了延展研究。

本书为针对地方政府债务治理研究的专业书籍，面向具备财政学、管理学或者经济学一定专业水平的读者，旨在帮助他们掌握地方政府投融资平台债务风险治理知识。

图书在版编目（CIP）数据

地方政府投融资平台债务风险管控研究 / 刘娅，赵淑鹏著. —北京：科学出版社，2022.6

ISBN 978-7-03-069453-9

Ⅰ. ①地… Ⅱ. ①刘… ②赵… Ⅲ. ①地方政府-投融资体制-债务管理-风险管理-研究-中国 Ⅳ. ①F832.7

中国版本图书馆 CIP 数据核字（2021）第 148739 号

责任编辑：陶 璇 / 责任校对：刘 芳

责任印制：张 伟 / 封面设计：有道设计

科学出版社出版

北京东黄城根北街 16 号

邮政编码：100717

http://www.sciencep.com

北京盛通数码印刷有限公司 印刷

科学出版社发行 各地新华书店经销

*

2022 年 6 月第 一 版 开本：720 × 1000 1/16

2023 年 1 月第二次印刷 印张：15 1/4

字数：307 000

定价：152.00 元

（如有印装质量问题，我社负责调换）

前　言

风险管理是一个有趣的话题，上至国事经济，下至行业公司，都面临风险管理的问题。笔者分别在四川师范大学、华融证券股份有限公司工作，一直以来持续研究风险管理，主要是从财务角度对资本市场一些上市公司进行研究。2008 年金融危机过后，笔者注意到，地方政府投融资平台作为应对经济下行的缓冲器快速发展，债务规模急剧攀升。这个现象引发了笔者高度关注，也引发了对地方政府投融资平台债务风险管理研究的浓厚兴趣。从 2013 年开始，本人积极拜访四川省内的投融资平台公司，从省级公司到县级平台，从成都平原到攀西高原，足迹遍布四川，研究平台公司的经营实况；主动与国务院国有资产监督管理委员会（简称国资委）、地方政府金融服务办公室（简称金融办）等政府主管单位进行交流，加强与商业银行、证券公司合作，研究平台公司的债务风险。在此基础上，以“地方政府投融资平台债务风险管控”为载体申报立项了教育部基金项目 1 项、省级基金项目 2 项、其他类型基金项目 3 项，先后在《财政研究》《统计与决策》《金融与保险》等核心期刊发表相关论文 15 篇，取得了一定的研究成果。

一直以来，国内学者聚焦地方政府投融资平台债务风险进行了较为深入的探索，奠定了较为坚实的基础，呈现出“四多四少”的特点：一是针对投融资平台债务的定性研究多，而定量研究少；二是针对投融资平台债务界定分类等静态研究多，而针对其风险传导的动态研究少；三是针对投融资平台债务风险成因研究多，而针对其风险防控机制研究少；四是针对投融资平台债务的风险描述研究多，而针对其风险预警研究少。在总结前人研究的基础上，本书对地方政府投融资平台债务风险治理进行系统、深入的研究，有助于对投融资平台债务规模进行制度约束，有助于对投融资平台债务风险进行动态监测，有助于自上而下理清财税体制消除地方政府过度负债动力，有助于从里到外规范政府负债运作模式降低风险，实现十九大提出的防范化解重大风险攻坚战的目标，本书尝试解决以下四个问题。

第一，地方政府投融资平台债务风险理论的创新发展。本书从风险传导视角出发，厘清风险影响机理和传导机制，有助于深入探究地方政府投融资平台债务风险治理路径，是地方政府投融资平台债务治理理论的创新发展。

第二，对地方政府投融资平台债务全口径度量问题提出解决思路和具体方法。从政策研究方向出发，融合财政学、管理学、行为经济学的基础理论总结地方政府投融资平台债务风险传导影响机理；从学术研究方向出发，由宽到窄地对地方政府投融资平台债务进行分类界定；从统计定量方向出发，结合资金端（金融视角）和资产端（政府视角）不同维度对投融资平台债务规模加以模拟测度，对比分析结果，形成更精准的估算区间。最终实现对地方政府投融资平台债务在时间上的动态监测，在空间上进行分类汇总，是地方政府投融资平台债务治理实践的突破。

第三，为地方政府投融资平台债务风险精准预警提供模型支撑。构建基于财政系统、金融系统不同应用场景的投融资平台债务风险精准预警体系，包括基于各级政府应用场景的地方政府投融资平台债务风险评价体系，以及金融机构应用场景的地方政府投融资平台债务风险度量模型，对中央政府掌控地区投融资平台债务、金融机构判断地区投融资平台债务违约概率具有实践指导价值。

第四，为抑制地方政府投融资平台债务风险提供政策建议。遵循隐性债务风险影响机理和传导机制的分析逻辑，推演地方政府投融资平台债务治理机制，对相关主体提出极具针对性的政策建议，确保财政、金融、政治政策的动态联动，为地方政府投融资平台债务风险治理提供思路，有较强的实践应用价值。

本书知识点横跨管理学、财政学、经济学等学科，属于较为专业的研究政府债务书籍，适用于政府部门工作人员、企事业单位工作人员、金融机构工作人员在工作中学习使用，也适用于其他对政府债务感兴趣的人士研究使用。

本书在撰写的过程中，得到了众多前辈、老师的指点和关心，特别在此表示衷心的感谢！感谢我的博士生导师四川大学干胜道教授，在我的学术生涯中悉心指点，引领我在学术殿堂中探索创新；感谢我的硕士生导师冯建教授，冯老师是我研究“风险管理”的启蒙老师，点燃了本书研究的火苗；感谢四川师范大学胡艳教授，在我的研究过程中鼎力相助；感谢四川师范大学同学李锐嘉、董宇晗、舒珮瑶、向彦春、王茜、杨清裕，为本书的完成贡献的力量。

政府债务研究是一个动态变化的过程，需要进行持之以恒的探索。本书仅为本人阶段性的研究成果，后续我将付出更大的努力，力求将地方政府隐性债务、政府债券、PPP 项目、土地财政等变量和因素纳入投融资平台债务的研究中，为地方政府债务风险研究做出自己应有的贡献！

刘　娅

2021 年 9 月于成都

目　　录

1　导论 ··· 1
　1.1　研究背景及研究意义 ··· 1
　1.2　研究内容 ··· 4
　1.3　研究方法 ··· 7
　1.4　研究特色及可能的创新 ··· 7
　1.5　本章小结 ··· 8
2　文献综述与研究理论基础 ··· 9
　2.1　文献综述 ··· 9
　2.2　研究理论基础 ··· 24
　2.3　本章小结 ··· 40
3　地方政府投融资平台概述 ··· 41
　3.1　地方政府投融资平台内涵 ··· 41
　3.2　地方政府投融资平台发展历史 ··· 45
　3.3　地方政府投融资平台的职能 ··· 47
　3.4　地方政府投融资平台的特点 ··· 48
　3.5　地方政府投融资平台的作用 ··· 50
　3.6　中国地方政府投融资平台存在的问题 ··· 53
　3.7　地方政府投融资平台融资渠道 ··· 56
　3.8　地方政府投融资平台的发展趋势 ··· 60
　3.9　本章小结 ··· 62
4　地方政府投融资平台债务风险形成机理及分类研究 ··· 63
　4.1　地方政府投融资平台风险形成机理 ··· 63
　4.2　地方政府投融资平台债务风险分类 ··· 72
　4.3　地方政府投融资平台债务风险综合阐述 ··· 82
　4.4　本章小结 ··· 83

5 地方政府投融资平台债务风险传导机制研究 ······ 84
5.1 地方政府投融资平台债务风险源分析 ······ 84
5.2 地方政府投融资平台债务风险事件分析 ······ 86
5.3 地方政府投融资平台债务风险传导载体分析 ······ 87
5.4 地方政府投融资平台债务风险路径分析 ······ 89
5.5 地方政府投融资平台债务风险传导强度与效应分析 ······ 93
5.6 地方政府投融资平台债务风险传导博弈模型分析 ······ 95
5.7 本章小结 ······ 99
6 地方政府债务现状及风险分析 ······ 101
6.1 地方政府债务现状 ······ 101
6.2 当前地方政府债务风险分析 ······ 106
6.3 本章小结 ······ 110
7 地方政府投融资平台债务风险实证研究 ······ 111
7.1 实证研究框架概述 ······ 111
7.2 基于中央政府视角的地方政府投融资平台债务风险评价体系构建 ··· 112
7.3 基于金融机构视角的地方政府投融资平台债务风险度量模型构建 ··· 126
7.4 本章小结 ······ 135
8 地方政府投融资平台债务风险管控的对策建议 ······ 137
8.1 中央政府层面 ······ 137
8.2 地方政府层面 ······ 141
8.3 地方政府投融资平台层面 ······ 143
8.4 金融机构层面 ······ 146
8.5 化解地方政府投融资平台债务风险的思考 ······ 149
8.6 本章小结 ······ 152
9 地方政府投融资平台债务风险延展研究——隐性债务风险研究 ······ 153
9.1 绪论 ······ 153
9.2 文献综述 ······ 155
9.3 地方政府隐性债务的界定 ······ 162
9.4 四川省地方政府债务的规模 ······ 165
9.5 四川省地方政府隐性债务的度量 ······ 168
9.6 四川省地方政府隐性债务的成因 ······ 172
9.7 地方政府隐性债务风险防控措施 ······ 174
9.8 本章小结 ······ 177
10 地方政府投融资平台债务风险延展研究——PPP 项目研究 ······ 178
10.1 PPP 项目资产证券化风险评价体系 ······ 178

10.2　PPP 项目资产证券化定价影响因素研究 ······ 187
10.3　地方官员变动与地方政府行为对民营企业 PPP 项目参与度研究 ······ 202
10.4　本章小结 ······ 214
参考文献 ······ 215

1 导　论

1.1 研究背景及研究意义

1.1.1 研究背景

为了促进地方经济建设和社会发展，各级地方政府不遗余力地推动 GDP（gross domestic product，国内生产总值）增长，持续的财政投入成为促进 GDP 增长的主要途径。地方政府通过大量的基础设施投资建设，保持 GDP 持续增长的同时，产生了巨额的地方政府债务。2008 年一场席卷全球的金融危机爆发，我国中国人民银行采取了积极的应对措施，逐步放宽货币政策，国家政府也出台了与之匹配的财政政策，地方政府投融资平台（简称投融资平台）数量急剧增加，大量资金被投入到基础设施建设中,这对我国地方经济发展的促进作用极为显著。2011 年在决定经济增长的三大需求中，净出口在 GDP 中的比重只有 2%左右，而消费和投资的比重达到约 98%，因此，消费和投资增速的波动，决定了我国经济增长的波动变化。从周期性角度看，投资增速的周期性波幅远大于消费增速，且投资增速的周期项和名义 GDP 增速的周期项波动更为一致。这表明在三大需求中，投资增速的周期性波动是引起经济增长周期性变化的主要原因。在投资需求中，制造业投资在整个固定资产投资中比重相对稳定，2014 年以来稳中趋降，在 30%~35%波动；而房地产投资的比重波动较大，基建投资的比重呈整体上升趋势，两者比重之和达到近 45%。因此，房地产和基建投资成为决定整个固定资产投资甚至经济增长周期性波动的关键因素。在基建和房地产投资背后，政府投资对两者尤其是对基建投资具有重要和决定性的影响，而与政府投资相伴相随的，则是长期存在的债务问题。为了进一步缓解地方政府的财政危机，各地方政府开始积极拓展融资渠道，并依托各类型的投融资平台来融资。

投融资平台的运作模式是以国有资产与资源所有权为抵押，依托地方政府本身的隐性或显性担保来进入金融体系完成各项融资活动。投融资平台的快速发展，导致了我国地方政府债务的快速膨胀。从短期来看，地方政府适度的赤字可以刺激地方经济和社会发展，但从长远上看，政府长期背负高额的债务会对地区经济的可持续发展及当地社会稳定带来极大的负面影响。根据审计署公布的对地方政府债务审计结果，截至2015年底，投融资平台在地方政府债务余额中占比已超过45.6%，利率增长速度和借贷规模更是远超其他债务主体，地方政府过于单一化的债务结构问题凸显，这使得地方政府所面临的债务风险正在逐步提升。2008年金融危机后政府实施的各项积极政策在执行之后都有一定程度的后续负面影响，应运而生的投融资平台并不会因政府取消一系列刺激经济发展的政策而消失，它们会受到诸如投资融资项目的周期性特征等因素而存续下来。

投融资平台的繁荣发展是解决政府建设资金缺口的重要途径，它可以迅速筹集大量资金，满足政府各项工程建设的需要，是应对金融危机的一项制度创新。但近年来，投融资平台债务违约事件时有发生，平台募集资金主要投资于市政、道路交通、供水电气热、农林水利、保障房等项目，其营利能力受宏观经济形势和政府扶持力度的影响较大，故平台的营利能力和偿债能力均相对较弱，随着整体宏观环境信用紧缩，偿债压力进一步加大，金融机构审慎的贷款政策导致平台资金供应紧张，再融资举步维艰。在此背景下，传统投融资平台转型迫在眉睫，我国的投融资平台也从最初的繁荣逐步进入困难运营阶段，当前面临强制转型，这一系列过程实际上是从粗放型逐渐转变为集约型的发展模式。投融资平台在这一过程中以背负巨量债务为代价来换取经济增长，显然这并非经济发展的最佳出路。

与英美发达国家不同，经济刺激政策一般催生主权债务问题，而我国的经济刺激政策带来巨额平台债务。为了进一步缓解投融资平台所面临的债务风险，2015年5月，《国务院办公厅转发财政部人民银行银监会关于妥善解决地方政府融资平台公司在建项目后续融资问题意见的通知》（国办发〔2015〕40号），要求商业银行对投融资平台发放的贷款进行债务置换。债务置换使得银行用长期限、低利率的贷款置换了原来短期限、高利率的贷款，通过这一政策支持，投融资平台在财务费用（利息支出）和负债流动性（短期转长期）方面得到改善，从中央层面延缓了平台债务风险的爆发；但受到债务置换的影响，金融机构的风险敞口增大，出现了“财政风险金融化”的趋势。2016年，经济持续下行，投融资环境进一步恶化，部分投融资平台陷入困境，债务风险进一步攀升。2016年10月，国务院办公厅下发了《地方政府性债务风险应急处置预案》（国办函〔2016〕88号），针对防范地方政府平台债务风险的组织指挥体系、预警和预防机制、应急机制及后期处置做了明确要求。

截至2017年底，投融资平台发行的城投债债务余额达7万亿元，投融资平台估算金融机构贷款余额13.3万亿元，合计有息负债超过20万亿元。随着2018年打响防范化解金融风险第一大战役，财政部陆续出台了一系列文件规范地方政府债务融资问题，加上资管新规的落地，房地产市场和地方政府融资严重依赖的委托贷款和信托贷款等渠道被限制，过去快速增长的投融资平台债务问题，也逐渐成为金融体系稳定性的一大隐患。

综上，作为一种特殊的公司，投融资平台债务风险从管理学角度体现在债务规模迅速膨胀带来财务压力，经营收益过低甚至无法覆盖财务成本；从财政学角度体现在政府与日俱增的财政压力导致对平台的隐性担保力度降低，政府与平台之间、平台与平台之间大量关联交易加剧了债务风险集中爆发的可能性；从经济学角度体现在去杠杆政策终结了“借新还旧”的债务存续模式。在此背景下，有必要综合运用管理学、财政学和经济学理论，就如何对投融资平台的债务风险进行有效管控开展研究。

1.1.2 研究意义

近年来，我国经济开始进入“新常态”，所谓“新常态”，是在经济增长放缓的情况下，进行结构调整，因此经济政策将在促改革、稳增长和防风险之间谋求平衡。目前去杠杆、防风险是关系国计民生的关键所在，而投融资平台债务风险的防范是重中之重。地方政府债务为地方经济发展提供了重要的资金支持，但由于投融资平台在形成过程中出现诸多问题，如政企不分、偿债主体不确定、信息披露不透明、公司治理结构不完善，造成整个金融市场存在大量的潜在风险，而社会各方也充分意识到地方政府的债务问题和投融资平台的风险管控问题，相关部门也将其作为近期亟待解决的重要问题。因此，真实、准确、系统、全面地分析目前投融资平台的债务风险，结合日新月异的地方政府债务实践、创新举债模式，降低债务增长幅度、控制债务规模，实施有效的投融资平台债务风险管控具有重要意义。

1）理论价值

本书的研究成果有助于进一步丰富我国学术界有关地方政府债务治理及投融资平台债务风险管控的相关理论，通过深入剖析地方政府债务及投融资平台债务风险理论，为债务治理和投融资平台债务风险管控奠定一定的基础；从地方政府财政理论视角出发，研究投融资平台债务风险形成机理；从风险管理理论视角出发，研究投融资平台债务风险的形成、传导、度量和控制；最终形成投融资平台债务风险管控研究理论体系。

2）社会价值

随着投融资平台债务规模的急剧攀升，随之而来的债务风险也不断积累，对投融资平台债务风险管控进行系统、深入的研究有助于对平台债务规模进行制度约束，有助于对平台债务风险进行动态监测，有助于自上而下理清财税体制消除平台过度负债动力，有助于从里到外规范平台运作模式降低债务风险，实现十九大提出的防范化解重大风险攻坚战。

3）实践价值

本书综合运用模糊综合评价法、层次分析法等方法和工具，从宏观、中观和微观三个层次构建投融资平台债务风险评价体系。运用 Logistic 模型研究投融资平台债务风险评估，构建投融资平台债务风险度量模型。在实践层面，从风险管控措施实施主体视角出发，针对中央政府、地方政府、投融资平台、金融机构四个层次的主体提出相应的风险管控建议，以 PPP 项目模式和产业基金模式推动作为投融资平台债务风险化解的思考。

1.2 研究内容

1.2.1 研究对象

本书的研究总体对象：投融资平台债务风险管控。具体对象：①投融资平台债务风险形成机理；②投融资平台债务风险传导机制；③投融资平台债务风险评价体系；④投融资平台债务风险度量模型；⑤投融资平台债务风险管控建议和措施；⑥地方政府隐性债务风险管控；⑦PPP 项目运作。

1.2.2 总体框架

为探清上述对象，拟由四大模块构建框架，包括九部分的具体内容。

（1）针对地方政府投融资平台债务风险进行文献综述和基础理论研究。文献综述方面，综合国内外学者针对投融资平台债务风险管控的诸多观点，对投融资平台债务风险管控相关内容进行梳理，基于已有研究成果形成了地方政府债务风险、成因及管控的共识，指出了在投融资平台债务风险研究视角、研究基础、研究方法上面的不足及对本书的启示。基础理论研究方面，从地方政府财政相关理论角度出发研究投融资平台债务形成机理，从财务风险管理相关理论角度出发，研究债务风险形成、传导、度量和控制，最终形成投融资平台债务风险管控研究理论。

（2）从投融资平台的内涵及发展阶段出发，介绍其职能和特点，重点讲述平台搭建了政府与市场桥梁、促进基础设施项目市场化、促进国有资产保值增值、夯实地方经济社会发展基础等作用，提出债务规模过高、偿债能力不强、政企不分、信息披露透明度不高的问题，对投融资平台的未来发展趋势进行展望。

（3）对投融资平台债务风险形成机理、风险分类开展研究。投融资平台债务风险形成机理包括分税制、阶段宽松的财政货币政策、财政预算软约束、政绩考核、内部治理结构缺陷、外部监管制度缺失及特殊的经营模式。投融资平台债务风险分类包括宏观层面、中观层面和微观层面。最后，对投融资平台债务风险从一般债务风险和特有债务风险两个方面进行综合阐述。

（4）对投融资平台债务风险传导机制研究。投融资平台债务风险传导机制的研究包括：对风险源、风险事件、传导载体进行分析，形成投融资平台债务风险传导的内、外部路径。借助博弈论框架，通过对地方政府、银行、投融资平台之间的博弈关系分析，演绎投融资平台债务风险如何在政府与市场之间进行传导；依托中央政府与地方政府的博弈关系，揭示在这一关系中投融资平台所面临的债务风险在中央政府与地方政府间的传导机制。

（5）深入分析了投融资平台债务风险现状。首先，对地方政府债务进行界定，在仅考虑显性债务规模的情况下，测算出 2017 年末地方政府债务余额 35.04 万亿元，其中投融资平台债务余额 20.3 万亿元。其次，以发行过城投债的 2 126 家平台为研究对象，将其财务指标与债券信用利差进行对比分析，提出相关研究结论。

（6）从中央政府和金融机构视角出发，构建地方政府投融资平台债务风险评价体系，以及地方政府投融资平台债务风险度量模型。首先，选取了一部分具有代表性的宏观、中观和微观风险指标，在分析中采用模糊综合评价法和层次分析法，构建了投融资平台债务风险评价体系。并选取省、市、区不同级别的平台作为对象进行实证研究，验证了投融资平台债务风险评价体系的可行性。其次，基于 Wind 数据库中关于投融资平台相关数据，运用 Logistic 模型构建投融资平台债务风险度量模型。并从两个层次进行实证研究，第一个层次是仅考虑投融资平台财务指标的 Logistic 模型，第二个层次是综合投融资平台财务指标和地方政府信用指标之后的 Logistic 模型，将两个模型的显著性及预测效果进行对比。

（7）提出投融资平台债务风险管控的对策建议。基于风险管控措施实施主体的视角，从中央政府、地方政府、投融资平台、金融机构四个层面提出投融资平台债务风险管控的对策建议。最后，提出 PPP 项目模式推动和产业基金模式推动是未来投融资平台债务风险化解的有效途径。

（8）针对地方政府隐性债务风险管控进行延展研究。从我国地方政府隐性债务的界定和度量出发，以四川省地方政府债务为例，分析其现状，并从不同的角度并用不同的口径对地方政府隐性债务进行度量，结合相关理论，通过分析概括其现状后探究其成因，并在此基础上提出可行的构建设想。

（9）针对 PPP 项目运作进行延展研究。从 PPP 项目资产证券化风险评价体系、PPP 项目资产证券化定价影响因素、地方官员变动与地方政府行为对民营企业 PPP 项目参与度影响，这三个角度对 PPP 项目运作进行研究，提出相关结论。

1.2.3 重点难点

1）拟突破的重点

（1）综合了管理学、经济学、财政学、风险管理、财务管理的相关理论，剖析投融资平台债务风险形成机理及分类，这是本书的根基。

（2）整合传统财务风险传导理论及投融资平台特点，形成投融资平台债务风险传导机制研究，这是投融资平台债务风险管控的纽带。

（3）有效评估投融资平台债务风险程度，构建投融资平台债务风险评价体系，是本书的重中之重。

（4）量化投融资平台债务风险，构建投融资平台债务风险度量模型，是本书的要点。

2）拟突破的难点

（1）由于地方政府负债分为显性负债和隐性债务，而显性负债里面又分为直接负债和或有负债，目前公开的地方政府负债仅有直接负债，或有负债规模缺乏明确的数据支撑，大大增加了本书的研究难度。

（2）构建投融资平台债务风险评价体系，评价体系指标的选取，权重的设置，标准的设定都具有一定的难度，需要多角度、多维度、系统性综合考量。

（3）构建投融资平台债务风险度量模型，如何筛选和分析相关的指标内容，确定客观的指标是影响本书结论的关键问题，研究时间、人力、数据的可获性等因素，也是本书的难点问题。

1.2.4 主要目标

（1）厘清地方政府债务与投融资平台负债的关联性，明确投融资平台的负债规模、债务风险特征与分类。

（2）基于投融资平台的风险形成机理、风险传导机制，形成投融资平台债务风险管控理论。

（3）构建投融资平台债务风险评价体系，为量化投融资平台债务风险程度提供依据。

（4）构建投融资平台债务风险度量模型，为衡量投融资平台违约风险提供工具。

（5）提出投融资平台债务风险管控的政策建议。

1.3 研究方法

本书将综合运用规范研究、实证研究方法展开研究。具体包括以下五种方法。

（1）文献研究法。本书对地方政府债务、风险管控、风险传导、投融资平台相关文献进行搜集梳理，重点参考主流研究对地方政府债务规模的统计和测算。

（2）社会调查法。对投融资平台相关各方展开问卷调查，对相关专家、学者及管理人员进行专家访谈，为构建投融资平台债务风险评价体系，量化债务风险提供依据。

（3）案例分析法。选取四川省、市、区三级政府平台作为对象进行投融资平台债务风险评价体系实证检验与案例分析；选取200家在资本市场进行融资的投融资平台作为样本进行投融资平台债务风险度量模型实证检验。

（4）跨学科综合研究法。综合运用财政学、金融学、风险管理、财务管理的基础理论、研究方法和技术路线，从多角度对投融资平台债务风险管控展开研究，力求研究结论更具说服力，政策建议更具操作性。

（5）对比分析方法。借助博弈论框架，通过对地方政府、投融资平台、银行各主体之间的博弈关系分析，演绎投融资平台债务风险如何在政府与市场之间进行传导；通过对中央与地方政府之间的博弈关系分析，演绎债务风险如何在中央政府与地方政府之间进行传导。

1.4 研究特色及可能的创新

本书在借鉴前期研究成果的基础上，在以下五方面做了一些探索。

（1）当前关于投融资平台债务风险传导多为理论研究，缺乏案例模型的验证。本书借助博弈理论框架，创新性地建立了地方政府、投融资平台、银行之间的不完全信息动态博弈模型，寻求它们的精炼贝叶斯纳什均衡，来分析演绎投融资平台债务风险如何在政府与市场之间传导、扩散和蔓延；建立了地方政府与中央政府的完全信息动态博弈模型，寻求它们的子博弈精炼纳什均衡，来分析演绎投融资平台债务风险如何在地方政府与中央政府之间传导。

（2）当前学术界对地方政府的负债界定不清晰，显性负债与隐性债务相互混淆，债务规模估算千差万别。本书厘清地方政府显性负债和隐性债务的范畴，综合政府公开数据和金融机构贷款实践，创新性地测算出全国各省级政府显性负债水平，较为客观地反映 2017 年末地方政府真实债务水平。其中，地方政府合计直接负债 14.74 万亿元，或有负债为 20.3 万亿元，显性债务余额为 35.04 万亿元。

（3）综合运用管理学、财政学、经济学理论，借助模糊综合评价法、层次分析法，创新性地从宏观、中观、微观三个维度选取指标构建投融资平台债务风险评价体系，并选取省、市、区不同级别的平台作为对象进行实证研究。从实证结果看，选取对象的验证结果与实际情况高度吻合。

（4）当前学术界对债务风险的度量一般是采用公司自身的财务指标，运用 Logistic 模型进行建模。本书考虑了投融资平台与地方政府债务的关联性及投融资平台自身的特殊性，创新性地将地方政府相关的各类辅助指标引入 Logistic 模型，综合考虑投融资平台自身财务指标和政府辅助指标对平台风险的影响，基于此构建投融资平台债务风险度量模型，为投融资平台债务风险度量模型优化提供参考。

（5）当前学术界对投融资平台风险源的研究相对简单，本书运用交叉学科理论建立投融资平台主体关系图，创新性地提出投融资平台风险源体系。从管理学视角提出筹资风险源、投资风险源、营运资金风险源、收益分配风险源等内部风险源；从财政学、经济学视角提出地方政府、金融机构等外部直接风险源，以及财政部、国家发展和改革委员会（简称国家发改委）、中国银行保险监督管理委员会（简称银保监会）等外部间接风险源。

1.5　本 章 小 结

第 1 章从投融资平台债务风险的研究背景与研究意义出发，明确了投融资平台债务风险管控为本书研究对象；梳理、归纳了九个部分的具体研究内容；总结了投融资平台债务风险管控研究的重点、难点和主要目标，列明研究思路与方法，形成研究可能的特色与创新。

2　文献综述与研究理论基础

2.1　文 献 综 述

2.1.1　国外相关研究综述

国外关于政府债务问题的研究，最早起源于英国工业革命之前，直至 18 世纪，亚当・斯密（Adam Smith）的研究给政府债务赋予了经济学意义。此后，出现大量关于政府债务及其相关问题的研究，理论文献也日渐丰富。通过梳理，对政府债务问题的研究通常涉及四个方面的内容：地方政府债务效用、成因、规模和管理，理论也与之对应。本书的研究工作在不同程度上涉及上述四个方面，但重点在债务风险理论与对策。作为研究的起点，本部分将按照时间顺序梳理有关政府债务问题的研究成果，并对重要部分进行必要的评述。

2.1.1.1　地方政府融资必要性与债务效应

本书将国外学术界对地方政府融资必要性的研究划分为以下四个阶段。

第一阶段（20 世纪 30 年代之前），以亚当・斯密为代表的学者认为，由于政府债务本身其实不具有生产力，政府债务负担过重会直接影响国家经济良好运行，甚至引发债务风险，不利于生产力的发展。

第二阶段（20 世纪 30~70 年代），以凯恩斯（John Maynard Keynes）为代表的学者认为，政府借贷可通过增加财政支出的方式，不但能够拉动经济需求的增长，而且能够有效降低失业率。政府借贷是财政政策的一部分，采取积极的财政政策扩大赤字将有助于增加就业和产出。

第三阶段（20 世纪 70~80 年代），以布坎南（James M. Buchanan Jr.）为代表的学者分别衡量了政府举债的短期利弊和长期利弊后认为，政府债务在最终偿还时实际上挤占了未来的税收和发展。政府举债短期内对经济发展有一定的促进作用，但从长远来看政府债务有害无益，未来债务的偿还会减少其经济需求，债务风险也会因此增大，可能引发债务危机甚至金融危机。

第四阶段（20 世纪 80 年代后期至今），以斯蒂格利茨（Joseph Eugene Stiglitz）为代表的学者认为，政府债务有利有弊，国家可以通过加强管理的方式使得政府债务促进经济发展。斯蒂格利茨主要通过“贸易恒等式”和“储蓄投资恒等式”这两个工具对地方政府债务问题进行分析，研究主要从开放经济背景、举债资金用途等角度出发，通过研究分析得出结论解释了美国 80 年代的“双赤字”现象。

国外学者对政府举债的利弊进行了相关研究，主要分为有害、有益及中性三种观点。

1）负债有害论

古典经济学流派普遍认为政府举债对经济发展有害。这一时期的大多数学者均认为，政府举债会导致生产用资本的减少，非生产用资本的增多，导致人财物的诸多浪费，影响资本积累，对经济有害，反对政府举债。1776 年，亚当·斯密在其代表作《国富论》中，极度不赞成政府在和平时期向公众举借任何债务。他认为政府举借债务导致的资本积累的下降对经济增长是有害的；同时他强调政府公共债务会增加税负，政府通过提高税率的方式来偿还债务会极大减弱国家的经济实力，且债务的消除会采用破产等方式。

大卫·李嘉图（David Ricardo）提出了“李嘉图等价原理”。他认为，政府举债的效果和征税的效果是一样的，并认为政府举债存在的风险更高。

19 世纪初期法国古典经济学的主要代表萨伊（Say Jean Baptiste）认为，政府借贷是为了满足非生产性支出，这样被消费的贷款和政府资本就不再对任何人有利可图，导致社会浪费，国家将变得非常贫穷。

英国的大卫·休谟（David Hume）提出了“国债亡国论”，他也认为政府举债后在偿付利息时的征税将极大加重劳动者的负担，若政府债券为外国所持有，会使国家变成外国的附庸。

2）负债有益论

凯恩斯建议国家的财政政策尽量采用扩张性的，从拉动需求的角度认为扩大政府支出，增加政府债务能够刺激经济的增长。威廉·配第（William Petty）认为，发行政府公债可以增加国内的现有资本，且资本对工农商各行业都有一定的促进作用。

1930 年初经济学家阿尔文·汉森（Alvin Hansen）认为，经济繁荣发展和就业率的增长必然伴随政府债务的产生与增长，因此政府举债实质上是社会福利。

1950 年劳伦斯·克莱因（Lawrence R. Klein）在《凯恩斯革命》一书中，根据数学方法表述了经济理论，并在凯恩斯主义宏观经济学领域中引入了计量经济学方法，他认为政府债务会增加社会财富，根据 20 世纪 30 年代政府债务情况进行了大量的实证研究，认为政府举借债务会使国家更富有。

2005 年大卫 · N. 海曼（David N. Hyman）认为政府举债是政府资本项目支出（如基础设施建设）的重要筹资渠道，举债的目的有利于民生，因此政府通过债务筹资是合理的。

3）负债中性论

Lerner（1948）认为，内债不会给下一代带来负担，因为在债务偿还时后代的总体消费水平不会改变，收入仅是从非债务持有人转移到债务持有人手中。因此总体上看，他们的情况没有改变。

Barro（1974）认为，当政府举债时，老一辈预期到后一代境况会变坏，为使后代维持其消费水平，会通过增加遗产的方式来填补未来因债务偿还产生的税收，使得后代的消费水平与政府举债之前相同。

2.1.1.2 地方政府融资成因

政府投资是指政府投入各种资源为全社会公民提供公共产品的活动。公共产品和外部性导致的市场失灵是政府投资和融资的理论基础。政府投资的作用不再局限于提供公共产品，更多的是通过有选择的投资促进产业发展升级，促进经济繁荣发展。公共产品投资由目前负责投资和建设的政府承担，显然是不合理的，因此，这类公共产品的建设资金支出应通过债务融资解决，从而可以在未来几代之间合理分配偿还债务。

罗森斯坦 · 罗丹（Rosenstein Rodan）、罗斯托（Walt Rostow）等认为政府的职能所在是要主导国家的基础设施建设，因为基础设施建设才是国家生产力发展、社会革新、经济繁荣的根本条件。

Easterly 和 Rebelo（1993）、Devarajan 等（1996）、Aschauer（2000）分别在不同时间段对不同国家的样本进行研究，都发现政府支出或投资会促进经济的增长，与经济增长呈现正相关关系。

Savas（2000）的研究提出市场价值的回归和政府阵地的全面撤退展现了政府的角色和职能。该理念有助于从新视角理解公共服务市场化及政府失灵。

财政分权也是地方政府融资的理论基础之一。财政分权指的是中央政府将部分涉及税收的责任和权力下放到各地方政府，让其在一定范围内拥有对自身财政支出预算的自行决定权。

Hayek（1945）、Tiebout（1956）、Musgrave（1959）的研究均指出，中央政府与地方政府职能划分后，地方政府能够更加有效率地配置资源，提供更加符合偏好的产品与服务，从而使得社会福利得到提高。

Oates（1972）在《财政联邦主义》一书中指出：地方政府的主要资金来源依赖于征收财产税，且由于各地区公众的偏好存在差异导致地方政府在资源配置时效率要高于中央。因此地方政府向区域公众提供帕累托有效产出的效率远远高于中央政府。

Kaufmann 等（1999）通过对数据库里的政府治理绩效指标进行研究，最后筛选出六个综合指标构建政府治理指标体系。Akai 和 Sakata（2002）及 Thornton（2007）的实证研究都表明，财政分权有助于经济的增长。

2.1.1.3 地方政府债务融资规模与决定因素

Samuelson（1996）在研究中提出针对经济滞胀可采用拉动消费及减税等方式进行缓解，主张财政收入的缺口可通过政府举债的方式进行填补。

Brixi（1998）在对地方政府的债务融资问题进行研究时将政府债务分成或有债务、直接债务、隐性债务和显性债务。该分类方法被学术界广泛接受和使用，至今仍然作为划分地方政府债务范围的有效方法。

Barro（1979）、Hamilton 和 Flavin（1986）通过检验政府预算约束来进行实证分析，预测政府债务规模量。

Besancenot 等（2004）在实证检验公共债务规模时引入重复博弈模型（私人投资和政府之间），并从债务人和债权人的预期角度进行分析，最后测算出理性投资者在不同期限和利率约束下愿意持有的最大公债量。

Akira（2008）、Groneck（2010）、Joseph（2010）等学者从不同的视角进行研究，合理推算出政府债务规模的阈值。

Johansson（2010）等将发展中国家作为研究样本，通过模型分析了政府债务对经济增长的作用，提出了政府债务对经济增长将产生边际递减的效应。

Kumhof 等（2011）等借助 GIMF 模型进行实证分析，认为减少政府债务规模虽然会使经济出现短期波动，但对于长远发展是有促进作用的。

Traum（2014）通过分析美国政府债务融资的效应发现影响债务融资风险的因素主要取决于政府债务规模总量的不断累积加大。

2.1.1.4 地方政府债务风险

纵观国外学术界有关地方政府债务风险的研究成果，大致上集中在以下几个方面。

1）地方政府债务风险形成机理

Marianne（2003）认为政府财务的管理无序导致了地方政府债务的滋生。由于在财政分权体制下，地方政府被中央政府授予了一定的财政自主权力，中央政府对地方政府的控制力和约束力减弱，由此形成了预算软约束，产生的最终后果是地方政府债务急速扩张。在该情况下地方政府提供产品产生的 MR（marginal revenue，边际收益）将高于 MC（marginal cost，边际成本），由此促进地方政府增加举债和投资。Jonathan（2004）利用不完全信息背景下的博弈模型进行研究发现，地方政府在面临资金困难或金融危机时，选择举债还是政策调整主要取决于预期中央政府是否会进行救助，若预期不会救助更倾向于选择举债解决困境，因此认为降低地方债务风险的有效途径是降低地方政府被救助的预期。

2）地方政府债务风险的评价与预警

Pertersson（2003）进行实证分析，发现影响地方债不断增加的重要因素是财政会进行救助。Raju（2005）通过对八年内多个国家地方政府的举债数据进行深入分析后得出了最影响地方政府债务风险的几大因素，发现只有综合性的制度才能有效避免或降低地方债务风险。IMF（International Monetary Fund，国际货币基金组织）在探讨政府或有负债时从政府担保的视角出发，并采用保险、计量等多种方法对担保导致的或有负债进行定量分析与估测。世界银行的 Nina 和 Iwin 及 IMF 的 Nosbusch（2008）均发现政府在进行基础设施建设时，若采用 PPP 模式筹集资金，会导致政府或有负债增加并由此导致债务风险加大。

3）政府债务综合风险的评价与判断

国外学者对政府债务综合风险进行评价时，大多运用多个指标综合进行研究。从 1970 年起，学者们开始结合运筹学等方法，不仅仅考虑传统风险的衡量指标，还将特殊风险的指标融入债务风险的综合评价指标中，以此提高评价指标的可靠度和精确度。

标普公司在进行政府债务风险评价时结合了层次分析法，将其信用评级划分为五个层级、九大等级，构成了专门的评级体系，为评价债务风险提供了较为科学的方式。之后为了验证该评级模型的结果是否与实际相吻合，Johnson 和 Kriz（2005）采用了敏感分析法，选用了新模型和新样本来评价政府债务状况，评价结果能较好地验证评级体系。

Sundaresan（2002）认为，政府债务风险评估尚处于起步阶段，缺乏经验和工具来评估和控制债务风险。金融企业和一般企业采用的较完善的风险评估技术，经修改后可用于政府债务风险评估。Mehl 和 Reynaud（2010），在分析构成公债风险的因素时采用了新兴市场的国家数据，研究发现，公债风险会受到财政的健康程度、国家的经济规模和通胀等因素的影响。

4）风险控制和债务治理

Brixi（1998）、Schick（2003）通过对世界各国的地方政府债务风险管理模式进行案例研究，对地方政府面临的不同类型的债务风险提出了风险管理建议。Plekhanov 和 Sin（2006）对比了过去 18 年中世界上 44 个国家的地方政府债务管理模式和地方政府融资效果，表明了任何地方政府债务管理模式都不能保证任何情况下的最优管理效果。

Dabrowski（2006）、Gunnar 等（2003）从加强监控与披露的角度提出控制地方债务风险的对策建议；在降低财政风险方面，Rondinelli（1990）认为可以拓宽融资渠道，减少政府的债务融资来进行城市建设。

Liu 和 Waibel（2010）认为地方政府在进行债务监管时必须做到事前监管与事后监督的紧密结合，才能既约束地方债务的融资又约束地方债务的偿还，若只监管一方，则无法有效保证其债务的持续性。

Young（2012）认为美国地方债务良好运行依赖于监管的有效性，Guess 和 Ma 认为财政管理原则、会计体系不健全及地方债务未引起重视等原因导致了中国的地方债务风险暴露。Jenkner 和 Lu（2015）的研究发现引起西班牙地方债务膨胀的原因是中央政府总会在地方政府不能支撑债务时进行分担和救助。

Martinez-Vazquez 和 Vulovic（2016）进一步研究表明，地方债务监管的有效性取决于环境因素，如金融市场。Chen 等（2016）通过模型对多个国家政府债务水平进行实证检验，认为政府债务水平以 GDP 占比为基准较为合理。Babatunde 等人认为地方政府在进行项目建设融资时会遇到债务融资成本较高、融资风险较大、市场环境不健全等问题。

2.1.2　国内相关研究综述

国内关于投融资平台风险问题的研究，引起不少学者的关注，相关的理论文献也日渐丰富。作为研究的起点，本部分将按照时间顺序，根据本章研究的侧重点，主要从我国地方政府债务、投融资平台债务风险及管控等两个方面进行文献的梳理。

2.1.2.1　地方政府债务

投融资平台，顾名思义，是由地方政府发起设立，其核心职能是为地方政府提供投融资渠道，现如今地方政府的大部分债务均来自平台债务。因此，在研究地方政府债务问题时结合投融资平台是必不可少的，同时这也是投融资平台与一般公司研究最重要的区别。

目前我国关于地方政府债务的研究主要集中在以下几个方面。

1）地方政府债务成因

我国地方政府债务延续了多数国家的债务特征，但也具有独特的国情，“分税制”改革严格划分中央政府和地方政府的税收收入，导致地方政府自我补给财政能力较低，只能通过其他方式增加收入。地方政府的人事权力并没有足够的财政权力与之匹配，导致了地方政府债务的增加（马海涛和吕强，2004；温来成，2014）。这较好地解释了我国地方政府债务早期形成的原因。

我国对地方举债规定不够完善，我国对地方政府举债有诸多规定和限制，在一定程度上阻碍了地方政府举债。那么我国地方政府债务形成的根源何在？主要原因包括：①缺乏相应的管理体制。王大用（2004）认为现有的法律规定虽然限制地方政府举债，但留有余地，随着新《中华人民共和国预算法》（简称《预算法》）的实行，地方政府发债有法可依，2017年之后各个地方政府开始发行债券。莫兰琼和陶凌云（2012）提出公共管理体制的缺失为地方政府绕过相关法律举债提供了余地。②预算的软约束。莫兰琼和陶凌云（2012）认为，预算不具有刚性约束，在债务偿还时，尽管偿还主体是地方政府，但中央政府会为其担保和背书，导致地方政府肆意举债。③政治激励机制失衡。我国基础设施建设的成效与官员政绩考核挂钩，而地方政府债务属于公共债务，举债目的是进行基础设施投资，拉动经济，尽管法律法规对其进行限制，地方政府官员为了政绩与升迁仍然会大力举债（周黎安，2004；周雪光，2005；李茂媛，2012）。

唐云峰（2006）和李砚忠（2007）均研究了我国地方政府债务的扩张机制，发现各级政府之间的财权与事权并不匹配，地方收入远远满足不了财政支出，导致地方债务扩张。

时红秀（2007）和刘煜辉（2010）对地方债务的成因进行分析发现，财权、事权不匹配并不能够充分揭示地方债的膨胀，地方政府无破产清算约束、激励机制失衡等也会影响其举债与否。

此外，官员考核制度、投融资制度、债务管理制度等体制的不健全都会导致地方债务的产生（马金华，2011）。韩增华（2011）发现，官员的考核机制导致其更倾向于为完成短期效益而大幅举债，使得地方债务风险增加，并认为分税制改革是其风险增加的决定性因素。

2）地方政府债务风险成因

根据国内学者的研究成果，地方政府债务风险的成因主要包括财政体制的改革及地方政府行为两个方面。

马海涛和吕强（2004）从财政体制的角度，提出地方政府债务风险受到财政、经济体制及债务管理等的影响，因此地方债务风险的影响因素是多方面的：地方政府筹资渠道狭窄；地方债筹资、偿还缺乏相应监管机制；政府与市场的职能定位不明晰等因素，均会增加地方债务风险。

魏加宁（2010）提出，导致地方政府债务风险形成的原因包括：政府间财权错位、政府职能定位不清晰、财税制度有待完善、信息披露制度不充分、地方政府信用评级的缺失、官员更关注短期政绩等。

安春明（2009）认为预算技术的落后、信息不对称，地方政府官员的自利行为、经济体制不断演变、政府官员的寻租行为等会共同作用，导致地方政府债务风险。

周沅帆（2010）认为国企改革会进一步增加地方政府所面临的债务风险。因为改革后优质企业大多归属中央政府，地方政府负担了大部分劣质企业，负担加重，改革成本的大部分也无形中归属地方，地方融资渠道的受限使得其迫于无奈，向投融资平台变相融资，进一步加大了债务风险发生的可能性。

封北麟（2010）认为，地方政府存在的财权错位，转移支付机制还有待提升，地方政府收入来源匮乏，导致地方政府迫于无奈只能扩大债务来筹集资金。

杨十二和李尚蒲（2013）研究认为经济发展和财政体制的共同作用导致了地方不断举债：地方政府收入长期不足，依赖中央救助；地方官员的利己和短期行为、政绩考核与基建挂钩等因素使得地方政府通过扩大债务的方式来完成投资。

王芳和陈曦（2013）通过构建锦标赛模型来研究地方政府的债务问题，结果显示在监管缺失时，中央政府信用担保竞争性和非排他性均会使得地方政府扩大债务规模，且财政规模与债务风险负相关，债务风险和财政政策的激进程度呈正相关关系。

温来成（2014）认为地方政府财政投融资体系不完善、财政权力不对称等是滋生地方政府债务风险的重要原因。

竹剡东（2015）指出基于我国现行地方长官任用制度，官员为了在任期内取得政治成就，会选择借入巨额债务，导致筹集资金使用不当，还款责任却留给下一届政府。

综上，财权事权的不匹配、中央政府的兜底救助、地方官员的考核与竞争机制都会驱使地方政府扩大债务规模。

3）地方政府债务风险评估与预警

（1）地方政府债务风险评级体系构建。韩立岩等（2005）在研究风险控制体系时考虑了信用评级，并以美国、日本为例，提出市政债券市场在提供融资便利的同时，可能引发潜在的负外部性。

杨珊（2014）认为地方政府信用评级是衡量政府债务总体风险的一种方法，它实际上是对地方政府信誉及偿债能力的综合评估。我国有关地方政府债务评级的法律体系不尽完善，导致目前地方政府债务的信用评级存在虚高的现象。

闫明和顾炜宇（2014）在构建地方政府信用风险评价体系时建议考虑区域经济发展、宏观经济因素、地方政府预算管理体制、地方政府债务管理体制及地方政府治理等多方面因素。

陈国绪（2014）认为现有的地方政府债务评级体系仍存在诸多问题：评价体系综合性不强、隐性担保、垄断定价、刚性兑付等。

（2）地方政府债务风险预警体系构建。丛树海和李生祥（2004）、王亚芬和梁云芳（2004）研究了财政风险预警系统的构建，均借助模型采用设置预警区间的方法进行债务预警。王晓光（2005）、谢虹（2007）在研究地方债务风险预警机制时，选取指标后使用模糊综合评价法来构建模型。

考燕鸣（2008）在构建风险预警指标时运用了“金融粒子理论”进行实证研究，并将预警指标划分为借入、使用、归还三个维度，每一维度下细分为数个指标，通过权重法得到地方政府债务的总风险系数。

李昊（2011）从静态角度出发，建立了适应性和互补性不同的两种地方政府债务风险评估模型，并从动态角度建立了单一地方政府和多个地方政府的动态债务风险评估模型。

缪小林和伏润民（2012）构建的地方政府债务风险指标体系分为两大维度包括债务负担和债务结构，该评价体系基于社会福利最大化理论，并采用因子分析法综合判断地方政府债务风险的变化趋势，最后采用案例验证评价体系，结果表明该区域的地方政府债务确实属于高风险层级。

沈沛龙和樊欢（2012）根据简化后的政府资产负债表来评估地方政府的债务风险，并计算出地方政府流动资产的市场价值及波动率，由此计算出违约概率。

洪源和刘兴琳（2012）运用 BP 神经网络作为预警方法来构建预警体系，该体系下包含经济财政运行风险、结构风险和债务规模风险等指标，并以粗糙集作为前置系统。

陈志勇和庄佳强（2014）对我国省级地方政府的信用进行评价，构建的评价体系划分为三个一级指标和七个二级指标，一级指标分别是财政状况、地方融资平台支持和区域经济发展，二级指标包含政府项目的应收账款和财政补贴等，并指出各地区的信用风险显著不同，云贵地区明显高于天津等地。

廖家勤和伍红芳（2015）选取十个指标对地方政府面临的债务风险进行度量，并依托因子分析法得出债务规模风险、偿债风险和支出风险这三大公共因子，在此基础上对我国的地方政府债务风险进行研究。

4）地方政府债务风险控制与治理

我国长期以来实行的是行政控制模式，实行的效果不佳，熊波（2009）认为考虑到现阶段我国国情并不具备开展市场模式的能力，故而可以考虑采用规则管理与协商模式。

钱凯（2010）探讨了地方政府债务风险要素主要包含治理风险、金融风险和信用风险等，并建议政府可以通过提高财政负债的公开程度、完善披露机制和构建风险评价体系来防范风险。

崔军（2011）认为治理地方政府债务应分别从短期和长期入手，短期来看要重点清理投融资平台及其债务，长期来看要拓宽地方政府合法融资渠道，并对已有债务进行科学管理。

李经纬（2012）立足于社会经济学角度剖析了我国地方政府的债务风险问题，认为现有的地方债务风险计量指标不具有普遍适用性，且该评价指标在各地进行统一几乎不可能实现。认为治理政府债务风险的关键是进行战略体制改革，防止债务的恶性发展。

邓淑莲和彭军（2013）对国际上地方政府债务风险的控制进行对比，发现比较通行的四种控制机制里，我国适合向市场控制进行转变。

毋晓雷（2013）的研究认为防范地方债风险要从体制改革着手，完善相关法律法规，针对不同地区的发展水平因地制宜地出台细则，形成地方债务风险标准和预警机制，并将破产机制引入地方政府，另外还构建了相关的债务监管体系，以此来进一步加强对地方政府债务风险的管控。

2.1.2.2　投融资平台债务风险及管控

我国国情赋予了投融资平台独特的魅力，使得平台的发展独具中国特色，因此有关的研究主要限于国内学者。平台的融资风险伴随着平台规模的扩张而增大，我国学术界对投融资平台风险大致分为以下几个方面。

1）投融资平台债务风险根源与类别

巴曙松（2009）指出投融资平台的风险可以分为两类：一类是微观风险，即银行信贷风险和金融风险；另一类是宏观风险，投融资平台的存在导致宏观货币政策的调整空间变得更加狭窄。

投融资平台的盲目增长造成地方政府的债务规模急剧扩大，封北麟（2010）认为其导致的风险主要分为三类：成本转移和财务风险、财政调控与失衡风险、国库券现金管理风险。

武彦民和张丽恒（2011）认为，平台债务异常增长的内生因素是其债务管理体制不规范、风险约束机制不完善、地方政府绩效评价偏差，官员任期影响导致的地方债务规模的扩大。外生因素是财政预算体制环境变化、地区的不断城市化和工业化及财政金融政策环境的变迁。

谈建军（2012）立足于微观、中观及宏观三个角度对投融资平台所面临的风险进行了深入剖析，并指出最影响投融资平台风险的四大因素主要有：①法律因素；②羊群效应；③政绩合法性，政府官员的升迁和考核机制使得官员关注短期形象工程，极易滋生机会主义；④在集权制度下形成的财政联邦主义，经济建设以预算外收入和财政收入为核心保障，发展的硬性规则与预算的软约束不相匹配。

蒋雅维（2015）、王嘉和闫婷（2015）的研究都证实了平台的风险成因主要是其规模的扩张并未辅之完善的管理机制，建议从平台投融资及风险的管理入手，对地方政府债务风险进行治理。

李虹含（2016）在对债务风险的成因进行分析时采用了博弈论的方法，运用逆向选择探讨其风险影响因素，并为缓解平台风险提出有效对策建议。

张文等（2016）指出，系统性金融风险的重要影响因素就是投融资平台运作效率低下及平台债务规模的异常扩大。

2）投融资平台融资风险特征与现状

梁鸿建（2008）认为平台债务已在政府债务中占比日益增大，缓解财政和金融风险的关键就是要控制并缓解平台债务风险。一旦平台债务风险剧增，将作为导火索引起地方财政乃至金融风险的发生，因此缓解平台债务风险有助于经济持续稳定的发展。

苏晓鹏等（2009）对投融资平台的风险特征进行了总结，发现平台融资存在诸多问题：融资渠道过于狭窄，融资规模增速过快；债务偿还能力薄弱，而筹集的资金却用于非效率投资，对于政府负债的披露和监管不够充分。

杨伟和黄亭亭（2010）对投融资平台的融资风险进行了深入剖析，指出这些风险会影响国家货币政策的实施效果。

武彦民和张丽恒（2012）提出数据混乱和统计口径不同会导致平台产生债务风险。他认为投融资平台债务的不断扩张，将加剧债务积累的速度和程度。现如今，平台的债务风险处于关键临界点，随时可能发展到危机的程度。

张琦（2012）认为，不仅投融资平台的显性风险会直接带来不利影响，其潜在风险也会致使财政赤字率上涨，对地方政府的金融体系造成胁迫，对社会经济持续稳定发展构成严重威胁。

3）投融资平台债务风险传导

张志英（2009）从金融风险传导的内涵及构成要素、金融风险的识别与衡量等方面对金融风险传导机理进行了分析研究。

黄国桥和徐永胜（2011）从财政安全的视角出发，分别从财政、金融、信用三个渠道对平台债务风险的传导机制进行探讨，揭示了导致政府投融资平台债务风险通过多种途径进行传导的原因。

李兰英和李伟（2012）研究了金融风险向金融危机演化的传导机制、财政风险与金融风险联动机制与传导关系、财政风险向金融风险转化的传导机制。

李永（2013）基于投融资平台债务风险的内外部传递机制对地方政府的债务风险转移进行了深入剖析，并分析了中央政府与地方政府的债务问题。用博弈论的研究方法分析了我国地方政府和中央政府及地方政府、银行和企业在博弈过程中地方政府债务风险是如何形成并进行传导的。

4）投融资平台债务融资规模测算

岳中志等（2005）将债务研究样本锁定为重庆市，将投融资平台的债务风险具体分为五大类别，同时构建了一套债务风险应对体系及预警体系，对重庆市各投融资平台的债务风险进行了综合评估。

程振煌和王东兴（2008）以云南昆明呈贡县为例，探讨了地方政府债务融资规模的合理程度，指出财政偿债能力和社会偿债能力是决定其规模合理性的主要成因，提出了将债务负担率、债务偿还率、政府债务增加和居民储蓄存款余额指标作为判断依据。

蔡红标和应娟（2010）在测算我国地方政府债务融资规模时则直接采用了平台融资作为地方债务融资的代替样本，有利于规模估算可操作性的提高。

5）投融资平台风险预警

周青（2011）详细介绍了投融资平台风险预警体系的设计思路与流程，并在构建预警机制时引入了模糊综合评价法。此外，还采用案例对构建好的风险指标体系进行验证。

赵淑鹏（2015）设计了四个步骤来构建投融资平台风险预警机制：评价指标体系的设计、指标标准的事先设定、指标权重的合理分配、核对结果。同时根据投融资平台的信用等级和违约概率，引入期权定价模型来对平台的整体授信额度进行测算，得出其最大债务规模和尚留存的债务融资空间。

刘骅和卢亚娟（2014）通过因子分析法把预警指标分成利润、资产与负债三类，再引入 K-均值聚类法把平台债务风险分为四大类，最后用 BP 神经网络技术建立起了一套投融资平台债务风险预警模型。

6）投融资平台债务风险管控

（1）全面改革税制，减缓地方财政压力。谢旭人（2010）认为在进行平台风险管控时应进一步提高税制改革力度，构建和市场经济相匹配的税收模式，以此来减轻地方财政所面临的巨大压力。于海峰和崔迪（2010）认为要想解决投融资平台风险管控问题不能只防控而不疏通，要双管齐下。

（2）健全有关法律法规，法治化地方政府融资渠道。夏红艳（2010）认为，在政府信用担保方面应就《中华人民共和国担保法》（简称《担保法》）出台具体细则或指南，为规范政府信用担保提供可操作可量化的标准，同时通过构建一套健全的质押制度来避免地方政府的机会主义错误。万莎（2010）提出政府举债应出台明确的法律法规，如制定公债法和地方公债法，或者修订已有的《预算法》，将政府举债纳入法规范围内，利用法律形式来规范地方政府融资，有利于推进地方政府举债。

（3）改革政治体制，防控地方官员非理性融资行为。梅建明（2011）提出为防控地方官员非理性融资行为，要从政治改革入手，不断加大地方官员任命机制的改革力度；不断提升政府预算的透明度，从根本上抑制官员为政治前途而非理性融资的行为。

（4）进一步提高地方政府的债务管理水平，并加大投融资平台的外部监管力度。万莎（2010）提出，管控地方政府的债务规模应考虑从制度、金融监管两方面入手，在制度方面考虑对官员实行债务终身问责制，由此抑制官员为实现短期利益的投机行为。

（5）促进投融资平台内部治理机制的深化改革。封北鳞（2013）认为地方债务风险的首道防线就是投融资平台。管控地方债务风险时要重点关注平台债务风险的防范和化解，改革内部风险控制机制，并考虑引入战略投资者，在扩充资本的同时，融合新的管理理念，从而提高经营效率。王义忠和宋敏（2014）认为投融资平台在运营时不能仅进行公共基础设施建设，还必须进一步提高对非公益性项目的重视程度，由此实现自我输血功能，为基础设施建设实现融资功能。

（6）淡化商业银行的国有背景，确保银行体系保持绝对独立。潘文轩（2010）对投融资平台的债务风险进行了深入剖析，认为导致偿债风险的重要影响因素就是投融资平台的运作不够规范。因此，为防范与规避政府债务风险，阻止债务风险向金融体系扩散，要不断规范投融资平台的运营方式，提高平台独立性。

2.1.3 文献综述评述

2.1.3.1 达成的共识

通过对上述文献进行梳理汇总，本章认为在以下四方面取得了一致意见。

1）地方政府债务成因

学术界从不同视角切入对地方政府债务的成因进行了深入分析，认为地方政府官员的竞争机制、财政分税制体制、政府职能定位问题、事权与财权不匹配、预算软约束、宽松的货币政策与积极的财政政策等因素是导致地方政府举债的主要原因。

2）地方政府债务存在一定风险

近几年国内外学术界有关地方政府债务风险的研究越来越多，对于地方政府债务风险的概念也几乎达成一致看法。学术界普遍认为地方政府债务中存在各式各类的风险，不同风险的程度不同，且这些风险大多都是可控的。很多学者认为风险失控仅仅是个案，出现在极个别地区。只有少数学者的观点是地方政府债务风险已接近无法把控的状态。

3）投融资平台的债务风险问题

大部分投融资平台均存在资金来源渠道单一、负债严重、管理层风险意识不强、负债信息透明度低、资金使用效率低、资金链脆弱、收入结构单一等问题。上述问题集中表现为内部治理结构不健全、外部监管缺失、运作不规范，导致投融资平台出现债务风险。

4）投融资平台的债务管控

对于地方政府债务规模异常扩张，学术界大多认为，首先，要强化财政体制改革，让地方政府自主发债合法化；其次，要完善相关法律法规，规范地方政府融资合法化路径，促进地方政府融资符合法规要求；再次，进行政治体制改革，抑制地方官员过度筹资的冲动，提高地方政府债务管理能力；最后，加强投融资平台外部监管。

2.1.3.2　存在的主要不足

尽管现阶段学术界有关地方政府债务的研究成果已经相当丰富，但仍在以下几个方面存在局限性。

1）缺少多视角研究地方政府债务风险

国内已有的研究多为从单一的视角（公共财政）去分析地方政府债务风险，少有学者结合多视角（资本市场理论、风险管理理论、财务管理理论等）对此进行探索。仅从单一视角分析中国地方政府债务风险存在较大的局限性，此类债务风险的形成受我国特殊国情影响，成因复杂，片面地用公共财政去分析会导致治理地方政府债务风险成效不显著。为全面阐释我国的地方政府债务风险，多视角分析必不可少。

2）研究基础陈旧，缺乏地方债管理新政这一最新视角

2014 年 6 月 30 日，中央出台了《深化财税体制改革总体方案》，为我国各地方政府的债务管理指明了总体方向；同年 8 月 31 日，第十二届全国人民代表大会第十次常务委员会议通过了《预算法修正案草案》，其中明确赋予了地方政府规范举债的权力，这一修正案于 2015 年 1 月 1 日正式实施。2014 年 9 月 21 日，国务院以国发〔2014〕43 号文件对外公布了《国务院关于加强地方政府性债务管理的意见》（简称《意见》），对于地方政府性债务管理进行全面加强部署，这表明《意见》将作为管理地方政府债务的纲领性文件，指导我国开始实行以修明渠、堵暗道方式构建的地方债体系。目前，对于地方债务管理的相关研究大多都是在新政策实施前进行的，对于管理地方债务的研究成果和对策建议已被新政机构知悉或采纳，因此对于地方政府债务管理的进一步完善研究有必要在新政下展开。

3）缺乏我国特有的投融资平台债务模式研究

国外学者侧重于从地方政府债券方向着手研究地方政府债务问题，这是由于国外地方政府以发行债券作为核心筹资途径。国内地方政府债务问题具有更加复杂的结构，仅考虑地方政府债作为政府负债规模肯定是不全面的。需要全面从地

方政府债、投融资平台城投债及投融资平台表内外贷款等多个方面一并统计，从而能全面量化地方政府负债情况，为债务风险治理提供基础。

4）平台债务研究缺乏时效性与动态研究

投融资平台债务的成因分析、现状描述及投融资平台债务管理的研究，都是在已有债务规模的基础上（依赖于中华人民共和国审计署 2011 年、2013 年两次公开披露的地方政府债务数据）展开的。表明现有研究仅针对投融资平台债务的静态现象进行探讨，缺乏时效性和科学性，因此在研究平台债务管理、改革相关制度及控制债务规模等领域时应考虑未来时点，在静态分析的基础上结合动态研究。

5）地方政府债务的研究以事实描述与政策性建议为主，缺乏定量研究

地方政府不能把控中央政府对自身负债的态度，因此地方政府不能、不敢、不愿完全披露自身债务的全部详细信息。地方政府既要考虑债务披露多了由于信息披露不当影响信用评价、对再融资造成负面影响，又要顾及中央政府对地方政府债务进行置换披露少了会吃亏。这种客观情况导致研究难度加大，由于数据难以收集，定量分析研究偏少。

6）在投融资平台债务风险管控方面缺乏与金融市场及时链接的研究

债务置换是投融资平台债务管控方面的重点，而目前除了地方政府债外，产业基金和 PPP 项目模式是金融市场对投融资平台债务置换的核心模式，对有效降低投融资平台负债规模起到重要作用。目前关于产业基金、PPP 项目模型对投融资平台债务风险管控的研究相对较少。

7）以低级别行政地区为研究对象的文献偏少，缺乏横向比较和借鉴

现有政策法规并未明确要求省级以下政府披露负债情况，地方政府出于自我保护目的也不会主动公开保密信息，因此对低级别行政地区的债务研究数据无从获取，学者们无法对此开展实证研究进行定量分析。基于此，现有的有关地方政府债务的研究很少涉及低级别行政地区，文献的稀少性导致各地方政府债务缺乏横向可比性，这也从一定程度上反映了该问题一直是学术界的研究盲区。

2.1.3.3 对本书研究的帮助和启示

综上所述，笔者基于已有相关研究成果在以下几个方面进行了深入研究。

（1）明确投融资平台的债务问题和风险成因，为投融资平台债务风险管理提供科学依据。

（2）提供了多种定量分析方法，包括模糊综合评价法、KMV 模型、Logistic 回归模型等，能够为估量和测算未来投融资平台债务风险提供工具。

（3）从公共财政、风险管理、资本市场、财务管理等理论阐述防范投融资平台的举措，为今后如何加强投融资平台债务风险管控提供了启示和借鉴。

（4）拓展了本书的研究空间和范围。本书针对投融资平台债务风险管控的研究结合了国内外学者的诸多观点，加以融合及延伸，形成投融资平台债务风险管控理论，进而推动投融资平台的债务风险管控实践。

2.2 研究理论基础

2.2.1 地方政府财政相关理论

2.2.1.1 公共产品理论

公共产品理论是使政府与市场关系得到恰当的处理、政府职能得到转变、公共收支得到建设、公共服务市场化得以推进的理论基础，是新政治经济学的基本理论之一。公共经济学认为，社会产品包含公共产品和私人产品。根据保罗·阿萨缪尔森（Paul A Samuelson）的《纯粹的公共支出理论》（*The Pure Theory of Public Expenditure*），纯粹的公共产品或服务是每个人消费而不导致他人消费减少的东西。此外，公共产品在利益上的非排他性、消费上的非竞争性及效用上的不可分割性都和私人产品存在显著差异。具有敌对性、排他性、可分性的由个别消费者所占有和享用的产品是私人产品，两者之间的产品被称为准公共物品。公共产品可以按照不同的利益范围分为满足全国需要的国家公共产品和满足地区居民需要的地方公共产品。从信息对称和资源配置的角度来看，地方公共产品能够更好地满足社会的需求。

按照西方经济理论的观点，市场机制难以在一切领域达到“帕累托最优”的原因是存在市场失灵，特别体现在公共产品上。若私人部分依托市场提供，则无可避免地出现“免费搭车”的情况。另外，私人提供效用不足也会导致供给不足，这是外部效应造成的，需要政府提供相应的公共产品或劳务来弥补“市场缺陷”。因此，由私人企业提供公共产品无法收回成本，价格机制在无法量化消费的情况下不能发挥有效作用，此时，作为公共部门的政府机构就必须要发挥出自身提供公共产品的职能，以此来避免出现市场失灵的情况。

从财政学角度分析，公共产品本身的非竞争性与非排他性使得人们在消费公共产品时不可避免地萌生“搭便车”的念头，这会导致即使公共产品的生产成本小于其收益，私人仍不愿意提供公共产品或服务。根据市场经济理论，政府一方面要为市场经济的稳定运行提供保障，另一方面还要弥补市场失灵。政府依托一系列财政收入和社会资本筹集手段来为社会提供源源不断的公共产品和服务，以此来构成公共经济活动，这显然已经将财政上升为一种生产性活动，而并非亚当·斯密眼中的“分配活动”的范围，这一观点对于财政理论的发展极为重要。

公共产品理论的最早成果之一是1919的林达尔均衡。林达尔（Lindahl）指出，某种政治选择和强制性税收机制并不能决定公共产品的价格，而是每个个人根据自己的意愿确定价格，并且能够以该价格购买公共产品的总量。在该均衡中，这一价格使个人需要的公共产品数量与应该提供的产品数量相同。由于每个人都购买和消费公共产品，在这一价格下的供应量即每个人所支出的价格总和。

1954年保罗·阿萨缪尔森出版的《纯粹公共支出理论》和《公共支出理论图式探索》分别提出了关于公共产品理论的核心问题，包括如何去分析定义集体消费产品、公共产品；生产公共产品所需要资源的最佳配置的特征该怎么去描述，这些已经成为经济学中纯粹公共产品的经典定义。蒂鲍特（C.M.Tiebout）在20世纪50年代发表论文《一个地方支出的纯理论》，指出只有居住在特定地区的人才能使用某些公共产品，因此，人们如果移居就可以选择他需要消费的公共产品。

总的来说，公共产品理论主要有两种思路：一是将决定公共产品的供给付诸政治程序，并且用公众投票的方式解决，如布坎南的“公共选择学派”，拓宽了公共产品理论研究的领域，研究非市场决策，使公共选择理论得以发展。二是设计一种计划程序，引导个人基于自己的利益，真实显示其对公共产品的偏好，即激励机制的设计问题，克拉克（Clark）和格罗夫斯（Groves）等人对这种思路进行了大胆的探讨。

2.2.1.2 财政分权理论

现阶段各个国家的财政分权（fiscal decentralization）化趋势日益显著，大部分发达国家早在20世纪就实行了财政分权，欧阳华生对75个500万人口以上的转型经济国家进行了统计，其中约84%的国家正在实施财政分权。财政分权作为典型的财政体制，它是基于政府职权并通过一系列公平民主的方式，同时还借助法律法规且地方政府拥有相对独立的财政支配权力来处理各级政府间的复杂关系。财政分权是处理政府间财政关系的重要标准之一。

财政分权优势包括：①提供公共物品和服务的信息优势；②每位民众都可为建立和完善民主制度贡献力量，积累大量社会资本；③明确各级政府责任，并且引导其展开良性竞争；④积极创新地方政策试点和制度；⑤有利于改善政府的效率，强化其管理能力。

财政分权带来的不利影响包括：①可能会导致二元现象；②滋生地方保护主义，出现重复建设、分割市场的现象，这会无形中削弱中央对经济的调控能力；③不一定适用于所有的发达国家；④有时还会影响经济效率，致使公共服务投入短缺。

不同的学者主要从公共物品的层次性和空间性特征的角度论证了多级政府和财政分权的必要性。比较常见的理论有：①改善政府机构的控制说；②偏好误识理论；③斯蒂格勒最优分权模式菜单；④分权俱乐部理论；⑤用脚投票理论；⑥政策试验与创新论；⑦奥茨（Oates）的分权定理；⑧鼓励政府间竞争说。

在财政分权理论的后续发展中，主要出现以下代表性的观点。

罗兰（Roland）、温格斯特（B. Weingast）与怀尔德森（D. E. Wildasi）在财政分权理论中引入了激励相容与机制设计学说，他们并没有将政府视为救世主，因为在他们看来，政府官员也是有物质欲望的人，一旦约束不到位，他们就会出现寻租行为。官员和地方居民福利之间激励相容才是一个有效的政府结构。

理查德·M·伯德（Richard M.Bird）和麦克尔·斯马特（Michhael Smart）认为，纵观各国发展经历可得知，只有在接受转移支付的一方提出的要求足够明确时，政府才能提供最为有效的公共服务；接受者除了要财力雄厚之外，还要灵活地做出各种决策，对结果负责；要将转移支付分为总体目标补助和特定目标补助。

此外，应该看到目前财政分权理论仍存在一些局限：财政分权优势的限定条件太过苛刻，如不同辖区间资源、经济发展水平互不相关假定；各级财政制度下管辖区域足够小的假定；地方政府官员动机一致和无须激励机制的假定；地方公共产品不存在外部效应假定；财政分权的程度与政府规模之间负相关假定；硬化地方政府预算约束也可能会出现辖区间恶性竞争的现象；制度创新及其他改革经验自由扩散的假定；公民迁徙完全自由的假定。

2.2.1.3 财政联邦主义理论

传统的财政联邦主义理论（theory of fiscal federals）属于规范理论，该理论强调的是各层级政府间公共部门职能与财政的划分。主要研究角度是宏观经济学和政府职能分配，在有限可支配资源的条件下，每个国家的中央政府和各级政府行使权力的方式，合理公平地分配资源，并实现帕累托最优。事权和财权要在各级政府之间划分清楚，在财政收支上具有必要的独立性和自主性。

实际上，不少发展中国家并不适用传统的财政联邦主义理论，尤其是正处于转轨过程中的发展中国家，具有代表性的就是中国，一些学者用“中国式财政联邦主义理论”定义中国政府之间的财政关系，认为中国政府之间的财政关系符合市场维护型联邦主义的特点，这些学者指出，与西方的联邦主义相比，中国的财政分权强调了地方政府财政激励会因分权而发生变化，简言之，就是要运用制度对政府行为进行约束，确保市场机制不会被地方政府过度调控和干预。对于地方政府而言，财政包干制产生了十分明显的财政激励效用，这种效用远在高度集权体制之上，地方政府在这样的制度框架下开始关心地方经济，而且会想尽一切办法维持收支平衡。

钱颖一（1995）认为，在财政联邦体系下，各级政府都面临着预算硬约束，虽具有财政自主权但不能发行货币，也不能享受无限制贷款。但是事实上我国地方政府却存在预算软约束。预算软约束源于计划经济情况下，对国有企业的亏损，国家包底救助而产生的道德风险，因为国有企业承担着某种政策性使命，所以政府不能承诺不对亏损的国有企业进行救助，但通常信息不对称使得政府无法判断国有企业的亏损到底是政策性亏损还是经营性亏损。

2.2.1.4 预算软约束理论

预算软约束是由科尔内（Janos.Kornai）在解释社会主义计划经济体制下政府对面临亏损的国有企业不断进行救助而提出的经济学概念。所谓预算软约束，即某个经济组织在陷入财务危机时通过外部救助来维持生存的一种经济现象，罗兰与钱颖一表示，无论在哪种经济体制下，官员都会对低效率的公司施以援手，所以，竞争对地方政府的预算约束起到了硬化的作用。中国最近几年的预算约束硬化很大程度上都是由于政府有意识对外国投资者进行吸引而导致的。

2.2.1.5 地方政府债务风险分析理论

世界银行的风险专家 Brixi 提出了财政的风险矩阵理论：按照法律责任和道义责任政府债务分为显性债务和隐性债务；按照债务责任确定性和非确定性政府债务分为直接债务和或有债务。基于此可得：由于地方政府和中央政府职能不同，二者的债务风险矩阵存在一定差异；治理的特点影响债务风险矩阵，具体表现为政府和国有企业之间的关系、政府和金融机构之间的关系、政府和市政项目公司之间的关系等，政府债务产生的渠道不同，将影响地方政府和中央政府的债务风险矩阵。

2.2.2 财务风险管理相关理论

2.2.2.1 财务风险管理基本理论

1）财务风险的界定

财务风险的定义有两种不同的观点，一种是广义的观点，另一种是狭义的观点，广义层面认为企业价值因企业财务活动内种种不确定性因素的影响而出现增加或减少，进而导致各个利益相关者财务收益偏离预期收益的可能性即财务风险；狭义层面认为，因为负债而导致企业无法到期偿付债务的可能性即财务风险，这一定义只考虑了负债筹资与财务风险之间的相关性，认为企业规避财务风险的方法就是做到零负债。众所周知，财务收益是企业财务活动的最终成果，但收益会因财务活动的不确定性而不断变化。

2）财务风险的分类

财务风险有筹资风险、投资风险、经营风险、流动性风险、收益分配风险之分，这是根据财务活动的类型进行划分的。筹资风险即因为未能合理配置资金来源而导致企业失去资金支付能力或经营效率退步的可能性；投资风险即企业未能达到投资目标或是投资回报与预期不符而使得企业偿付能力和营业能力受影响的可能性；经营风险是指企业生产经营过程中因生产、经营、销售等方面的不确定因素造成的资本流动迟滞和企业价值的变动；流动性风险是指企业资产不能转化为现金或债务，支付现金的责任不能正常、确定性地进行的可能性；企业的流动性风险主要可以从企业的流动性和偿付能力来考虑；收益分配风险是指资本价值可能受到收入分配和利润影响的可能性。

财务风险还有潜在财务风险之分、现实财务风险、财务危机，这是根据财务风险的产生与发展进行划分的。其中，因内部和外部环境不确定而引发财务问题的可能性即潜在财务风险；现实财务风险是由内部或外部特定事件的作用而产生的；财务危机是指企业生产经营活动陷入一种危及生存与发展的严重困境，这是经营管理不善、适应环境的能力不足而造成的，也叫作实际财务风险。

财务风险也被划分为不可控财务风险及可控财务风险，这是以财务风险导致的后果进行划分的，前者指战争风险、政治风险等企业无法规避和控制的风险，后者则指的是企业可以采取特定方式进行规避和控制的风险。

财务风险可以被划分为资本配置风险、资本市场风险、资本复原风险、资本产出风险、资本消耗风险、资本支付风险这几种类型，这是以资本运动过程为依据进行划分的。资本配置风险即企业所获之生产要素及其组合与预期不符的可能性；资本市场风险来自外部资本市场压力，是金融工具市场价值发生变化的可能性；资本复原风险即资本难以返回原始形态的可能性；资本产出风险即社会不认可目标产品使用价值的可能性；资本消耗风险即社会平均消耗量低于资本垫支消耗量的可能性；资本支付风险即资本所有者权益的需求无法得到满足的可能性。

3）财务风险管理的含义及功能

关于财务风险管理的定义，即企业通过识别、评估、控制和处理日常经营管理活动里的各种财务风险，形成一套完善的财务风险管理体系，达成既定经营目标，以提升财务风险水平的过程。在整个财务风险管理过程中，企业要选择恰当的手段和方法衡量财务风险，达到规避的效果，并给出客观、正确的评估，以指导企业应对同类的风险。

4）财务风险的主要特征

财务风险的主要特征包括：①客观性，财务风险是客观存在的，这种风险的发生不以人的意志为转移，人们只能提前预防，不能彻底消除；②全面性，在企业财务管理工作中，财务风险无处不在，也会出现在财务设置、资金运用、资本积累、分配等财务活动中；③不确定性，财务风险满足特定条件之后可能会发生，也可能不发生，无法预料；④收益与损失并存，风险与收益之间呈明显的正相关性。

5）企业财务风险的成因

（1）考虑到财务管理外部环境较为复杂，企业产生财务风险是不可避免的。资源环境、社会文化环境、市场环境、法律环境、经济环境都属于财务管理的宏观环境，这些都是企业外部的因素，对企业财务管理工作影响深远。

（2）对于财务风险，企业财务管理人员的认识不到位。对于企业而言，是确确实实存在财务风险的，财务风险是伴随着财务活动存在的。但是对于企业财务管理人员而言，其认识不到风险的重要性。因为没有到位的风险意识，企业就容易出现财务风险。

（3）决策失误出现的重要原因之一就是没有合理的财务决策。财务风险出现的因素中，财务决策失误占据的比例较高。为此合理化、正确的财务决策对于降低财务决策失误具有重要的作用。

（4）对于财务风险而言，一个关键的原因就是没有明确的企业内部财务关系。在利益分配、资金使用、管理等方面，上级企业和下属企业之间容易产生矛盾，同一企业不同部门之间也是存在冲突，缺乏明确权责，或者没有执行到位，其会降低资金使用的效率，出现资金流失情况，在这种情况下就没有办法确保资金的完整性和安全性。

2.2.2.2 财务风险传导基本理论

1）财务风险传导概念

从狭义层面进行分析，所谓风险传导指的是对于企业而言，内部及外部环境中存在一些不确定因素，会干扰影响到企业内部，且这种情况是必然的。在这种情况下产生于某一环节的风险，会对企业经营及生产产生影响，这是通过依附于无形或者有形的事物实现的，此时企业的实际收入和预期收入之间会出现偏差。换句话说，在经营和生产过程中，企业会被不确定因素导致的风险所影响，它依托于风险载体，会一直传导下去，最终会对企业的生存产生威胁。从广义层面进行分析，企业风险传递存在风险，特别是供应链中不同企业之间由于利益相关而出现风险传递。企业产生的风险不可避免地会沿着供应链网络通过某种载体传递给上下游企业，甚至整个供应链。

夏喆和邓明然（2006）表示，所谓财务风险传导指的是因为不确定的内部和外部因素，通过各种传导途径，依附在一定的载体上，扩散和传导到企业外部及内部的各项财务活动中，使得企业预期目标和实际收入产生偏差的过程。

对于广义财务风险概念而言，有如下两层含义是财务风险传导所具有的：①外部传导，也就是通过一定的传导途径，在特定载体上传导，对财务活动产生影响；②内部传导，也就是产生于某一财务环节的风险，会通过一定的途径，在某一载体上依附，对下一步理财环节产生影响，如收益分配、经营、投资、筹资环节之间，会有财务风险传导存在，此外财务分析、财务核算、财务控制、财务计划、财务决策、财务预测等环节之间，也会有财务风险传导存在。

2）企业财务风险传导特征

对于财务风险传导而言，其由两方面组成，即传和导，如下所示为其主要特点：复杂性、路径依赖性、方向性、突发性和不可逆性。

（1）复杂性：市场环境复杂多变，企业财务风险传导系统比较复杂，财务风险传导机制由诸多因素构成：所有者现金流、利润、费用、收入、权益。上述因素具有互相关联和依存的关系，其中大部分是非线性的，具有复杂的关系。

（2）路径依赖性：在西方新制度经济学中，存在路径依赖这个的概念，指的是对于一个体系而言，如果存在正反馈机制，那么系统会对外部性偶然事件的影响进行采纳，通过一定路径的发展，该影响的固有惯性就会出现，其他更优的体系或路径无法将其取代。对于企业财务风险传导而言，路径依赖是其显著的特征，因为其会通过某一路径进行传导。

（3）方向性：对于企业财务风险传导而言，方向性是其特征之一，主要的模式有三种，即多向风险传导、双向风险传导、单向风险传导。

当企业发生财务风险时，由于传输网络中各个环节的相关性和复杂性，财务风险有可能向多个方向传递；因为外部利益相关者和企业间的供应链及业务流程非常复杂，对于财务风险而言，其传递方向是多向的，然而传递方向流向最高利益相关者的可能性最高。风险传导与物理中力的作用原理相似，如果一个企业收到来自另一企业的风险，那么该企业的风险会向原来的企业传递，财务风险传导双向性指的就是这一点。

（4）突发性：财务风险的出现和传播具有偶然性，如果出现了，那么其带来的后果是相当严重的。对于财务风险传导而言，其明显特征之一就是突发性。对于突发性财务风险，在传播和爆发初期，将经历一个变化、存储和突破风险阈值的过程。一般说来，财务风险的产生存储的时间相对较长，风险管理者很难注意到这些细微的变化，发现这些变化对财务经理来说是具有一定难度的。当外部宏观环境发生重大变化时，也可能导致财务风险的快速传导，与风险阈值相比，当某一功能节点的财务风险更高时，会影响甚至是破坏企业的财务平衡，在这种情况下就会爆发财务风险，在经过传导之后，财务风险会影响其他环节，新的财务风险就会产生。在存储过程中，也就是在阈值被突破之前，财务风险是有很强的隐蔽性的，所以财务风险传递的突发性相对明显一些。

（5）不可逆性：对于企业财务风险而言，在传导过程中，是具有不可逆性特点的，财务风险一旦开始传导，财务活动的各个功能节点都不能幸免，风险会改变正处于功能节点的风险状态和性质，为此会有新的财务风险子系统出现，其表现、影响及属性都是不同的，这种改变可以说是单向的，是不可逆的。分析不可逆性特点我们发现，对于财务风险传导的规律，企业需要具有一定的了解，基于此对控制和管理财务风险的方法进行研究，以此将财务风险带来的损失降到最低。

3）财务风险传导要件

对于企业财务风险而言，并非偶然发生，首先是由量变引起的，经历量变以后会发生质变，在经历质变以后会迎来突变，最终产生财务危机。并非所有的财务风险都会发生传导，财务风险的传导必须受到多种因素的综合影响。

（1）风险源：风险源来自企业内外部环境，是导致产生与预期不同结果的因素。以企业对财务关系的处理及财务活动的组织特点作为依据，可以知道内部危险行为和外部环境因素的总和是影响企业财务活动风险传导的源头。对于外部因素而言，包括了债权人和投资者的状态、财政政策、经济政策等；对于内部因素，包括企业内部财务控制、治理制度等，在内外风险源共同作用下，会形成财务风险流。

（2）风险阈值：研究财务风险传导机理时，有一个重要的因素就是风险阈值。所谓的风险阈值指的是爆发财务风险的临界值，受险单位能承受的最大的财务风险值。低于临界值时，财务风险的状态是不可见的，如果超越了临界值，那么财务风险会处于流动的状态，是可见的，当企业管控财务风险的能力不足以应对财务风险传导强度时，风险阈值会被突破，进而出现财务风险传导的情况。想要将财务风险传导控制和隐藏，需要在风险阈值范围内控制财务风险的总流量，基于强度、方向、时间维度，来预测财务风险传导，进而将财务风险传导控制体系建立起来，以此确保不会积累、传导及爆发财务风险。

（3）风险事件：对于风险流而言，有一个具体事件会使得其产生作用，即风险事件，如巨人集团财务风险传导后出现了“巨人大厦事件”，退市第一股水仙股份是由“合资失败事件”直接引起的。对于企业财务风险传导而言，当财务风险的源头是风险事件时，那么风险流传导及释放是由风险事件直接引起的。

（4）传导载体：对于财务风险传导过程而言，风险流依附的介质可以是无形的或者有形的，传导载体可以是人员、信息、资金等。例如，对于一些企业集团而言，会有规模很大的关联交易发生，包括很多关联担保、资产交易的活动。如果财务风险存在于某一成员企业，那么其他的企业必然也会受到该风险的影响。

（5）传导路径：传导路径是指在企业财务管理体系的各个环节或在企业财务关系网络中进行财务风险传导的途径和路线。当风险阈值被财务风险流所突破时，相关利益链如业务链、信息链、资金链会中会有财务风险传导活动。例如，企业集团控股母公司与子公司通过产权和资本形成财务风险传导路径。

（6）风险传导效应：一些结果与因素构成的因果现象，在特定环境里被称为效应。所谓的财务风险传导效应，指的是在风险传导要件具备的环境里，财务风险所呈现的结果是不同的。对于财务系统内部而言，当财务风险产生于某一环节时，如果不被及时地干扰和排除，那么下一个环节就会受到该财务风险的影响，这与多米诺骨牌效应类似。

4）财务风险传导原理

（1）时间原理：在积累一段时间后，不确定因素会在受险单位出现，从授险单位至受险单位的时间，即财务风险传导所需的时间。假设在 T 点有一财务风险产生，那么传导不会即刻发生，在一定的时间后，财务风险的传导会发生于 T+ΔT 点上。此外，对于财务风险传导而言，由于财务关系本身就具有一定的抗风险能力，为此财务风险传导不会对一切接触过受险单位的单位传导。

风险事件的持续时间会对财务风险的大小产生影响。如果是长时间持续，那么风险事件会对微观、宏观环境产生较大影响；此外财务风险流集聚爆发程度和客观及主观不确定性程度成正比。未来时间正比于风险事件发生概率，也就是说财务风险的总量取决于风险事件持续时间。

（2）方向原理：企业财务风险传导的特征有复杂方向传导、双向传导、单向传导。对于企业财务管理系统而言，传递的方向性可以解释成：实现由一个风险状态到另一个状态的转变；对于企业间财务风险传递而言，可以如此定义风险传递的方向性：财务风险转变为利益相关者财务风险。

（3）强度原理：企业财务风险传导在时间上是一个财务风险量的集聚、迸发的过程。对于企业财务风险传导而言，整个过程并不是完全等量转移风险流，所以很多的因素都会影响该进程，如受险单位管理财务风险的水平及对待风险的态度等。正如在上文中提到过，财务风险的传导是交替进行的，且具有一定的复杂性，可以以协同关联度对财务风险传导强度进行衡量。协同程度和协同关联度成正比，协同关联度越高，就表明对于受险单位而言，其面临越高的财务风险。

2.2.2.3 财务风险度量理论

国外较早开始对财务风险度量进行了研究，如果风险损失是不确定性造成的，大部分专家认同的是均值-方差模式、downside-risk 模式、资本资产定价模型、期权定价理论、风险价值模型和整体风险管理理论。

（1）均值-方差模式：1952 年 3 月，马科维茨（Markowitz），一位美国经济学家将《资产组合的选择》一文发表在《金融杂志》上，他在对资产组合问题的研究中引入方差和期望的概念，其表示对风险进行度量时，要运用资产收益的标准差，对其收益进行度量时，要运用资产收益的期望。对于金融风险领域而言，这种思想是非常先进的，其基于此思想，对证券资产的投资组合问题进行了全面的研究，并引入了系统风险和非系统风险的概念。马科维茨表示为了实现最小化的投资风险，需要对预期收益率进行调整，这种投资组合计算方法是非常科学的，对于以往的方法进行颠覆，受到了一致的好评。对于资产组合理论而言，风险分散原理是其基本思想，其针对风险的最优分散方法进行了阐述，并给出最优组合方法。对于资产组合理论而言，其可以对风险进行度量，对于资产组合模型而言，其质量取决于方差的质量。

（2）downside-risk 模式：在度量风险方面，将方差方法用参照水平和风险基准代替，将受益分布的左边作为重点，也就是说将风险构成中左边作为重点。以该思想作为依据，哈洛提出以 lpmn 作为基础的资产配置模型，通过实证指出该模型能更高效率地配置资产。对于 downside-risk 方法而言，主要是修正了均值–方差理论，其重点是将最优组合找出，以此更好地控制风险。对于二者而言，它们都属于经济学的内容，在资产组合效率及市场均衡条件下，对风险和收益的关系进行了反映，唯一存在的明显缺点，即没有给出定价等解决方案。

（3）资本资产定价模型（capital asset pricing model，CAPM）：基于 downside-risk 模式的不足，Mossin（1966）、Lintner（1965）和 Sharpe（1964）开始了新的研究，基于均值–方差模型，对决定收益率和资产价格的方法进行了研究，推导出了 CAPM。通过对 CAPM 模型的运用，来很好地优化均值–方差模型，以单种资产的系统风险作为依据，将最优化组合比例确定下来。根据 CAPM 模型可以知道，对于预期收益，能够带来贡献的只有系统风险，对于投资者，其预期收益是无法通过非系统性风险而增加的。CAPM 模型很好地反映了资本市场的规律，在进行投资时，该模型的指导意义非常强。

（4）期权定价理论：1973 年，Shuule 和 Black 提出基于标的股票资产的看涨期权定价公式，自此金融衍生品定价理论诞生。从该公式来看，其思想非常严谨，也就是标的物的价格可以很好地反映期权实际价格。所以，对期权定价进行研究，需要做的就是对标的价格运动进行刻画，后人在进行研究的时候，都是基于这一点进行的。金融衍生品定价方法和理论，都是基于该研究的，因此其意义非凡，将很好的理论和决策依据提供出来，为风险管理的进步奠定基础。

（5）风险价值模型（value at risk，VAR）：20 世纪 90 年代开始，基于 VAR 损失的风险管理方法被人提出。分析 J. P. Morgan 的定义可以知道，VAR 就是在重估或者冲销既定头寸前，可能发生的最大的市场价值损失值；对于 VAR 的另一种解释是“给定置信区间的一个持有期内的最坏预期损失”。对于大多数学者而言，比较认可的说法是，其可以对企业所有风险进行计量。对于潜在效率损失，可以用风险值进行度量。测量企业经营风险时，我们可以对风险值进行运用，并且该工具的效率非常高。

（6）整体风险管理理论（total risk management，TRM）：VAR风险管理技术在计算和定量风险时起到的作用非常关键。然而其缺陷还是相对显著，最为关键的是，这一理论是以金融资产的客观概率作为基础的，风险控制、测定、识别，而金融风险管理的最终目的是对一定量风险进行控制，为此风险估价和风险偏好成了关键，所以需要以风险的统计特征作为关注点。TRM系统是新理论带来的成果，基于概率，引进偏好和价格要素，以此确保风险管理在三要素中实现主体偏好和计量的均衡。通过该系统，一方面可以管理金融工具风险，另一方面能够对衍生工具的风险进行管控，最终全面地管控风险。

2.2.2.4 财务风险控制基本理论

对于财务风险控制而言，包括了筹资风险控制、投资风险控制及运营风险控制。

1）筹资风险控制

（1）筹资风险根源。筹资风险，又称财务风险，指的是企业因为借债而失去自身偿付能力，此外企业利润的可变性也包含在其中。筹资风险按照成因可以分为现金性筹资风险和收支性筹资风险。

现金性筹资风险：是一种支付风险，由于现金不足、现金流入的期间结构与债务的期限结构不匹配而形成的。企业理财不当，使现金预算安排不妥或执行不力造成支付危机是现金性筹资风险产生的根源。再者，如果不能很好地搭配债务期限、没有合理安排资本结构，企业的偿债风险也会增加。

收支性筹资风险：如果支出无法被收入抵掉，企业将无法将借入的债务本息偿还。这种风险具有整体性特点，对企业债务的偿还会产生不利影响。对于一个企业而言，其面临这种风险时，外部的压力和风险会加大，并且会对债权人的利益产生损害，所以这种风险是非常严重的，会直接威胁企业的生存。

（2）筹资风险内部原因。债务规模：企业的总债务规模或债务总额中的有息负债比例。如果企业的负债较大，那么其会面临大额费用和利息支出，在这种收入减少的情况下企业的生存会面临威胁。对于企业而言，企业财务杠杆系数和负债比例成正比，所以企业财务风险和债务规模也是成正比的。

负债利率：如果负债规模相同，那么利息费用和负债利率成正比，如果利息过多，企业的生存会受到威胁。并且，对于股东而言，利率带来的影响也是相对较大的，这是由于股东承担风险，财务杠杆系数与负债利率成正比。

负债期限结构：短期借款与长期借款的相对比例。当企业没有合理的债务期限时，企业的融资风险就会加大，这会给企业的发展带来严重的影响。

（3）筹资风险外部原因。经营风险：对于一个企业而言，在经营和生产过程中，就会有这种风险存在，直接表现就是息税前利润的不确定性。对比筹资风险，经营风险具有不同之处，然而其会影响到筹资风险。如果融资时，企业用的完全是股本，那么总风险就是经营风险，需要由股东来承担。如果企业融资采用了负债和股本混合的方式，因为股东收益会受到财务杠杆的影响，所以对于股东收益而言，其稳定性不是很强，因此与经营风险相比，其承担的风险更高一些。当企业不能良好地经营时，其无法将利息费用按期支付，那么这会严重影响股东收益，这种情况下企业偿债能力会直线下滑，企业的生存会受到严重威胁。

预期现金流入量和资产的流动性：通常而言，偿还负债本息会用到货币资金。企业能否按合同按时还本付息，即使其利润状况良好，也取决于企业的预期现金流入是否充足、及时，以及资产的整体流动性。当信用政策调整或者投资决策失误，负债的本息无法及时用预期现金偿还，那么财务风险就会增加。当企业资产的整体流动性强，财务风险就会很小，相反，当企业资产的整体流动性弱时，财务风险较大。

金融市场：企业负债经营受金融市场的影响。例如，金融市场在获得贷款时的资金供给和需求决定债务的利率。此外，企业的筹资风险也会由金融市场的波动（利率、汇率变动）导致。当企业融资是以短期贷款为主时，如果碰上利率增加、银根收紧的情况，那么利息成本的上升速度会非常快，利润会减少，在情况严重的时候，企业的生存会受到威胁。

（4）筹资风险的管理与控制。第一，合理确定财务结构经营风险。对于企业而言，如果负债在资本结构中的比例过高，则企业会依赖过多的外界因素，在这种情况下企业会面临较高的财务风险和经营风险，当企业不能及时回收资金时，其会承担较大的资金成本，企业活力会因为利润的降低而受到影响，为此需要将负债经营控制在合理的范围内。对于企业而言，其需要将资本结构确定在合理的范围内，要根据实际的生产情况对其进行调整，以此确保企业管理更加科学。对于企业筹资管理而言，其要以资金需要量作为关键点。首先，无论是发展还是生存，企业都是需要通过资金实现的；其次，资金量要合理，否则资金配置风险发生的概率会加大，如果存在过多的闲置资金，对企业也会造成资源浪费和成本上升。所以，企业要以财务风险作为依据，将债务比率确定下来，此外要对自身的偿债水平进行衡量，负债水平不能超过自身的偿债水平，只有这样企业的发展才会长久。

第二，正确选择筹资方式。对于企业而言，有两种筹资方式，分别是股权筹资和债务筹资。通常而言，债务筹资相比股权筹资具有更低的成本，然而其面临着更大的财务风险，因为企业可能无法将本息及时地偿还。由于没有太大的偿还风险，对于股权筹资而言，还本付息风险是相对较小的，但是使用效益的不确定性是风险的主要来源。股权资金不像债务资金可以起到抵税的作用，对利润的分享也位于债权人之后，为此其具有更高的资金成本。

第三，选择适当的筹资时机。对于企业而言，应当将筹资机会把握好，因为筹资风险和筹资效益都会受到其影响。对筹资机会进行选择时，企业要对如下几方面进行考虑：要适应企业未来现金流量、适应企业的财务状况和经济活动周期。

第四，采用不同渠道确定合理的筹资结构。因为筹资具有不同的成本、期限、方式、来源，为此其会面临不同的筹资风险。对于企业而言，通常具有如下几种资金来源，包括间接筹资、直接筹资、外部筹资、内部筹资、短期资金、长期资金、借入资金、自有资金等。企业需要比较债务资金成本率和负债经营资产收益率，当后者大于前者时，本息偿还才会得到保障，财务杠杆才发挥其应有的作用；从组合风险分散理论可以知道，企业筹资风险可以通过多元化筹资模式进行分散，就企业而言，尽量不要采取单一化筹资，因为不但成本高，风险也高。实现加权资金成本最小化及筹资风险最小化是筹资结构确定的最终目标。

第五，加强财务监控机制，防范金融风险。对于企业管理而言，财务管理的地位是绝对关键的，企业通过发挥财务的监督和管理作用，将内部控制制度建立起来，以此降低金融风险，对企业的营运进行制约和调节，确保企业发展更加的良好。对于资金使用效率的提升、资金周转速度提升、债务负担环节、资本结构优化、资源配置优化等问题，财务人员的认识和理解一定要到位，这对于防止和化解金融风险而言，具有非常关键的作用。

2）投资风险控制

（1）投资风险分类及成因。投资风险指的是投资主体为实现其投资目的而对未来经营、财务活动可能造成的亏损或破产所承担的危险。具体来说包括能力风险、财务风险、利率风险、市场风险、变现风险、事件风险。

企业投资出现投资风险的原因主要有以下方面：①投资决策机制不完善，责任不明确，领导者容易冲动决策，导致投资决策的主观性、盲目性和随意性。②部分项目审批部门从各自利益出发，未严格审查，重复建设，盲目施工，企业处于亏损状态。③风险意识不到位，对于热门产业追求过于盲目，在行业前景好的时候选择进入行业，到了行业不景气的时候无法退出。④不够重视经济可行性，反而侧重于项目的技术可行性研究，对投资成本及项目建成后的成本费用和回报测算不精确。

（2）投资风险的控制。

决策风险：成立项目前的决策，包括是否要研究项目可行性。例如，对于新的行业而言，需要对其中的风险进行研究，当风险比预期的要大很多时，就不再考虑对这个行业投资了。

项目可行性研究风险：可行性研究报告就是项目投资研究报告，然而基于现实来看，在撰写可行性报告时，很多都是先定性的。如果投资决策是基于这类可行性报告的，投资风险就非常大。

决策体制风险：目前国内企业的决策机制通常由董事长兼任CEO，独立董事由董事长选聘，因此独立董事并不是独立的，也就是说在管理层中，他不能将自己的想法完全提出来，很难左右管理层的决策。

投资成本控制风险：投资成本对于企业成本构成而言，具有最关键的地位，接下来就是运营成本了，企业的竞争力一定程度上由投资成本决定，若投资成本控制不力，将会导致巨大风险。

投资体制风险：对于投资主体而言，多样化的股权是非常关键的，要引进资金、品牌、渠道、人才、管理、技术等不同的资源。

项目法人责任制风险：建立项目法人责任制就是要项目的市场调研、可行性研究、项目建设、企业运营全过程由项目法人负责。

项目建设评估风险：许多企业在项目决策后没有跟上相应的风险评估，应将项目建设要求列入对项目执行团队的考核，对法人的考核。

项目建设后评估制度：企业要做到项目建成运营后，对照当初决策的依据、可行性报告的评价指标后对项目进行评估，要明确责任及奖惩制度。

3）运营风险控制

（1）运营风险管理流程。运营风险管理指的是因为主体环境适应能力和认知能力不足，以及外部环境的多变性和复杂性，导致运营失败或未能实现预期目标的可能性和损失。

运营风险管理流程包括：损失分析、运营风险事件、关键性运营风险指标、运营风险行动计划、运营风险自我评估。其中，对于运营风险自我评估而言，其与已确认风险受评估手段、评估内在风险减轻作用有关。对于关键性运营风险指标而言，其有助于早期识别潜在的操作控制弱点，是业务单元与业务支持单元持续收集和监测的统计数据。

（2）运营风险控制。首先，树立正确的资本运营理念。对于企业而言，其会在经营阶段，为了提升资本增值水平，对经营对象、资产结构、资本投向等进行调整。第一，对于企业而言，其需要以价值作为经营理念的重点。企业需要把握市场动向，包括需求变化、产品换代、技术更新等，要对市场结构、产品结构、技术结构进行调整，将过时的产品、设备、技术等淘汰掉，确保合理运用所有的增值和保值手段。第二，对于企业而言，其需要着重“效率”理念，而不是“规模”理念，为了资本增值，更充分地运用资产结构和数量。在使用和筹集资金时，企业要以资本效益的提升作为出发点。

其次，改善资本运营的外部环境。对于资本运营而言，其运行离不开人才环境、市场环境、社会环境、法律环境、政策环境的支持，通过这种方式将运营风险降低，为此这种工程是相当庞大的。对于政府而言，其需要通过各种手段包括产业政策、经济杠杆、发展规划等，来使资本运营更加规范，运用诸多手段包括社会、行政、法律等，来监督资本运营。

全面完善有关资本运营的法律法规。我国近年来陆续颁布了关于对等企业并购的相关法律法规，然而没有深入地考虑产权交易的特殊性，没有体现针对性，大部分规定都是原则性的，具体规定较少，因此有执行困难。

对产权市场和资本市场进行完善和发展。第一，要深入扩大资本市场规模，目前还没有丰富的交易形式和金融工具，为此需要对其进行完善；第二，要选择适当的时机，提升资产流动性，确保企业跨地区、跨所有制、跨行业进行收购和兼并；第三，建立规范化的机构，在资本市场中引进更多基金，更大力度地管理资本市场，对市场秩序进行维护。

完善用人机制。对未来企业家进行培养，使其能够符合时代要求，使其具备一定的创造能力，形成一种社会氛围，给企业家足够的尊重，并且帮助其成长和发展；确保市场中具有更多的流动和竞争的机会，完善经营人才市场；对约束和激励机制进行完善。

最后，健全企业内部资本运营的管理制度。将现代企业制度建立起来，以此合理地管理风险。对于企业而言，其要进行资本运营，还要完善内部管理体制。不管是什么样的企业，都需要将内部管理和外部市场把握好，对现金的管理经验和知识进行学习和模仿，科学地管理资金和成本，及时发现内部潜力，更好地提升自身经营水平。

审慎选择行业。对于行业的选择，一定要做到合理。就某一企业而言，暂时的高利润并不一定代表未来的高回报。从未来经济发展和企业自身实力出发，审慎考虑优势产业的发展前景，是一个安全而长期的选择。

培育核心竞争力。核心竞争力是企业战略中不可或缺的一部分，企业的竞争优势来源于此。大部分企业，以短期财务效益作为重点，培育核心竞争力并不是它们的注重点。其实，一些并购尽管其短期财务效益很高，但长远来看不能为企业核心竞争力的培育做出重大贡献。所以，在资本运营时，企业要以获取资源为主，以此对核心竞争力进行培育，最终实现健康发展。

2.2.3 相关理论对本书的意义

2.2.3.1 地方政府财政相关理论对本书的意义

公共产品理论：对于我国改革而言，公共产品理论的借鉴意义和解释力都是很强的，在改革开放之前，我国是计划经济体制，买方市场相对缺乏，公共产品特征明显，没有较高的效率，所以我国当时的经济发展速度相对较慢。我国在 1992 年的时候，开始对市场经济进行建立和完善，自此我国经济发展速度得到了较快的提升。基于广义层面进行分析，政策是在公共产品的范畴内的，在过渡转型时期，中国对公共产品理论进行了运用，对制度的变化进行了分析，对资源配置方式进行了探讨，特别是在研究公共产品生产效率和政府行为边界方面，其意义非常重大。

财政分权理论：我国从 1994 年开始实行分税制，自此开始政府的职责变得更加清晰，在约束地方财政预算方面起到了强化作用，激发了地方政府的工作热情，确保经济的发展更加地快速、健康和持续。另外，因为分税制也使税收更加集中于中央政府，地方政府的收入相对削减。2017 年我国一共有 172 567 亿元的公共预算收入，与同时期相比，实现了 7.1%的增长；一共有 28 207 亿元的非税收入，与同期相比，有 6.9%的下降。对于基础建设而言，地方政府起到的作用是非常关键的，其地位相当关键，并且在考核地方官员时，经济增长是非常关键的指标之一。所以，不管在惠民还是在考核方面，地方政府都是积极投入的，如果建设资金需求无法通过政府收入来满足，那么就会出现地方政府融资。

财政联邦主义理论：中国在经济转型时期，对国有商业银行和国有企业在制度方面采取了预算软约束，即“双重预算软约束”。投融资平台贷款与之相同，约束方式存在类似之处，偿债能力、资产负债率会起到约束作用，贷款规模限制会对商业银行起到软约束作用。对于商业银行而言，其追求的目标有两个，即自身效用最大化和利润最大化。商业银行向投融资平台提供一定规模的贷款，在短时间内可以获取的利润会较大，对于基础设施建设项目而言，这类贷款大部分都是中长期贷款，可以在短期内将商业银行不良贷款率降低，并完成上级指标，即便项目投放失败了，其无须承担任何责任。对于商业银行而言，地方政策和中央政府都有出台相应的政策，在这种情况下，即便债务风险出现，地方政府也会为银行承担责任。

预算软约束理论：为了实现整个政府系统效率的最大化，中央政府将不可避免地救助因债务过重而陷入危机的地方政府，使地方政府有良好的提前借贷预期，从而突破预算约束而过度负债。

地方政府债务风险分析理论：通过分析地方政府债务风险的理论，以此将投融资平台债务与政府债务、地方政府债务与中央政府债务、地方政府债务与资本市场的关系厘清，从而为后续债务治理提供了研究基础。

2.2.3.2 财务风险管理相关理论对本书的意义

财务风险管理理论：在地方政府投融资平台中应用财务风险管理理论，有助于进行平台的风险管理。财务风险管理理论是投融资平台风险管理理论依据、方法和管理工具的理论基础。对投融资平台风险管理进行分析可知，将有效的财务风险管理体系和目标制定出来，形成财务风险的方法和措施；对财务风险的识别、评价和控制，提高投融资平台财务风险管理决策的科学性有很大的帮助。

财务风险传导理论：随着投融资平台融资规模的不断上升，投融资平台的债务风险将向地方财政传导、向中央财政传导、向金融系统传导、向项目工程施工方传导，投融资平台的风险传导机制即由单体风险、财政风险、金融风险和经济风险方向进行扩散传染。

财务风险度量理论：投融资平台的风险成因复杂，如何有效评判风险程度显得格外重要。通过科学方法对地方政府财务风险进行度量可以为财务风险的评价及管控提供依据。

财务风险控制理论：财务风险控制是投融资平台债务治理的重点和难点，从筹资、投资、营运三个维度对财务风险进行控制，为地方政府财务风险治理提供方法论指导。

2.3 本章小结

第 2 章从文献综述和基础理论两个方面进行研究。

文献综述方面：综合国内外学者针对投融资平台债务风险管控的诸多观点，对投融资平台债务风险管控相关内容进行梳理。核心内容包括：投融资平台的债务风险成因、债务问题、债务风险定量方法及综合财政学、经济学、风险管理、财务管理等理论阐述投融资平台风险管控举措。基于已有研究成果形成地方政府债务风险、成因及管控的共识，指出了在投融资平台债务风险研究视角、研究基础、研究方法上面的不足及对本书的启示。

基础理论方面：从地方政府财政相关理论的角度出发，研究地方政府投融资平台债务形成机理；从财务风险管理相关理论的角度出发，研究财务风险形成、传导、度量和控制；最终形成地方政府投融资平台债务风险管控研究理论。

3 地方政府投融资平台概述

3.1 地方政府投融资平台内涵

3.1.1 地方政府投融资平台概念界定

地方政府通常会设立投融资平台，以此作为载体来完成政府的投资和融资目标。不同时期有不同的提法，地方政府融资平台、城投公司等都曾出现过。不同的学者和专家对于地方政府投融资平台的概念理解都是有所差异的，其中具有代表性的有以下几种。

巴曙松（2009）明确指出地方政府为达到顺利融资并将资金投向市政建设、公用事业等项目建设中去的目的，通过划拨资产设立投融资平台公司，必要时再辅之以财政补贴等作为还款承诺，使得投融资平台的资产和现金流能够大致符合融资要求，并将融资资金用于公用事业、市政建设的项目。在姜彬（2008）看来，对于投融资平台而言，地方政府是借款人，以未来经常性财政收入和土地流转收入作为担保，包装城市基础设施建设项目从银行进行贷款。贾银萍（2009）表示，地方政府是投融资平台的发起方，这种市政实体公司被授权实施土地开发或建设基础设施。郭励弘（2009）基于运营层面，表示通过整合政府投资项目、基础设施项目，地方政府会成立投融资平台，以此来运作基础设施建设资金。卢兴杰（2012）表示，地方投融资平台是为了弥补地方经济发展中存在的不足，SPV 公司（special purpose vehicle，特殊目的公司）是地方政府设立的，并且将一些优质资产包括国有股股权、不动产、财政资金等投入其中，以此来融资。

可以看到，在定义投融资平台时，学者专家是围绕融资基本要求、政府注资方式展开的。

中国证券监督管理委员会（简称证监会）主席肖钢（2009）表示，投融资平台即实施基础设施建设的法人，其运用对外融资资金及财政政策，以地方政府为主导，对于相关项目而言，涉及很多方面，包括城市园区开发、土地储备、环境治理、城市交通、热气电水的供应和生产等。

对于地方政府投融资平台，官方主要在国务院、中国银行保险监督管理委员会（简称银监会）和财政部发布文件的基础上进行定义。《国务院关于加强地方政府融资平台公司管理有关问题的通知》（国发〔2010〕19 号）是由国务院发布的，根据其内容可以发现，所谓投融资平台指的是由地方政府、所属事业单位、机构和部门通过注入股权、土地或财政拨款而设立的，这种经济实体具有独立法人资格，且具备公益性项目投融资功能。在《关于切实做好 2011 年地方政府融资平台贷款风险监管工作的通知》（银监发〔2011〕34 号）中，银监会基于法人层面，对投融资平台定义进行了明确。基于此不难发现，投融资平台作为经济实体，其由地方政府和相关单位通过注入股权、土地等资产及财政拨款设立，具备公共投融资功能。其中，包括以国有资产经营公司、金融投资控股公司等为代表的综合投资公司，以及以交通投资公司、城市建设开发公司为代表的基础设施投资公司。中国人民银行审计委员会所给出的定义强调了对于政府主导项目而言，公益性特点是相对明显的，为此即便项目是不能盈利的投融资平台也要承担，所以地方政府要承担债务连带责任。

值得注意的是在官方给出定义的文件中，还推出了投融资平台“名单制”管理办法：在国发〔2010〕19 号和财预〔2010〕412 号文件中：为了限制投融资平台的融资，国务院要求银监会做好投融资平台贷款风险监管工作。自 2010 年 3 季度起规定银监会对地方投融资平台名单进行编制，每 3 个月更新一次。根据银监发〔2011〕34 号文件我们知道：对于新增平台，要将相关的贷款管理工作做好，要对机关法人、事业法人及企业法人进行明确，根据性质的不同，管理的办法也要有针对性，包括不限于名单准入制、加强对投融资平台贷款的审查力度、由总行进行集中审批。在银监发〔2012〕12 号名单准入制管理的基础上，将投融资平台分为支持类、维持类、压缩类三种不同的信贷支持类型。针对投融资平台保留退出“平台名单”的机制，根据银监会原则只要条件成熟的退出类平台能退则退。

根据上文中学者专家定义的内容，本章认为：地方政府投融资平台是地方政府为推动当地公共项目投资建设而设立的具有独立企业法人资格的经济实体，主要承担公共项目建设的投融资职能，同时兼国有资产投资管理职能。

由于“名单制”的管理，出现了部分投融资平台出于种种原因选择“退平”的现象，不在银监会名单制管理的平台名单内，但实际上这部分“退平”的平台依然以地方公共项目建设为核心职能，借用地方政府的关联性与支持开展投融资业务，基于此，本书认为这类公司属于市场化转型的“隐性投融资平台”。

3.1.2　地方政府投融资平台分类

对投融资平台采用不同视角进行分类有助于更好地开展研究，依据不同标准有以下十种分类。

（1）根据国务院《关于加强地方政府融资平台公司管理有关问题的通知》（国发〔2010〕19 号），投融资平台在被清理后，大体可以分为两大类：承担公益性项目运营、建设及融资任务的投融资平台；承担非公益性项目融资任务的投融资平台。

（2）依据投融资平台盈利状况，可分为经营性、半公益性和公益性平台（表 3-1）。

表 3-1 地方政府投融资平台的分类（国务院）

分类	经济效益	现金流	资本金来源	自负盈亏能力	建设资金还款来源	典型情况
经营性	良	较稳定，可覆盖银行贷款本息	财政投入	可以	经营性收入	投资经济开发区、承建高速公路及供应城市水电气热
半公益性	一般	现金流在部分项目中产生，在部分项目中不会产生，银行贷款的本息无法被完全覆盖	财政投入	不能	经营性收入和财政补贴	交通运输、景点营运
公益性	无	无现金流，不能覆盖银行贷款本息	财政投入	不能	财政补贴	体育、娱乐、文化及城市桥梁道路等设施

（3）根据银监发〔2012〕12 号文件，在列表管理的基础上，投融资平台将根据“支持、维护和压缩”类别进行分类。根据不同风险定性将投融资平台进行划分，划分标准主要考察其自身的现金流是否可以涵盖债务的全部本金和利息。据此，投融资平台包括几类，即全覆盖投融资平台、基本覆盖投融资平台、半覆盖投融资平台、未覆盖投融资平台等。商业银行按照这个分类标准对其开展信贷业务（表 3-2）。

表 3-2 地方政府投融资平台的分类（银监会）

类别	项目产生现金流对贷款本息覆盖情况	主要还款来源	贷款风险权重
全覆盖	100%	项目现金流	100%
基本覆盖	70%~100%	项目现金流及可靠的第二还款来源	140%
半覆盖	30%~70%	第二还款来源	250%
未覆盖	30%以下	其他资金	300%

（4）基于政府行政角度进行分析，分类投融资平台包括省级地方政府投融资平台、市级政府投融资平台、区县级地方政府投融资平台。根据李娟娟（2011）的统计，省、市、区县的平台数量分别占整个平台的 2%、40%和 58%，平台数量随着行政级别变低而增多，平台的数量与行政级别成反比。

（5）基于组织复杂程度进行分析，对于地方政府投融资平台而言，包括单一型投融资平台和集团型投融资平台。

单一型投融资平台：当地政府会指定开展某一领域业务（如市政建设、城市道路和桥梁、污水处理、公用事业等）的投融资平台。对于该平台而言，其没有较强的融资能力、没有较高的信用评级、没有较强的资本运营能力、没有较多的注册资本。在中西部地区，集中存在大量的该类型平台。

集团型投融资平台：集团控股平台，由地方政府设立，资金是其载体，股权是其纽带，控制着若干不同类型的公司，投资于不同领域和行业的基础设施项目。集团型投融资平台普遍实力雄厚，呈现出大而强的特点。以四川发展（控股）有限责任公司为例，是四川省人民政府出资设立的国有独资企业，注册资本为人民币 800 亿元。旗下共有各类出资企业数十家，其中全资企业 30 家，控股企业 18 家，参股企业 14 家，基金合伙企业 17 家，基金管理公司 13 家。目前拥有成渝高速股份、路桥股份、新华文轩股份、川化股份、硅宝科技股份、新筑股份 6 家上市公司。其投资重点涵盖医疗、金融、旅游、农业、环保、交通、能源、矿产、水务等四川地区优势资源产业。

（6）从地方政府投融资平台专业分工的角度出发，包括了专业投融资平台和综合投融资平台。专业投融资平台中又包含了文化投融资平台、金融投融资平台、铁路投融资平台、交通投融资平台、城市建设投融资平台，对于它们而言，投融资平台是由政府成立的集团公司，对某一特定产业链提供服务，并沿着产业链上下游进行合理扩展。这类型的企业实力较强，在四川地区就形成了四川省交通投资集团有限责任公司、四川省能源投资集团有限责任公司、四川金融控股集团有限责任公司等一批专业投融资平台。而综合投融资平台具有高投入、高资产、信誉好、产业众、授信足、内部严的特点，深厚的政府背景，享受优惠政策倾斜，组织结构通常采用“集团控股、子公司分类管理”的形式。这类型平台规模大、资产多、信用评级高，在融资过程中占有较大优势，能够获取较低成本的资金。

（7）基于投融资平台的地理位置进行分析，包括西部地区、中部地区、东部沿海地区平台等。一般来说，投融资平台的数量和当地经济发展程度密切相关，投融资平台数量与地方经济发展水平呈正相关。中国人民银行在 2010 发布了《中国区域金融运行报告》，根据报告可知，东部经济发达地区投融资平台数量几乎占投融资平台总数的 50%。

（8）按照投融资平台的经济功能可分为城市基础设施建设和产业投资平台，展开来说包括经济适用房融资平台、交通建设融资平台、土地储备中心、产业发展投融资平台、国有资产管理公司、开发园区平台等。

（9）按照中国人民银行的分类标准，投融资平台的类型主要分为：土地储备中心、国有资产管理公司、开发园区和开发区融资平台、城市投资和建筑公司、财务部门设立的税费中心、交通运输和政府投资融资平台及其他类型。

（10）按还款来源划分，有两类投融资平台：一类还款来源是财政资金，另一类还款来源是公司自身现金流。对于第一类而言，其在公益性项目中常常被采用，因为自身现金流不是很多，如环境保护、市政建设、城市公交，或者是需要通过两条财政收支线进行管理的，如土地储备中心、开发区、运输部门等。第二类的投资活动主要是经营资产，项目运作以市场为导向，拥有较为充裕的自有现金流，具体如污水处理、燃气、自来水、铁路、公路、电力等。

3.2 地方政府投融资平台发展历史

投融资平台从诞生至今，发展大体可划分为四个阶段：起步阶段（1992~2008年）、扩张阶段（2009~2011 年）、繁荣阶段（2012~2016 年 3 月）和强监管阶段（2016 年 3 月至今）。起步阶段和扩张阶段，当地政府与投融资平台关系极为密切，在政府强有力的信用支持下，投融资平台处于高信用阶段，其发行的城投债极为强劲。繁荣阶段，债务置换与稳增长为此阶段的主基调，投融资平台仍然具有很高的信誉。进入强监管阶段，随着一系列文件的出台，投融资平台的隐性认可和信用依赖减弱，投融资平台的信用和发展也将减弱。

3.2.1 起步阶段

投融资平台的出现始于分税制改革导致的地方财权事权不匹配。20 世纪 90 年代是我国城镇化进程的关键时期，在融资方面，地方政府具有很大的需求。一方面，从 1994 年开始，分税制改革在我国开始实行，地方政府收入逐渐减少；另一方面，1995 年实施的《预算法》规定地方政府不能发行政府债券，并且地方政府贷款的能力受到了《中华人民共和国贷款法》和《担保法》的限制，地方政府资金需求得不到满足，为此投融资平台筹资成了地方政府首选。这个阶段投融资平台以银行融资为主，配合少量的债券，经历了漫长的低速增长期。

2005 年以后，投融资平台开始逐步发展起来，特别是融资方式发展迅速。国家发改委从 2005 年开始允许发行企业债券，自此投融资平台融资可以通过发行公司债券实现。中国人民银行发布了《证券公司短期融资券管理办法》，该管理办法的发行重新启动到地方一级，政府的投融资平台提供了新的债券，投融资平台得到了更广泛的发展；城投债发行数量和规模的快速增长得益于企业债券发行门槛的降低，投融资平台成为重要的发行主体。地方政府与投融资平台紧密关联，在政府的强信用背书之下，地方政府投融资平台处于高信用阶段，融资规模逐步放量。

3.2.2　扩张阶段

《关于进一步加强信贷结构调整促进国民经济平稳较快发展的指导意见》是由银监会和中国人民银行在 2009 年 3 月发布的，根据其内容可以发现：“给有条件的地方政府提供支持，使其将投融资平台设立起来，对融资工具如中期票据、公司债券进行发行，以此对中央政府支持的融资渠道进行拓宽。”地方政府在经济刺激计划资金陆续到位的同时，要加大建设基础设施的力度，作为融资主体的地方政府，其债务规模开始增加，并由省、直辖市级扩展到了地级市、县级市，平台数量大幅增加，其债券发行量大增。

《关于加强融资平台贷款风险管理的指导意见》《中国银监会办公厅关于地方政府融资平台贷款清查工作的通知》是由银监会在 2010 年发布的，其要求清查地方政府投融资平台贷款情况，同时要求审慎发放和管理投融资平台贷款；同年《国务院关于加强地方政府融资平台公司管理有关问题的通知》（国发〔2010〕19 号）出台，以期更好地管理投融资平台的融资和银行业金融机构等的信贷情况，此时表外贷款开始在投融资平台流行，信托、基金、租赁公司开始活跃在投融资平台的资金供给端。此阶段，投融资平台的扩张主要源于“四万亿”刺激计划稳增长的目标，平台处于强信仰阶段，政府信用背书等同于显性背书，融资规模迅速攀升。

3.2.3　繁荣阶段

2012 年，国家发改委逐步放宽了公司债券的发行规模。同年 12 月，根据中央经济工作会议的内容可以知道，在现代化建设过程中，中国的重要任务之一是城市化，其可以很好地扩大内需。另外财政部发布《关于制止地方政府违法违规融资行为的通知》（财预〔2012〕463 号）以严防信托贷款、委托贷款等方式可能带来的潜在风险，促使投融资平台更倾向于直接融资，多因素叠加促使其发行的城投债规模井喷式增长。

自 2013 年以来，监管部门已开始考虑改变监管思想，采用“有堵有疏，区别管理”的方法。一方面，降旧控新；另一方面，允许投融资平台发行公司债券以取代“高风险短期债务”。随着 2014 年下半年以《国务院关于加强地方政府性债务管理的意见》（国发〔2014〕43 号文）为核心的系列严防地方债务风险政策的出台，投融资平台的发展和扩张速度有所下降，其融资规模受到明显压制，融资利率持续攀升。

2015 年，地方政府债务为置换主题，出台了很多的政策，开始放宽增量融资政策和政府债务兜底政策。2015 年 12 月，财政部发布《财政部关于对地方政府债务实行限额管理的实施意见》（财预〔2015〕225 号文），规定了投融资平台发行的城投债三年置换的过渡期；2014 年底至 2015 年底连续六次降低基准利率，为债务置换创造了优良的环境；2015 年至 2016 年一季度末，随着经济下行压力加大，防风险让位于稳增长，投融资平台的转型被暂时搁置。由于民营企业的违约出现，金融机构的资金开展涌向投融资平台。无论直接融资还是间接融资，无论表内贷款还是表外贷款，投融资平台成为市场追逐的热点，伴随融资规模的提升融资成本持续走低。

此阶段，在债务置换与稳增长的主基调中，伴随着系列文件的出台，投融资平台隐性背书虽有弱化，但其信用基础仍在，融资环境非常宽松。

3.2.4 强监管阶段

2016 年 3 月至今，监管趋严，市场利率逐渐上升。2016 年两会提出要加强金融风险监管，对投融资平台举债机制的监管又重新提上日程。2016 年 10 月，国务院发布《地方政府性债务风险应急处置预案》，对政府债务进行甄别分类。同年 11 月，国务院公布政府债务具体处置指南。投融资平台违法违规举债担保等行为仍在持续，地方政府的债务风险也随之不断集聚。到了 2017 年，监管机构出台了一系列政策包括 87 号文、土储专项债、六部委 50 号文等，以此对政府融资进行把控，加之政府债务与融资平台关系日渐明确及无风险利率的继续上升，投融资平台的新增债务规模开始缩小。受市场流动性趋紧、融资成本上行的影响，投融资平台债券的发行量大幅缩减，且呈现地区分化、低级别主体发行量大幅萎缩的趋势。未来投融资平台面临转型和融资的压力较大，不论是综合类、行业类、其他类，越来越多的平台退出银监会的统计名单，截至 2017 年 12 月有 2 498 家平台进行了调出平台名单。随着系列强监管文件的出台及 50 号文新老城投的划断，投融资平台的政府隐性背书将持续弱化。

3.3 地方政府投融资平台的职能

地方政府投融资平台由政府设立，其需要对有关基础设施建设项目投融资负责。并且，其还可以对国有资产进行管理，以此让国有资产增值，其主要职能如下。

1）融资职能

对于投融资平台而言，其依靠的是政府信用，运用特许经营、上市筹资、债券融资、银行贷款等，对外资和社会资本进行引入，在遵守相关法律要求的基础上给基础设施建设资金需求提供了解决方案。投融资平台的主要目的是为地方政府基础设施项目筹集资金，这对促进城市基础设施的快速发展起着至关重要的作用。开展公益类、土地整理类等项目的投融资平台就是典型融资平台。

2）投资职能

借入债务资金和预算资金是投融资平台主要的资金获取方式，以此来管理和实施项目。在政府的委托之下，投融资平台通过各种形式包括控股、参股、全资等，对基础设施建设项目进行投资，最终获取项目收益。开展产业投资类平台就是典型投资平台。

3）国有资产管理职能

对于投融资平台而言，公益性项目在基础设施项目中占据的比例较高。投融资平台会在地方政府的委托下，来管理国有资产，将国有资产管理到位，进而将管理成本降低，将项目经济效益有效地提升。投融资平台在完成政府交办的建设项目任务同时，应该促进投资收益的良性循环，确保资产的保值和升值，如建筑施工类平台。

4）资本运作职能

资本运作主要是指投融资平台自身通过 IPO（initial public offering，首次公开募股）、定向增发等方式将优质资产实现股份上市，或者通过债务重组控股上市公司的方式实现资产变现。此外，通过产业引导基金、PPP 项目引进民营资本参与投资基础设施建设项目，实现资产逐步变现，提高投融资平台的营利能力，如金融控股类平台。

3.4 地方政府投融资平台的特点

投融资平台伴随着经济发展而产生，随着城市化浪潮而发展，是地方政府募集建设资金的载体。某种意义上说，地方政府与投融资平台存在着委托人和代理人的合作关系，这一点在投融资上面显得尤为突出。投融资平台具备以下四个特点。

1）地方政府作为出资方发起设立，成为投融资平台实际控制人

作为投融资平台的发起人,地方政府需要整合现有的资源来组建投融资平台，在资金紧缺的条件下注入实物资产就成了最好的选择，包括土地、公共设施、收费权在内的各种资源被注入投融资平台里面形成资产。地方政府是投融资平台的

实际控制人，利用平台进行投融资管理，对平台的运营进行监督管理。地方政府从以下三个方面对投融资平台进行管理：①在人事、财务上对投融资平台进行控制，包括董事长、总经理、财务总监等一些重要领导的任命，都是由地方政府完成的，其考核也是由地方政府负责，部分投融资平台的管理层甚至是由政府单位公职人员进行兼任；②从经营业务上对投融资平台进行控制，投融资平台从事哪些基础设施项目基本上是地方政府说了算，从哪个金融机构融资也必须经过政府办公会议审议通过方可执行；③从监督机制上对投融资平台进行控制，每年财政局、国资委、金融办等部门将组织专项活动对投融资平台进行审计，实现过程管理结果导向。

2）地方基础设施融资的主要载体

基础设施建设是经济发展的源头，既能带来 GDP 也能造福一方百姓，所以是地方政府关注的重点。然而，由于基础设施建设一般具有投资金额大、投资周期长、投资回报低的特点，往往缺乏建设资金。于是地方政府将投融资平台作为获取基础设施建设资金的载体。按照我国《预算法》的规定，政府债务范围包括中央财政国债、地方财政的债券和截至经过清理甄别认定 2014 年末存量的政府债务。财政部部长肖捷指出，截至 2017 年我国政府债务余额 29.95 万亿元，扣除中央政府 13.48 万亿元的国债余额，地方政府一共有 16.47 万亿元的债务余额。相比 83 万亿元的 GDP，只有 36.2%的负债率。按照这一比例计算，我国政府负债率低于国际通用的 60%的警戒线及其他主要经济体和新兴市场国家的负债水平。预计未来几年我国政府债务率指标比 2017 年的数据不会发生明显变化。这里面，有 6.97 万亿元债务金额是投融资平台通过城投债举借的。需要指出的是，考虑到投融资平台表内外的贷款，其真实负债将接近 20 万亿元，是地方政府为基础设施项目开展融资的主体和途径。

3）投向公益性或准公益性项目

作为正常的经济主体，在做投资决策的时候将会重点考虑投资回报，这就导致其不愿意投资公益性或准公益性项目。而投融资平台基于地方政府的意志及社会责任，必须承担辖区公益性或准公益性项目的投资：①公益性项目，如公共道路桥梁、图书馆、城市广场、公园和绿道等设施，这类项目收入来源极少，需要财政安排专项资金进行支持；②准公益性项目，如污水处理、公交运营、停车场等设施，这类项目有公益性同时也有营运收入，但大多数需要依靠财政补贴才能实现盈亏平衡；③运营类项目，如高速公路、供水供电供热、旅游景区，这类项目市场效益较好，正常营运能够产生利润。从还款来源看，第三类项目因为其经营现金流能够完全覆盖贷款本息，受到金融机构的青睐，而第二种项目则需要财政出具补足承诺，第一种项目则完全没有贷款的资格。据估算，30%的项目能够用经营现金流覆盖贷款本息，70%的项目需要政府信用做支持。从贷款方式看，第三种项目一般是项目公司股权质押且期限较长，第二种需要办理其他资产的抵押手续且期限较短。

4）有限独立性

从形式上讲，投融资平台具有现代公司的治理结构，在法律上是独立的经济实体，能够对自身经营结果负责。而实际上，投融资平台很难以市场化方式进行运作，独立性受到极大限制，主要表现在以下方面：①投融资平台的高管均由地方政府任命并接受地方政府考核，导致其经营决策需要地方政府进行监督管理，其经营计划往往是根据政府发展计划进行项目投资，无法做到经营独立；②投融资平台在融资过程中，往往需要财政出具承诺函等进行隐形背书，这就导致一旦融资到期无法还本付息，财政需要出面对融资本息进行兜底，融资行为无法独立；③因为投融资平台存在信息不透明情况，信息不对称导致金融机构对政府信用的依赖程度过高，处于被动地位，无法真正了解和掌握投融资平台的债务数据和风险状况。同时，法律等相关制度对平台约束很不健全，导致投融资平台的部分债务游离在预算等监管体系之外，特别是“隐性投融资平台”，缺乏必要的监督和约束，投融资平台负债大多数情况也是依赖政府的信用，因此投融资平台的独立性受到一定的限制，难以实现真正的独立。

3.5　地方政府投融资平台的作用

地方政府投融资平台作为政府开展地区基础设施投资建设的载体，可以很好地补充政府投资资金的不足之处，确保开展民生工程和基础设施建设，推动着地区城市化进程。

3.5.1　搭建政府与市场之间的桥梁

投融资平台脱胎于国家财税体系改革之际，换骨于经济高速发展且政府融资体系不完善的背景下，依托于基础设施投资建设浪潮发展壮大。地方政府除了竭尽所能争取上级政府预算资金支持以外，还要想尽办法用好投融资平台这个“钱袋子”，以求最高效地完成地区基础设施投资建设，这使得投融资平台成为地方政府曾经最重要的融资载体、目前极其有效的补充融资载体。资本市场有资本市场运作逻辑，金融市场有金融市场的运行规则，投融资平台以市场化的方式代表政府到资本市场、金融市场融资，将市场和政府的作用体现出来，将金融机构和地方政府的桥梁搭建起来，在市场信用缺失情况下给出了很好的解决方案，撮合了地方政府与金融机构的资金业务。投融资平台成为地方基础设施建设项目中长期资金的供给载体，为地方经济发展做出重要贡献。

3.5.2 促进基础设施项目市场化发展

通过观察欧美发达国家可以看到，城市化程度高、基础设施完善的国家主要有两种基础设施项目融资方式：①债券融资，以地方政府为发行主体，以基础设施项目为资金用途发行债券进行融资，美国是这类融资的代表；②银行贷款，以基础设施的建设单位为贷款主体，以基础设施项目为资金用途进行项目贷款，日本、德国是这类融资的代表。无论是债券融资还是银行贷款融资，公益性或准公益性基础设施建设项目基本上都需要地方政府财政担保，并最终形成政府债务或者隐性政府债务。与欧美发达国家相比，我国大多数地区基础设施仍不完善，有较大的增长空间，需要有资金持续投入。基础设施项目需要资金规模大，投入周期长，投资回报率低，必须依靠地方政府才能进行大规模的投资建设。

为解决基础设施资金供需时间不平衡及基础设施成本代际分配的时间不平衡问题，项目融资就特别关键，而借助投融资平台开展项目融资就水到渠成。在这种情况下，投融资平台开始发挥作用，既完成了为基础设施建设筹集资金的任务，也推动了相关建设项目的市场化运作。一方面，解决了当期资金不足与基础设施投入加大的矛盾；另一方面，加快基础设施建设拉动经济发展，保证财政收入可持续增长及土地资源的持续增值，这些收入都可以作为项目融资的还款来源，何况后来人一样可以享受基础设施便利，后来人分担利息及债务理所应当，解决了代际时期基础设施建设的矛盾。

3.5.3 促进国有资产保值增值

首先，投融资平台有利于整合国有资源、做大做强国有企业。各级地方政府通常分类辖区资源，打包整理组建城投公司、国资公司、交投公司等一批投融资平台，通过一段时期的发展壮大，也可能进一步合并形成大型的投资控股集团公司。其次，通过国有资本运营公司，建立“国资委—国资控股公司—国有企业”三层架构管理模式，强化对国有企业的控制管理，提高经营效率。最后，投融资平台有助于落实国有股东收益分配权，规范国有资本收益上缴与支出管理，完善国有资本经营预算。

3.5.4 夯实地方经济社会发展基础

1994 年世界银行指出，经济增长的速度与基础设施建设投资力度呈现正相关，也就是说当地方基础设施建设投资每增加一个百分点，地方生产总值同比增长一个百分点，这一观点逐步成为国家研究制定经济规划战略的重要参考。当经济面临下行压力的时候，在出口和投资增速下滑的情况下，拉动基础设施建设成为稳住 GDP 最好的手段。国家大规模进行基础设施建设和改造，正是看中了基础设施投资对促进经济增长的积极作用。为了开展基础设施建设的投资，投融资平台承担着重要的融资职能，其筹措的资金将投入高速公路、双创园区建设、棚户区改造、轨道交通等基础设施，保障了经济的持续发展和人民生活水平的持续提高。

2011 年以来，在决定经济增长的三大需求中，净出口在 GDP 中的比重只有 2%左右，而消费和投资的比重达到约 98%。因此，消费和投资增速的波动，决定了我国经济增长的波动变化。从周期性角度看，投资增速的周期性波动幅度远大于消费增速，且投资增速的周期项和名义 GDP 增速的周期项波动更为一致。这表明在三大需求中，投资增速的周期性波动是引起经济增长周期性变化的主要原因。在投资需求中，制造业投资在整个固定资产投资中比重相对稳定，2014 年以来稳中趋降，在 30%~35%波动；而房地产投资的比重波动较大，基建投资的比重呈整体上升趋势，两者比重之和达到近 45%。因此，房地产和基建投资成为决定整个固定资产投资甚至经济增长周期性波动的关键因素。在基建和房地产投资背后，政府投资对两者尤其是对基建投资具有重要和决定性的影响。

从表 3-3 的统计数据可以看出，地方政府在下述七个行业的固定资产投资规模，从 2009 年 42 349 亿元提高到 2016 年的 115 157 亿元，增长了 1.72 倍，年均增速达到近 40%，远高于名义 GDP 和货币供应量增速，表明财政资金用于基建类和公益性项目的支出速度较高。投融资平台对基础建设的作用可见一斑。

表 3-3　2009~2016 年地方政府固定资产投资规模估算　　单位：亿元

年份	2009	2010	2011	2012	2013	2014	2015	2016
固定资产投资：国有控股								
电力热力燃气及水的生产供应业	10 741	11 140	10 518	11 685	13 357	15 091	16 519	18 188
交通运输、仓储和邮政业	20 601	24 313	23 071	24 704	27 948	32 466	36 114	41 137
科研和技术服务业	722	802	881	1 212	1 214	1 486	1 469	1 743
水利、环境和公共设施管理业	15 460	19 146	19 550	23 290	29 260	34 756	41 047	53 625
教育	2 714	3 123	3 113	3 496	4 000	4 838	5 570	6 941
卫生和社会工作	1 381	1 611	1 808	1 933	2 258	2 645	3 131	3 847
公共管理、社会保障和社会组织	3 133	3 711	4 118	4 418	4 263	5 405	5 711	6 646
国有控股：合计	54 752	63 845	63 059	70 740	82 300	96 687	109 562	132 128

续表

年份	2009	2010	2011	2012	2013	2014	2015	2016
固定资产投资：中央项目								
电力热力燃气及水的生产供应业	4 590	4 644	4 475	4 590	4 617	5 347	5 571	6 939
交通运输、仓储和邮政业	6 803	7 902	6 281	6 803	7 270	7 944	7 925	7 757
科研和技术服务业	239	206	244	352	303	350	312	267
水利、环境和公共设施管理业	420	620	785	1 196	1 055	904	1124	864
教育	178	189	192	235	268	343	392	269
卫生和社会工作	68	79	96	106	96	132	103	108
公共管理、社会保障和社会组织	105	241	315	373	243	915	796	768
中央项目：合计	12 403	13 881	12 387	13 655	13 852	15 935	16 223	16 972
国有控股：中央项目								
电力热力燃气及水的生产供应业	6 151	6 496	6 043	7 095	8 739	9 745	10 948	11 249
交通运输、仓储和邮政业	13 798	16 411	16 790	17 902	20 678	24 522	28 189	33 380
科研和技术服务业	483	595	637	860	911	1 136	1 157	1 476
水利、环境和公共设施管理业	15 040	18 526	18 766	22 094	28 205	33 851	39 923	52 761
教育	2 536	2 934	2 921	3 261	3 732	4 495	5 178	6 672
卫生和社会工作	1 313	1 532	1 712	1 827	2 163	2 513	3 028	3 740
公共管理、社会保障和社会组织	3 028	3 469	3 803	4 045	4 020	4 491	4 915	5 878
地方政府当年投资：合计	42 349	49 964	50 672	57 084	68 448	80 752	93 338	115 157

资料来源：同花顺

3.6 中国地方政府投融资平台存在的问题

地方政府投融资平台在过去迅猛发展，为推动经济发展发挥重大作用，不过由于扩张速度过快，慢慢暴露出一些问题。

3.6.1 成为地方政府债务主体，偿债高峰将逐步到来

2008 年为了应对全球金融危机，在政策的支持下投融资平台爆发性发展，在取得巨大成绩的同时，累计的债务风险也越来越大。投融资平台债务总额从 2008

年初的1万亿元迅速上升到2010年末的9万亿元,地方政府的债务约为十几万亿元，平台负债占到地方政府性债务70%以上，成为地方政府性债务主体。债务高企，偿债高峰逐步到来将严重影响地方各级政府的正常运转。

投融资平台风险是银行业的最大隐忧。不少的投融资平台抓住2015~2016年中央政府银根松弛的机会，来自商业银行、债券市场和银行间市场的激进融资政策客观上助长了平台债务的增加，引发了沉重的债务压力。投融资平台的负债率不断上升，部分甚至超过80%。除了负债率高的问题外，负债端期限错配也是一个突出问题。一般企业在进行项目投资时都会考虑融资资金的期限，保证企业资产端和负债端的期限搭配是合理的。短贷长投是稳健经营的大敌，一旦到期债务巨大，企业将面临巨额流动性还款风险，在去杠杆大背景下不能续贷或者寻找新的贷款，则企业极有可能出现债务风险。投融资平台主要债务的期限大多是3~5年，将此类贷款投入到轨道交通、隧道桥梁等长期基础设施项目中，会不断侵袭企业的现金流，增加债务风险。随着融资期限的到期日逐渐逼近，投融资平台的偿债压力与日俱增。2015~2017 年大量投融资平台通过交易所发行公司债、通过国家发改委审批发行企业债、通过银行间市场发行中票和PPN（private placement note，非公开定向债务融资工具），这些债务是以3~5年期为主，2018年开始进入投融资平台债务到期的密集期。

3.6.2　偿债能力不强，受制于房市景气状况

偿债能力不强是投融资平台暴露的第二个问题。投融资平台的偿债资金来源既与其自身的资产相关，更重要的是来源于其投资的建设项目。如果其投资的项目是具有稳定现金流的项目，则其偿债能力较强；如果其投资的是半公益性项目，则其偿债能力较弱；而对于投资纯公益性项目的投融资平台，其本质上就是融资功能的壳平台。一般来说，公益性项目的还款来源仅有财政补贴，涉及很多方面包括体育、娱乐、公共文化、城市广场、桥梁与道路等基础设施项目，这类融资项目还款能力最弱，承担这类项目的平台偿债能力最弱；半公益性项目的还款来源包括经营性收入和财政补贴，集中在交通运输、景点营运，这类融资项目还款能力稍强，承担这类项目的平台偿债能力较强；经营性项目的还款来源是经营性收入，集中在高速公路、供应城市水电气热，这类融资项目还款能力最强，承担这类项目的平台偿债能力最强。

对于投融资平台而言，房地产市场会对自身偿付能力产生影响，土地出让收入和土地抵押的市场价值与整体宏观经济密切相关。这是一把双刃剑，房地产市场在不同经济条件下对地方政府收入、投融资平台债务产生影响：当房地产市场处于繁荣期时，房价上涨，推高地价，土地价格上涨，地方政府愿意出售更多土地以获得更大的土地出让收入，财政宽裕则投融资平台债务将能正常支付。当前

中央开始落实“房子是拿来住的”的主导思想，全国各级政府不断出台抑制房价上涨的政策，房地产市场正在迅速降温，房地产市场低迷可能加快投融资平台债务问题的暴露。一旦房地产市场不景气，带动土地价格下跌甚至流拍，土地出让收入将受到影响。如果地方政府土地财政无法维持，其财政和税收支持的债务无法正常偿还，最终地方政府债务危机爆发。

3.6.3 政企不分，公司治理结构不合理

投融资平台始终存在与地方政府之间联系密切的问题，地方政府为发展经济而需要举债，导致投融资平台成为地方政府为避免法律障碍而建立的融资载体。投融资平台成立之初，人员、财产、物资等均来自地方政府，地方国资委根据投融资平台的情况给予了一定的行政级别。投融资平台的经营管理层由地方政府任命，并接受地方政府考核。因此，投融资平台具有较强的行政色彩，其经营方针和战略布局必须服从地方政府的意志。投融资平台来源的官方化，市场经验的积累是不够的，控制市场的能力还有待证明，这些确定了投融资平台的市场治理程度不够，而且运作不能完全以市场为导向。

过度监管和干预使得投融资平台业务发展的自主权不足，更为关键的是资金调配权限在政府手上，地方政府通常采用统一的方式来分配投融资平台筹集的资金。这样就造成了信贷资金在投融资平台之间随意转移，会对债权人的利益和平台的偿付能力产生严重影响。再者，对于大部分投融资平台而言，一般都存在违规担保情况。如下三方面，是违规担保的主要表现：①地方政府，特别是中西部地区区县一级政府，随着财政支出持续增加，导致财政赤字不断扩大，以地方财政收入作为还款担保更多是心理安慰。②地方政府向金融机构出具人大决议、财政承诺函等文件，作为投融资平台贷款的还款担保。根据《担保法》第 8 条来看，这种行为是不合规定的，即使是书面承诺材料，一样是违规行为。③资产重复抵押，为了尽可能多地筹集建设资金，投融资平台以同一资产申请多笔贷款，常见于租赁公司为投融资平台提供的联合租赁业务。

另外，投融资平台在融资过程中提供的抵押物和质押物存在一定的法律缺陷。首先，金融机构通常喜欢的质押物是土地和房产，然而投融资平台提供来抵押的土地可能是没有缴纳出让金的土地，提供来抵押的房产可能是政府办公大楼、学校教学楼等无法执行的房产。其次，投融资平台常用的质押物包括景区的门票、学校的收费权等，但大多数公用事业收费权属于政府的专有权，不可转让，导致质押物没有起到实质上降低终极风险的作用。最后，投融资平台之间经常互相担保以达到增信目标，这种操作方法仅在形式上降低融资风险，而本质上就是一种信用融资，没有真正起到降低风险的作用。

3.6.4 信息透明度不高，债务资金流向易被操控

绝大多数的投融资平台不是上市公司，也没有在公开市场进行融资，导致其缺乏动力及约束机制来定期披露财务数据，金融机构及普通民众根本无法知晓其经营情况和财务数据。根据财政机会主义理论，政治成就的追求和预算账面余额的平衡导致投融资平台更加偏好透明度低的信息披露环境。同时，由于地方政府各级财政具备一定的独立性，在信息传导中容易出现断层和分割，各级政府往往只能掌握本级单位管辖的投融资平台的债务和经营情况，但是不能很好地了解下级平台的财务状况。考虑到投融资平台存在的隐性债务及担保事项，上级政府更难以完全真实掌握下级政府的全部债务。地方财政和投融资平台信息披露极度不透明，客观上抑制了外部机构约束投融资平台债务的能力，为投融资平台超额负债提供了机会。在实际操作中，一方面，投融资平台会采用高评高贷的方式来放大杠杆增加负债，资产评估成为投融资平台扩大负债规模的重要手段。另一方面，投融资平台通常拒绝金融机构资金监管的要求，通过循环走账挪用贷款资金，部分项目贷款资金直接用于流动资金使用，包括偿还其他金融机构利息。这种行为严重干扰了金融机构正常的贷后管理，也导致了“借钱的人没钱花，花钱的人不用借”现象，最终形成债务风险。

3.7 地方政府投融资平台融资渠道

3.7.1 银行贷款

在 2011 年、2013 年，审计署专项审计结论发布，2010 年底，对于地方政府来说，一共有 10.72 万亿元的债务总额，这里面有 8.47 万亿元是银行贷款，占据了 79.01%的比例；到 2013 年 6 月，对于地方政府来说，其共有 17.89 万亿元的债务总额，这里面有 10.12 万亿元的银行贷款，占据了 56.56%的比例。分析数据可以看出，银行贷款在投融资平台融资余额中的占比持续下滑，但基数大占比高的局面短时间依然存在。

银行贷款具备明显优势导致其始终是平台融资的首选，主要体现在：①商业银行是市场上最主要的资金供给方，其低价和稳定的资金来源能够支持市政建设等政府项目，是投融资平台进行项目贷款的主要资金来源；②商业银行背靠政府，为了能够在地方站稳脚跟迅速发展，客观上要求银行必须“照顾”投融资平台，帮助地方政府获取资金；③投融资平台本身具备的隐性政府属性，是商业银行最优质的交易对手，加上发放平台贷款没有道德风险的枷锁，使得商业银行主观上

有投放平台贷款的冲动。

当然需要看到商业银行平台贷款存在一些问题:银行贷款发放要求合法合规，包括政府财政承诺函的合法性，以及充当抵押物的土地房产的合规性，在平台贷款都是有瑕疵的；商业银行对投融资平台的贷款审核尺度偏松，即使投融资平台负债率突破70%或者经营亏损，都能够顺利投放贷款，这将导致财政风险金融化，加大了金融体系的风险。

3.7.2 非银行机构融资

1）信托公司融资

信托融资是企业重要的融资手段，因为其高效、灵活的运作方式成为商业银行表内贷款的有效补充。从操作方式来看，投融资平台向信托公司申请贷款，信托公司根据资金用途、还款来源、增信措施包装信托产品，再通过向社会投资者募集资金或者对接商业银行理财资金，顺利成立产品向投融资平台发放贷款。

与其他融资方式比较，信托融资具备自身的优劣势：①资金用途灵活，这是信托贷款相比银行贷款最大的优势，在投融资平台实际经营中主要的融资需求是项目建设资金和流动资金，商业银行贷款解决了项目建设资金贷款，信托融资则解决了流动资金贷款；②速度快、风控措施灵活，相比银行冗长的信贷审批链条，信托融资决策流程短、审批速度快，同时在增信措施上比较灵活，可以采用应收账款质押、收费权质押等方式替代土地抵押，有效地解决投融资平台“硬抵押资产”不足的问题；③融资可控性强，《中华人民共和国信托法》规定信托财产必须与受托人和委托人的自有资产相分离，这种风险分离的特征具有局部信用保证和风险控制机制；④融资规模偏小，由于集合信托资金需要募集规模往往很有限，相对来说成本比银行同期贷款利率上浮50%~200%。

银监会对投融资平台的贷款有着明确的限制，导致银行的理财资金无法直接投放给平台，因此通过单一信托的方式对平台发放委托贷款成为主要方式。这类型的贷款，银行作为委托人，收取利差的同时承担终极风险；信托公司作为受托人，收取通道费的同时仅承担声誉风险。

此外，信托公司能够通过发行集合信托的方式募集资金对平台公司发放贷款。这类型的贷款，信托公司收取利差的同时承担终极风险。

2）基金公司融资

《证券投资基金管理公司子公司管理暂行规定》由证监会在2012年10月29日发布，标志着泛资管时代来临，基金子公司开始活跃在信贷市场。在设立基金子公司的基础上，公募基金公司可以管理客户资产。其中，房地产公司、普通工商企业、投融资平台，其能够对资产管理计划进行运用，以此满足自身融资需求。相比信托公司，基金子公司资管项目一般收益略高，期限更短一些，是平台的融资重要补充。操作层面，一般来说基金子公司完成募集资金后，要通过单一信托将委托贷款发放下去，或者通过银行将委托贷款发放下去，给地方政府平台发放贷款。在资金筹资完成后，会计事务所要对基金子公司进行验证，才能获取贷款。

3）租赁公司融资

融资租赁原本是作为企业购买设备融资的一种手段，属于设备融资。而随着金融市场发展，融资租赁公司逐步推出一些针对投融资平台的贷款业务，与银行贷款、信托贷款不同的是，其增信措施不需要抵质押物，而是采用将投融资平台现有设备过户到租赁公司名下再返租给投融资平台，投融资平台支付租金作为贷款本息。国内融资租赁公司针对投融资平台的业务主要是回租融资租赁、项目融资租赁两种模式。

回租融资租赁是指投融资平台先将设备按市场价格卖给租赁公司，然后又售后返租的方式租回设备的融资方式。回租融资租赁的特点包括：①投融资平台的设备依然保留使用权，同时实现融资；②仅利用现成的设备作为载体，就可以实现融资，解决缺乏抵质押物的融资困境；③融资时间灵活，一般来说集中在 1~3 年，最长不超过 5 年；④融资成本偏高，回租融资租赁业务基本上都是还本不减息，导致年化资金成本集中在 10%~15%，个别项目年化资金成本甚至超过 20%，加剧了投融资平台的财务负担。在投融资平台的融资中主要是借用医院、学校、公交公司的设备开展租赁并进行连带责任担保从而获得资金，平台承担还本付息的义务。

项目融资租赁是投融资平台以项目自身的资产和收益为保证，与融资租赁公司签订项目融资租赁合同,融资租赁公司以项目自身的现金流和收益来获取本息,地方政府出具“财政承诺函”进行辅助增信。在投融资平台的融资中主要是水电气项目公司、高速公路营运公司借用收费权进行融资。

3.7.3 债券融资

债券融资主要是指地方政府投融资平台通过发行城投债及政府通过发行政府债券为当地公共基础设施和民生工程筹资建设资金的途径。城投债的类型主要包括短期融资券、中期票据、企业债、公司债及非公开发行定向融资工具等；期限方面，近年来还出现可持续债等创新，其中以企业债、中期票据、公司债为主。受我国政治经济体制及宏观经济形势和政策的多方面影响，近年来，城投债在发行量、发行规模、创新力度等方面快速发展。根据 Wind 统计口径，截至 2017 年 12 月末我国城投债的存续数量超过 7 377 只，发行规模达到约 7.126 1 万亿元（表 3-4）。

表 3-4　地方政府城投债存量规模（国务院）

省份	债券数量/只	债券数量比重	债券余额/亿元	余额比重
江苏	1 577	21.37%	12 516	17.55%
湖南	473	6.41%	4 700	6.59%
浙江	521	7.06%	4 381	6.14%
天津	241	3.27%	3 863	5.42%
重庆	410	5.56%	3 821	5.36%
四川	387	5.24%	3 480	4.88%
北京	194	2.63%	3 291	4.61%
山东	354	4.80%	3 102	4.35%
广东	232	3.14%	2 862	4.01%
湖北	300	4.07%	2 738	3.84%
安徽	283	3.83%	2 677	3.75%
福建	283	3.83%	2 413	3.38%
贵州	185	2.51%	2 258	3.17%
江西	202	2.74%	2 193	3.08%
河南	211	2.86%	2 112	2.96%
云南	208	2.82%	2 022	2.83%
陕西	170	2.30%	1 823	2.56%
广西	201	2.72%	1 671	2.34%
辽宁	150	2.03%	1 511	2.12%
上海	109	1.48%	1 280	1.79%
新疆	164	2.22%	1 235	1.73%
河北	107	1.45%	1 011	1.42%
吉林	81	1.10%	899	1.26%
山西	68	0.92%	822	1.15%
甘肃	68	0.92%	755	1.06%
内蒙古	76	1.03%	659	0.92%
黑龙江	77	1.04%	639	0.90%
青海	24	0.33%	290	0.41%
宁夏	13	0.18%	135	0.19%
海南	7	0.09%	92	0.13%
西藏	1	0.01%	9	0.01%
合计	7 377	100%	71 261	100%

资料来源：Wind

3.7.4　股权融资

对于投融资平台而言，其有三种股权融资方式：①将投融资平台的部分优质资产打包上市；②投融资平台整体打包上市；③借壳上市。

虽然目前通过上市实现融资的投融资平台数量并不太多，但股权融资将是重要趋势。相比银行贷款、债券融资等债权类融资，股权融资具备如下有利条件：①在当前降杠杆的大背景下，通过股权融资能够获取资金的同时降低经营杠杆，符合宏观金融环境的要求，这是相比债券融资最大的优势；②A 股市场从成立至今一直肩负为国有企业融资解困的功能，其规则允许投融资平台能够在获取资金的同时无须分红回馈中小股东，在一定程度上使得上市融资成本最低；③投融资平台只要成功上市，就可以通过 IPO 筹集资金做大公司资产，同时在后续经营中如果需要持续融资，还可以通过增发、配股等方式继续募资；④股权筹资的风险相对较小，投资者在股票市场博弈的同时能够为投融资平台提供稳定持续的股本资金，由于股权分散且股份流动性高降低了爆发大面积风险的可能。

当然，也应该看到投融资平台通过上市融资有不利之处：①通过股权上市融资条件繁多，同时审核周期很长，会导致投融资平台错失宝贵的融资时机；②股权上市后平台将成为公众公司，在完善治理结构的同时也存在被“野蛮人”私有化的可能，至少地方政府在控制权上有所削弱。

3.8 地方政府投融资平台的发展趋势

3.8.1 发展趋势分析

通常而言，地方政府融资方式的变化情况会对投融资平台的前景产生影响，现阶段，对于我国地方政府融资模式而言，逐步由原来的“中央转贷地方债券+融资平台”的融资模式转向“一般债券+专项债券+PPP+产业基金+地方政府融资平台”的融资模式。随着政府融资方式的多元化，投融资平台在地方政府融资过程中的地位逐步下降，地方政府对投融资平台的依赖性将越来越小。

在当前去杠杆防风险的大背景下，清理和加快投融资平台转型显得尤为迫切。可以这么说，投融资平台发展到当前十字路口上，开展转型是大势所趋，剥离政府“随身钱袋子”功能后，投融资平台需要借助社会资本的力量开展基础设施建设和营运，PPP 模式和产业基金模式值得推广。对于投融资平台撤并与转型的方向包括：

（1）注销类：对于缺乏实质性经营业务，仅作为融资工具的投融资平台在债务处置完毕后进行注销；

（2）转型为国企：对于既有公益类项目建设又有营利性资产运营的投融资平台，合并重组后转变为市场竞争性国有企业，政府根据所辖的项目营运状况进行付费，不承担其经营风险；

（3）转型为企业：对于规模大、竞争性强的投融资平台，鼓励其进行混合所有制改革转型为一般经营性企业，自负盈亏，在市场竞争中不断提升经营能力。

3.8.2 地方政府投融资平台转型

在相关政策密集出台、投融资平台的隐性背书逐步趋于弱化的背景下，投融资平台转型迫在眉睫，主要转型方向包括以下几个方面。

1）清算退出

对于自身经营效率很低，行政干预很强，自身独立性很差，自主经营性业务很少，仅仅是政府的融资手段，甚至没有实际业务的企业，其本身缺乏营利能力和现代企业管理能力，此类平台应限制融资规模，或纳入政府预算管理体系或清算退出，同时也有利于政府债务的全面控制。此类平台将不再承担地方政府融资职能，更无隐性背书。此类城投债应密切关注其后续债务处置问题，包括其债务提前偿还、划转或纳入政府预算的可能性。

2）平台整合

自国发〔2014〕43 号文发布以来的一系列政策文件中，均不断提到城投企业要进行市场化转型，而区域内平台整合则是推进城投企业转型的有效路径之一。自 2017 年以来，多地已发布相关文件对区域内城投转型做出了指引，其中渝府办发〔2017〕74 号文和川府发〔2017〕10 号文鼓励通过兼并重组、整合归并同类业务的方式转型为公益类国有单位，规定每个区县确立的公益性项目建设单位最多不超过三家。另外，投融资平台的整合也在不断推进中，如柳州市国资委将柳州市城市建设发展有限公司、广西柳州市建设投资开发有限责任公司、柳州市房地产开发有限公司、柳州市自来水公司等公用事业公司划入柳州投控。整合后的平台因其股权属性、管理层构成及业务属性与地方政府间关系依旧藕断丝连，政府支持力度依旧较强，未来隐性背书将继续存在。

3）国有经营性企业转变

在承担一定的基础设施建设任务的同时，平台自身拥有大量参与市场化经营的资产，且具有一定的竞争优势，营利能力较强，此类平台一般整体规模较大。对于这种自身造血能力较强的平台，在承担国有资产保值增值的前提下，发展成为当地或行业龙头企业，成为真正独立参与市场化经营的国有企业。例如，山东国投、株洲国投及地方国资类公司，旗下拥有大量经营性资产，拥有转型的良好基础。亳州市政府将旗下最大的融资平台亳州建投进行改制，将众多市场化经营的资产注入亳州建投，组建当地最大的国有投资平台——建安集团，集团可以利用优势资源进行分配，提高整体运作效率。建安集团组建完成之后，成为当地最大的国有企业，业务范围涵盖非常广泛，不仅能够承担为政府融资的职能，还有助于国有资产保值增值。改制后，近年来建安集团营收规模都大幅增长。此类企业以市场化经营为主，基建为辅，政府支持力度较弱，隐性背书关系或可忽略。

4）转为市场化“商业类”国企

对于一些基础建设项目较少、经验不足、资质较差而产业类业务实力较强的平台，可以将基建业务逐步剥离，发挥其产业优势，逐步转换为纯市场化商业类国企。此类国企基本无政府隐性背书，未来将参与市场化竞争，与一般性地方国企无异，以企业效益为首要目标。

5）混合所有制改革

所谓混合所有制指的是给其他所有制经济体和国有制成为混合所有制经济体的机会，非国有资本可以参与到国有资本投资中，不同性质经济交叉持股有利于城投企业的发展。作为国内 PE（private equity，私募股权）巨头的弘毅投资，在 2014 年初获取了上海城投控股 10%的股权，花费了 18 亿元，自此对于城投控股而言，其国有股权的比例从原来的 56%到当前的 46%，对于平台而言，其在混改之后，因民间资本的参与将削弱乃至切断地方政府的隐性背书，虽然业务与地方政府关联密切，但更倾向于市场化运作。

3.9　本章小结

第 3 章从投融资平台的内涵及发展阶段出发，介绍其职能和特点，重点讲述平台搭建了政府与市场桥梁、促进基础设施项目市场化、促进国有资产保值增值、夯实地方经济社会发展基础，提出债务规模过高、偿债能力不强、政企不分、信息披露透明度不高的问题，对投融资平台的发展趋势进行展望。

4 地方政府投融资平台债务风险形成机理及分类研究

4.1 地方政府投融资平台风险形成机理

地方政府为了使得城市的基础设施建设速度加快，需要在稳步推进经济发展和城镇化建设的过程中，加大资金的投入。利用投融资平台解决资金缺口是地方政府惯用的手段，在这种情况下，依靠政府信用开展融资就成为投融资平台的基本职责。

地方政府在资金紧缺的情况下，为了获得市政建设资金，必须以某个载体才能撬动金融机构的资金，投融资平台就是最好的杠杆支点，可以融通资金发展区域经济，使其完成基础设施建设。但是，根据投融资平台实际发展情况可以看出，普遍存在负债比例过高、偿债能力不足、盈利水平偏弱等问题，增加债务同时造成了风险隐患，投融资平台将随着2018年逐步到来的偿债高峰面临更为严重的债务风险。为了全面科学地评估投融资平台中存在的债务风险，有必要对债务风险形成原因进行综合研究，梳理投融资平台风险形成的机理，主要包括以下七个方面。

4.1.1 分税制使得地方政府的财政运行压力过大

现阶段，分级管理是我国政体特征之一，各级政府依法征税，并为辖区民众提供公共产品及服务。中国财政体制在1950~1970年计划经济时代实行统收统支的体制；市场经济时期的到来，使得中央及地方政府在1980~1990年将财政分配制度逐步转变成财政契约制度。

1994年，财政分税制度在不断发展的社会经济驱动下面临再次改革，在坚持统一和分级管理的指导思想下，整体设计，逐步推进。各级政府的事权划分并没有因为分税制的出台而得到实质改变，对于政府支出而言，地方政府和中央政府方面没有什么变化，但是对于财政收入而言，出现的变化很大，地方政府税源锐减，使得地方政府的收入急剧下降，突出表现在地方的税收收入归属权上移，增值税、消费税等主要流转税收入的大头都收归中央，而全额归属地方政府的地方税只有房产税、营业税等。而且，转移支付体制还不完善，财权基本掌握在中央政府手中，并且地方政府需要承担的职能很多，存在严重的财权与事权不相符的情况。在这种情况下，财政收入越来越往上层集中，但却逐层下放有关财政支出的事权，于是便出现了地方政府的财政状况由上至下一级难于一级的局面，呈现出“财权逐层上收，事权逐层下放”的格局。

通过对 1978~2016 年我国财政收入数据表（表 4-1）进行数据分析发现，1980~2016 年中央财政收入的增长比例高于地方财政收入的增长幅度。1978~2016 年，中央财政收入占比由 15.5%上升到 45.3%，地方财政收入占比由 84.5%下降到 54.7%。这表明地方政府的财政相比于中央财政往往很尴尬，越处于基层，政府的财政压力就越大。

表 4-1　1978~2016 年中央政府与地方政府财政收入数据表

年份	全国财政收入/亿元	中央财政收入/亿元	中央财政占财政收入比例	地方财政占财政收入比例
1978	1 132	176	15.5%	84.5%
1979	1 146	231	20.2%	79.8%
1980	1 160	284	24.5%	75.5%
1981	1 176	311	26.5%	73.5%
1982	1 212	347	28.6%	71.4%
1983	1 367	490	35.8%	64.2%
1984	1 643	665	40.5%	59.5%
1985	2 005	770	38.4%	61.6%
1986	2 122	778	36.7%	63.3%
1987	2 199	736	33.5%	66.5%
1988	2 357	775	32.9%	67.1%
1989	2 665	823	30.9%	69.1%
1990	2 937	992	33.8%	66.2%
1991	3 149	938	29.8%	70.2%
1992	3 483	980	28.1%	71.9%
1993	4 349	958	22.0%	78.0%
1994	5 218	2 907	55.7%	44.3%
1995	6 242	3 257	52.2%	47.8%

续表

年份	全国财政收入/亿元	中央财政收入/亿元	中央财政占财政收入比例	地方财政占财政收入比例
1996	7 408	3 661	49.4%	50.6%
1997	8 651	4 227	48.9%	51.1%
1998	9 876	4 892	49.5%	50.5%
1999	11 444	5 849	51.1%	48.9%
2000	13 395	6 989	52.2%	47.8%
2001	16 386	8 583	52.4%	47.6%
2002	18 904	10 389	55.0%	45.0%
2003	21 715	11 865	54.6%	45.4%
2004	26 396	14 503	54.9%	45.1%
2005	31 649	16 549	52.3%	47.7%
2006	38 760	20 457	52.8%	47.2%
2007	51 322	27 749	54.1%	45.9%
2008	61 330	32 681	53.3%	46.7%
2009	68 518	35 916	52.4%	47.6%
2010	83 102	42 488	51.1%	48.9%
2011	103 874	51 327	49.4%	50.6%
2012	117 254	56 175	47.9%	52.1%
2013	129 210	60 198	46.6%	53.4%
2014	140 370	64 493	45.9%	54.1%
2015	152 269	69 267	45.5%	54.5%
2016	159 605	72 366	45.3%	54.7%

资料来源：Wind

地方政府分税制改革的影响下，得到的财权减少了，然而其事权增加了不少，在财政运行方面，地方政府面临很大压力。从我国1978~2016年的地方政府财政收入支出表（表4-2）的数据分析可以看出，地方财政支出占比从1978年的53%到2016年的85%，地方财政收支差额从1978年的盈利367亿元到2016年的亏损73 198亿元。地方政府的负债行为长期受到《预算法》严格限制，被迫设法变相融资，直接或间接凭借多种非正规的渠道借债，甚至以违规融资或者负债经营为代价，导致投融资平台负债规模越积越大，负债风险越垒越高。

表 4-2　1978~2016 年地方政府财政收入支出表

年份	全国财政支出/亿元	地方财政支出/亿元	地方财政占财政支出比例	地方财政收入/亿元	地方财政收支差额/亿元
1978	1 122	590	53%	956	367
1979	1 282	627	49%	915	288
1980	1 229	562	46%	875	313
1981	1 138	513	45%	865	352
1982	1 230	578	47%	865	287
1983	1 410	650	46%	877	227
1984	1 701	808	48%	977	170
1985	2 004	1 210	60%	1 235	25
1986	2 205	1 369	62%	1 344	−25
1987	2 262	1 417	63%	1 463	47
1988	2 491	1 646	66%	1 582	−64
1989	2 824	1 935	69%	1 842	−93
1990	3 084	2 079	67%	1 945	−134
1991	3 387	2 296	68%	2 211	−85
1992	3 742	2 572	69%	2 504	−68
1993	4 642	3 330	72%	3 391	61
1994	5 793	4 038	70%	2 312	−1 727
1995	6 824	4 828	71%	2 986	−1 843
1996	7 938	5 786	73%	3 747	−2 039
1997	9 234	6 701	73%	4 424	−2 277
1998	10 798	7 673	71%	4 984	−2 689
1999	13 188	9 035	69%	5 595	−3 440
2000	15 887	10 367	65%	6 406	−3 961
2001	18 903	13 135	70%	7 803	−5 331
2002	22 053	15 281	69%	8 515	−6 766
2003	24 650	17 230	70%	9 850	−7 380
2004	28 487	20 593	72%	11 893	−8 699
2005	33 930	25 154	74%	15 101	−10 054
2006	40 423	30 431	75%	18 304	−12 128
2007	49 781	38 339	77%	23 573	−14 767
2008	62 593	49 248	79%	28 650	−20 599
2009	76 300	61 044	80%	32 603	−28 442
2010	89 874	73 884	82%	40 613	−33 271

续表

年份	全国财政支出/亿元	地方财政支出/亿元	地方财政占财政支出比例	地方财政收入/亿元	地方财政收支差额/亿元
2011	109 248	92 734	85%	52 547	−40 187
2012	125 953	107 188	85%	61 078	−46 110
2013	140 212	119 740	85%	69 011	−50 729
2014	151 786	129 215	85%	75 877	−53 339
2015	175 878	150 336	86%	83 002	−67 334
2016	187 841	160 437	85%	87 239	−73 198

资料来源：Wind

4.1.2 阶段宽松货币政策和积极财政政策鼓励地方政府大举借债

纵观最近十年，中国的财政货币政策一直随着经济发展状态进行调整，在宽松和紧缩之间轮回，而地方政府正是借助了阶段性的宽松货币政策和积极财政政策大举借债。2008 年是全球金融危机，也是中国经济增长的分水岭，随着出口的大幅滑坡，GDP 增长动能开始衰竭，GDP 同比增长跌到个位数，创下 21 世纪以来的新低。同年 11 月，中央政府为了使得经济能持续稳定增长，启动了应急机制，具有标志性意义的“四万亿计划”登上历史舞台。为了保证经济刺激的效用，各级地方政府群起响应，配套了高达 20 万亿元的资金规模来承接中央投资，希望能从中分得一杯羹。大部分的地方政府为了获得中央政府的投资项目，都会以投融资平台作为载体承接项目，凭此来推动基础设施的建设。而当时实际情况是绝大多数地方政府财政紧张、囊中羞涩，根本就没有多余资金去配套中央项目，因此借用投融资平台撬动金融机构资金成为最合理的选择。

与此同时，中央政府制定实施了宽货币宽信贷的整体思路，先后五次下调贷款基准利率，四次下调存款准备金率，大大放宽对投融资平台的贷款约束，默许金融机构加大对投融资平台贷款投放，投融资平台迅速成为信贷资金的泄洪口。中国银监会于 2009 年 3 月发布了〔2009〕第 92 号文件，这是中央在认同地方政府投融资平台合理存在的基础上，第一次确切地表明要支持其建设，同时也建议中央有条件地支持能够建立这些平台的地区，这大大地推进了投融资平台的建设和发展。通过发布 92 号文件，将宽松环境提供给投融资平台，也为地方政府的发展提供了动力，债务的快速增长由此拉开了帷幕。各投融资平台一个接一个地涌现出来，数量在 2009 年一年内翻了一番，其中超过三分之二是县级投融资平台。宽松的货币政策和积极的财政政策促使货币投放高潮出现在中国的金融体系内，而投融资平台进入流动性泛滥时期，源源不断的信贷资金通过平台进入到基础设施建设项目中。从数据中可以发现，2009 年商业银行新增 9.5 万亿元的贷款，这与同时期相比，出现了 96%的增长，这里面针对投融资平台贷款金额为 4 万亿元，占比高达四成。地方政府债务的解决难度越来越大，且还在持续地增长，债务从 2008 年的 1.7 万亿元突破到 2010 年 12 月的 9 万亿元。除此之外，一系列与投融资平台有关的债务由于银行贷款的不断膨胀而爆发。2009 年，投融资平台所发行的企业债券高达 1 600 亿人民币，比前 4 年总的发行量还多。

2012~2014 年，随着国家各部委连续发布《关于制止地方政府违法违规融资行为的通知》《国务院关于加强地方政府性债务管理的意见》等严防地方债务风险政策的出台，投融资平台的发展和扩张速度有所下降，其融资规模受到明显压制。2015 年，地方政府债务置换为主题，有关的政策密集发布，释放兜底存量政府债务及微调增量融资政策的信号。同时 2014 年底至 2015 年底连续六次降低基准利率，为债务置换创造了优良的环境，投融资平台的债务规模飞速攀升，其风险也是越来越大，2010~2017 年城投债发行规模及数量见图 4-1。

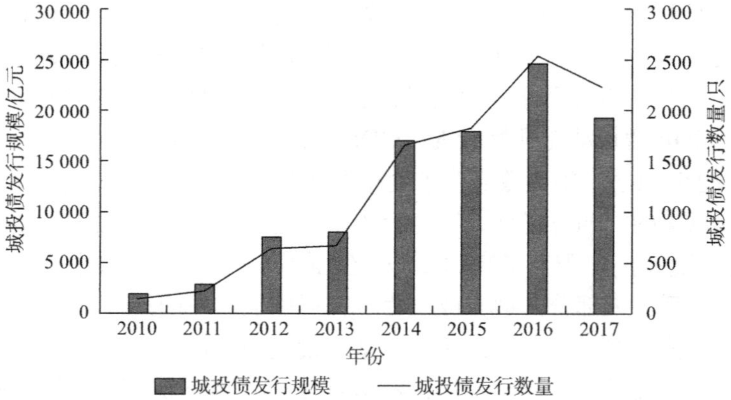

图 4-1　2010~2017 年城投债发行规模及数量

4.1.3　财政预算软约束

预算软约束指的是当遇到财务窘境时，经济组织依靠外部组织的救援而能够继续存活下来的经济现象。在我国，预算软约束主要表现为国有企业和地方政府在资不抵债时，中央政府出于维护整体宏观经济稳定和避免出现系统性金融风险的需要而出手相救，由中央政府负责兜底，导致地方政府债务在量上没有硬性约束且缺乏监督。因此，在国家信用担保下，预算软约束使地方政府天生就有过度负债的冲动。

4.1.4　政绩考核导向引发地方政府投融资冲动

过去相当长一段时间针对地方政府官员的考核主要是经济发展指标，尤其是 GDP 增长速度为重要衡量标准。这种考核导向将促使地方政府官员始终以经济发展为重，以拉动 GDP 增长速度为纲，一心一意进行基础设施建设以拉动 GDP 增长、刺激经济发展。即使政府没有足够的资金，它也会尽力融资。投融资平台的使用便是进行债务融资的一个必然选择，达成拉动 GDP 增长目的同时，还规避了地方政府直接负债的约束。与此同时，需要注意的是政府官员同样面临极大的竞争压力，在千头万绪的繁杂工作中官员必须集中精力拉动经济，这是在竞争中脱颖而出的唯一出路。部分官员会为了升官而选择能够快速提升政绩的项目，因此纷纷加码基础设施建设和公用事业项目投资。对投资冲动造成的建设资金短缺，地方官员通常不希望向上级借款，以免影响仕途升迁；与此同时，他们也不能采取滥用权力的行为，如乱收费，因此官员们经常采用的筹资方式便是借助投融资平台，通过这种方式，官员的升迁会得到一定的保障。一些地方官员没能考虑到地方财政的偿债能力，脑子里面充斥着“赤字有道，债务有理”的想法，时常将“大干快上，齐头并进”挂在嘴边，这也大大增加了债务风险。

在现行的行政机制当中，地方政府首领的任期负责制和行政问责制还没有建立，导致了存在“现任举债下任还”的情况。在不影响社会稳定情况下，地方官员通常会尽最大可能增加负债进行市政建设，现任领导人不需要为偿还债务负责，政府经常盲目地进行建设，导致超出实际需求的情况到处都是。在某些具有中央资金扶持的大项目中，地方政府为了抢占资源，不惜成立特定平台进行专向融资，先行启动项目以期后续获得中央配套资金支持。

此外，中央政府的年度工作报告都高度重视 GDP 的增长目标，这也使得地方官员更加追求 GDP 的政绩合法化。为了促进地区生产总值的增长，更多的基建项目必须马上启动，这就需要各投融资平台进行更多的融资来弥补基建项目在建设过程中的资金缺口，基建对 GDP 的推动贡献见图 4-2。地方政府的政绩考核由上至下，加大了投资冲动，也加大了投融资平台中存在的债务风险。

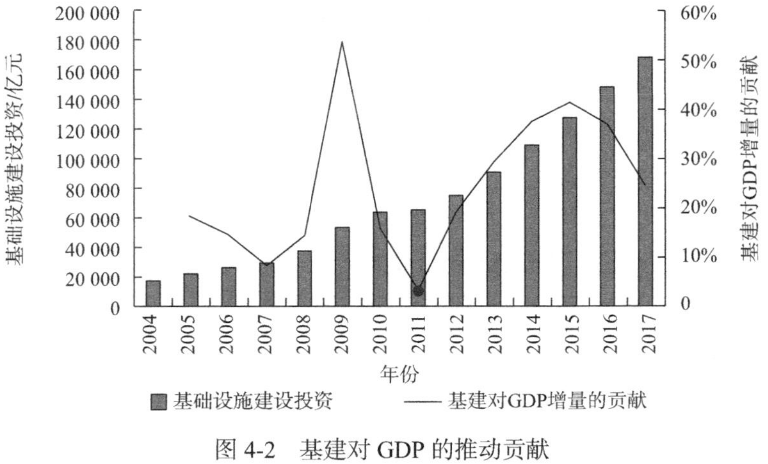

图 4-2 基建对 GDP 的推动贡献

4.1.5　内部治理结构缺陷导致投融资平台债务不断攀升

地方政府在构建投融资平台管理制度时，需要基于国有资产两权分离状态。对于国有资产而言，要分离其中的管理者和出资者的职责，不同的职责由不同的人承担，建立有效的治理机制是防范和控制代理风险的关键所在。投融资平台与大部分的国有企业一样，因为没有较为合理的治理结构，所以其存在的缺陷相对较多，具体表现在以下四个方面。

（1）投融资平台和地方政府的管理职能存在交叉；责任、权力和利益不对等。地方政府对投融资平台中的治理功能含糊不清，责任和权力分配不明确，干涉投融资平台运行。

（2）地方政府构建的投融资平台管理制度并不完善，政策和机制存在缺陷。若投融资平台没有健全的内控机制，很容易形成债务风险。

（3）投融资平台缺乏完善的公司治理结构和规范的管理体系。表面上投融资平台具有现代企业的公司治理结构，而实际上由于地方政府直接任免投融资平台的关键岗位（包括但不限于董事会成员、监事会成员、总经理、财务总监），或者关键岗位直接由政府公职人员兼任，其治理结构并不完善。投融资平台日常经营活动将更多地体现地方政府意志，重大决策通常取决于政府基建设施项目的具体情况，并不取决于自身财务能力。不健全的治理结构导致经营管理的不规范，形成决策失误和风险隐患。

（4）在从属产业结构方面，投融资平台不明晰，而合理产权结构将有助于科学管理企业。对于集团型的投融资平台来说，保证绝对控股的一般是二级子公司，三级及以下子公司就部分存在相对控股的情况，使得有可能出现代理人共谋的缺陷，增加平台债务风险。

4.1.6　外部监管制度缺失加剧投融资平台债务风险

对我国而言在投融资平台监管方面的力度十分微弱，主要体现在：投融资平台的管理经营决策受到地方政府的各种干涉，其企业市场行为被扭曲，经营者与业绩彼此之间的关系也变得更为模糊，企业价值最大化的经营目标也被目标多元化替代。

（1）投融资平台由于缺乏健全的政府债务监管制度，使得债务急剧扩张的同时，风险也在不断累积。主要从三个方面体现：①在进行融资工作的过程中，由于地方政府没有充分考虑还款能力和还款计划，出现融资规模超出财政收入可负担范畴、融资期限超出本届政府任期等现象；②随着金融机构融资模式的创新，包括租赁、基金等针对投融资平台的表外融资模式，由于其隐蔽性的特点加大了债务监管难度，提高了债务风险；③投融资平台有意弱化债务透明公开方面的工作，使债务风险预警体系难以成型，加大地方政府统筹管理债务难度。

（2）国资委是投融资平台的出资者，但是其对后者进行监督时，无法做到认真负责，往往只是表面工作，在债务监督方面也发挥不了显著的作用，在风险控制方面往往执行不到位。针对投融资平台的项目贷款，财政局出具债务兜底承诺函，地方人大出具债务确认决议，这些都导致监督机制形同虚设。针对违规担保等情况，金融主管部门的管控没有做到位，没有进行较好的监督，导致投融资平台的债务风险更为严峻。系统和相对健全的法律法规是投融资平台监管所缺乏的。目前，我国还没有发布相应的政府破产条例，“一事一议”是处理投融资平台管理及运作问题的常用方式。因此，我国地方政府最关心的是融资能否成功，而根本不会关注风险和预算约束的问题。地方政府认为还不起钱国家可以无条件地补偿，因此地方政府潜意识里面便觉得投融资平台不存在任何破产的风险，这也导致了债务风险增加。

4.1.7 特殊的经营模式使投融资平台容易积累风险

投融资平台有着显著的公益性及非营利性特征，与企业不同的是它必须承建与公共事业有关的城市基建项目。由于此种经营模式，体现在其财务指标上就会出现固定资产占比过大、流动资产占比较小、主营业务利润率偏低、扣除非经常损益后亏损等问题。代建项目政府的回购及土地整理后的挂拍收入占了投融资平台收入的绝大部分，如果本地房地产市场萧条，那么结果会直接影响到地方财政收入，无疑是对投融资平台的打击。

另外，投融资平台可以运用大规模融资，在基础设施建设方面有所建树。因为项目产出速度不是很快，周期也较长，平台所面临的偿债压力逐年增加。为了减轻短期偿债的压力，一些投融资平台逐渐从一些高息渠道如资产管理公司、信托公司等寻求融资，这种情况使其偿还贷款的压力会更大。债务越来越高，投融资平台会越陷越深，使得优质资产数量减少，在这种情况下，对于投融资平台而言，面临的风险会增加。

结合上文，地方政府投融资平台债务规模膨胀成因如图 4-3 所示。

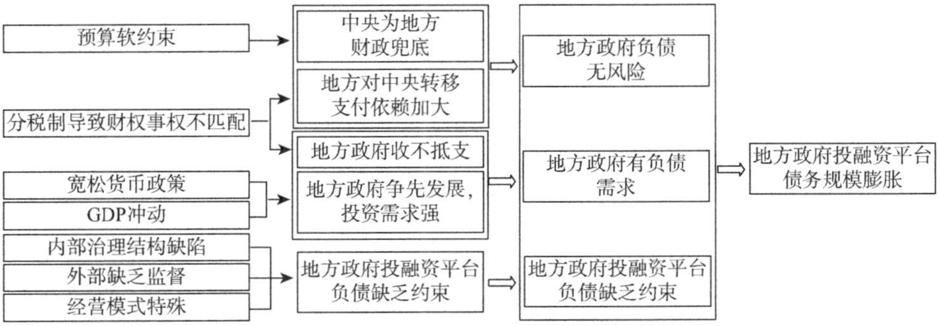

图 4-3 地方政府投融资平台债务规模膨胀成因

4.2　地方政府投融资平台债务风险分类

要对投融资平台债务风险进行有效的管控，需要明确债务风险的分类及其特征，才能有针对性地实施管控。通常依据不同的分类标准可以对风险进行不同分类，常见的标准主要有：风险形成的原因、风险所造成的后果、风险的影响范围、风险分析的依据、风险分布情况及风险潜在的损失形态等。

本章根据风险形成的原因将地方政府投融资平台债务风险进行了如下三个方面的分类：宏观层面、中观层面、微观层面。

4.2.1　宏观层面风险

1）国际宏观风险

国际宏观风险通常是国际经济及政治环境变化所引起的。通常来说，经济和政治事件会成为国际风险传递的途径，如地区冲突、资本流动、国际贸易等。风险性质不同，传递路径便不同，影响程度也就不同，国际风险可以分成两部分：经济风险与政治风险。

（1）国际经济风险：是指因为金融、国际投资及贸易等因素导致投融资平台债务产生的风险。投融资平台的运作将直接或间接地受到国际经济因素的影响。例如，外商投资，外企与我国各政府开展项目合作，投融资平台在其中主要负责进行项目的融资或者投资管理。平台将会由于外商临时取消项目而使得其运作受到影响，并且会使得融资的债务风险增加，临时取消项目往往是外商总部的资金短缺或者高管人员有较大变动等突发原因引起的。

（2）国际政治风险：当前世界各国政界普遍保守化，带来了各国之间贸易摩擦、宗教冲突、政府信用崩溃等问题，连锁引起的投融资平台债务风险就是国际政治风险。一般来说，国际政治因素对投融资平台的影响是有限的、间接的。例如，美国由于特朗普总统上台加剧与中国的经济摩擦，单方面挑起贸易战，这将会大大提高出口企业的经营成本，可能引发以出口为主的制造业公司倒闭，削减地方政府税收，影响投融资平台的偿债能力；中东地区持续地爆发冲突，可能对进口石油的价格带来大幅波动，影响部分投融资平台的经营，带来风险。

2）经济周期风险

经济周期风险是指投融资平台在穿越不同经济周期过程中产生的风险。一般来说，一个完整宏观经济周期能够分为繁荣、衰退、萧条和复苏四个阶段，时间跨越数十年。如果投融资平台在繁荣期大幅举债投入建设，那么其在衰退或者萧条期，由于地方税源的下滑及所投资项目营利低下甚至亏损，平台将面临极大的偿债压力，可能爆发债务风险。应对经济周期风险，要求投融资平台对经济周期有充分预判，制定合理的经营方针和策略。

经济增速、固定资产投资增速与投融资平台的融资呈负向关系，投融资平台的融资利率与经济增速呈正向关系，经济增长高速阶段，地方政府资金需求下降，弱化了平台的隐性背书关系；经济增速下滑，地方政府资金需求增加，地方政府根据融资需求加强了平台的隐性背书关系。而投融资平台因经济增长自身营利能力增加所带来的信用提升效果并不明显。投资作为经济增长的动力，在经济发展过程中发挥着重要作用，地方政府基于经济建设的需要，在经济增速下滑阶段会加大固定资产投资以刺激经济增长，但受制于地方财力水平，地方政府一般会通过投融资平台进行融资，在不同的经济形势下，政府会因势利导，采取不同的财政政策和货币政策组合应对。

3）政策风险

所谓国内政策风险指的是因为国家调整宏观经济政策，引发财政收益分配政策的变化及金融机构信贷政策的变化，从而直接或间接地影响投融资平台的债务风险。中国人民银行是我国货币政策的制定者，通过调整存贷款基准利率、存款准备金率和定向工具来调节市场的货币流通。货币政策是宽松还是稳健，将从根本上影响金融机构的信贷投放能力，对投融资平台能否持续融资、融资成本增加与否产生重大影响。2015~2016 年，央行采用宽松货币政策，投融资平台纷纷加大举债力度，获取长期、低成本的信贷资金，部分底子薄弱的投融资平台也借机开展融资，埋下债务风险的隐患；2017 年以来，央行采用稳健货币政策，投融资平台的融资受到明显抑制，无法通过借新还旧进行债务展期，债务风险逐步暴露。财政部是国家财政政策的制定者，通过调整财政政策来增加对经济的刺激力度，从而影响投融资平台的债务风险。在积极财政政策下，受益于政府对基础设施投资力度的加大，投融资平台营利能力开始回升，偿债能力增强；在紧缩财政政策下，财政资金的断流导致投融资平台的基建项目工期延后甚至可能出现烂尾，债务风险上升。具体而言，政府不同的财政和货币政策对地方政府投融资平台风险的影响不同。

（1）扩张性财政政策：在经济衰退期间，政府打算通过借贷、提高赤字率、提高财政支出和减税等方式来刺激总需求增长，帮助经济反弹。在实施扩张性财政政策时，政府更倾向于通过基础设施投资来推动总需求。作为基础设施建设的主力军，投融资平台将获得更多的工程项目和资源支持，平台的营利能力和偿债能力将得到一定的提升。

（2）紧缩性财政政策：当经济过热时，政府可以通过增加财政收入或减少财政支出来控制总需求的增长，主要是通过减少基础设施投资的方式。投融资平台建设规模将受到抑制，这将对资产规模增长和盈利能力产生一定影响。另外，增加税收也是收紧财政政策的常用手段之一。增加税收将增加地方政府的一般预算收入，而地方政府则是投融资平台债务的救助者。

（3）扩张性货币政策：利用降准、降息等方式，通过对信贷乘数进行运用，以此使得货币供应量增加，最终对总需求进行刺激，使其上升。对于投融资平台而言，其一般都具有较高的债务，而扩张性货币政策带来的利率下降可以缓解投融资平台的付息压力。扩张性货币政策往往是经济衰退期间采取的政策，在经济环境恶化的情况下，企业信用风险上升，金融机构的风险偏好下降，他们更愿意向有着隐性政府担保的融资平台提供贷款。

（4）紧缩性货币政策：当经济过热时，政府使用信贷乘数通过提高利率来减少货币供应量，从而降低总需求水平。投融资平台由于地方政府财政支持，对利率敏感度较低，对融资成本要求不严格，比一般生产企业更容易获得贷款。

此外，地方政府债务风险防控政策和投融资平台的一系列融资监管政策，直接深刻地影响了投融资平台的发展趋势和信用风险，历年政策如表 4-3 所示。当政策支持强劲时，投融资平台的风险较低；当政策力度小时，地方政府对投融资平台的态度和支持将发生变化，其信用风险将迅速增加。从历史上看，投融资平台的融资政策存在周期性的收紧和放松，当融资政策相对宽松时，城投债的发行增长更快，流通量扩大；当融资政策收紧时，投融资平台的融资渠道由于受到限制，城投债的增长率低，甚至增长率下滑。在宏观经济政策和融资政策的共同影响下，城投债的发行具有明显的周期性特征。

表 4-3　历年地方政府投融资平台融资监管政策表

时间	融资环境	主要政策
2009 年	宽松	“四万亿计划”出台，央行银监会支持成立融资平台，城投公司兴起，城投债大幅扩容
2010~2012 年	收紧	19 号文，银监会建立融资平台名单，限制平台新增贷款，导致城投债的发行放量
2013 年 6 月~2014 年 7 月	宽松	发行审批标准放松，注册速度明显加快
2014 年 8 月~2015 年 5 月	收紧	43 号文、新《预算法》发布，划清城投公司与地方政府债务界限，中国证券登记结算有限责任公司收紧质押回购政策
2015~2016 年	宽松	证监会放松公司债发行条件，发改委放松企业债发行条件，交易商协会支持城投企业重点项目等
2016 年底以来	收紧	88 号文、50 号文、87 号文、97 号文等，强调城投公司与政府信用脱钩，进一步规范地方政府和城投公司融资，加快推进城投公司市场化转型

4）经济社会风险

对于投融资平台而言，其可能造成财政风险和社会经济问题。

（1）政府设立投融资平台，由政府委托，承担基础设施建设融资任务。为了获得信贷资金，可能出现平台员工与金融机构勾结开展寻租，引起一系列社会问题（前几年突出表现在投融资平台的财务顾问费上，近年来开始表现在工程分包上）。

（2）地方政府高度依赖“土地财政”，投融资平台采用土地收购和储存进行一级土地开发，然后高价出售土地以获取高额利润，土地价格将上涨，这将不可避免地导致城市房价上涨。房价上涨一方面带来账面收益，另一方面，也带来了泡沫破裂暴跌风险，给个人家庭和提供按揭的金融机构带来极大伤害，造成的社会问题后果相当严重。并且，在对土地进行征收时，政府有时会采取强制拆迁的做法，导致居民抵制并与政府发生冲突。

（3）为了获得更多的建设资金，政府可能会收取一些不合理的费用，如征收一些公益产品和服务的使用费，进而使政府财政收入增加，其实质是以牺牲公众利益为代价，将基础设施建设成本转嫁给公众，并降低当地居民的生活水平，引发社会不和谐问题。

4.2.2 中观层面风险

1）区域经济环境风险

（1）区域经济的发展能力和增长潜力。经济总量决定了区域经济的发展能力，增长潜力则跟产业结构相关,这两项能够在一定程度保障该地区未来的税收收入，是投融资平台偿债资金的重要来源。考虑区域经济的发展能力，这是一个经济存量问题，部分借助生态环境资源的区域（如石油、天然气、煤炭、有色金属），其经济总量大、财政基础稳固，即使基础设施投资需求大导致债务规模较高，整体风险依然可控；而一旦随着经济环境的变化导致资源价格波动，该地区的投融资平台债务风险就暴露出来，如煤炭资源丰富的鄂尔多斯，在经历煤价暴跌后投融资平台债务压力巨大。考虑区域经济的增长潜力，这是一个经济增量问题，部分借助产业升级的区域，其经济发展质量高，为了发展基础设施建设导致当期债务偏高，但中期来看风险整体可控，如转型大数据产业的贵州，在经历产业转型后，经济发展态势明显好转，财政实力稳步增强，债务风险逐步化解。

（2）制度环境。制度环境不是指硬环境，主要是指企业经营的软环境，包括政府对产业的指导扶持力度、对企业的管制程度、税收社保的检查征收力度、执法效率及公平性等。一方面，良好的制度环境能够为企业创造宽松的经营环境，有助于刺激经济活力，提高财政收入水平；另一方面，帮助投融资平台建立规范有秩的管理机制，提高经营管理水平。如果地区具有稳定的制度环境，那么其会有更为规范的投融资平台，债务风险将相对较小。

2）地方财政实力风险

（1）地方财政运行机制。现阶段，我国正在实施从中央到乡镇的五级财政体制。第一级的中央政府与其他级别政府之间财政收支分配由《预算法》规定。第二级省级政府将决定自身与其他下级政府之间的财政收支分配，采用手段是通过税收的划分来分配收入，通过事权的归属来协调支出。级别越高的政府，越能够掌控主动性，可以通过行政干预下级政府来满足自身财政运行。此外，上级政府还能够通过调节转移支付来影响下级政府的财政情况，给下级政府转移支付越少本级政府财政越宽裕，给下级政府转移支付越多本级政府财政越紧张。由于省政府可以确定收入和支出的划分机制,它可以对每个地区的财政状况产生重大影响。一旦省政府对收支分配进行调整，将有可能导致地区财政收入减少，从而影响地区投融资平台的偿债能力。

（2）财政收入分析。财政收入是政府财政的“钱袋子”。地方财政实力、地方政府持续现金流也取决于此，其可以直接影响平台偿债水平。地方财政收入主要是一般预算收入和基金预算收入，其中，税收与罚款是最为稳定的收入来源，属于一般预算收入范畴；作为近年来地方政府收入大户的土地出让金，属于基金预算收入，由于土地市场受宏观调整影响较大，土地出让收入波动频繁，极不稳定。具体而言，与普通的生产或流通企业不同，投融资平台经常承担不能产生效益的公益项目，加上其自身财务指标很弱，有些甚至主营业务严重损失，靠政府补贴以维持收支平衡，投资回报可能远低于融资成本。投融资平台筹集的大部分资金都投资于具有重大社会效益但不直接产生现金流量的基础设施项目，地方政府为了完成公共项目，会注入相应的资产，并通过税收政策、政府补贴等方式为平台的发展提供支持。地方政府的财政资源对投融资平台的偿付能力产生重大影响。与税收不同，土地出让收入极不稳定，地方财政收入的不确定性大大增加。对于地方政府的收支情况来说，如果转移支付政策在未来进行调整，将对平台债务风险产生重大影响。由于转移支付是专项使用，对于投融资平台来说，能否得到足额的政府支持资金主要依靠地方财政可支配财力，以税收收入、土地出让金为主。而金融机构对地方政府的一般预算收入水平尤为关注，信托、基金和资管给地方财政一般预算收入为 20 亿元以上的投融资平台开展融资,租赁给地方财政一般预算收入为 10 亿元以上的投融资平台开展融资。

（3）财政支出分析。经过 30 年的高速发展，中国进入一个稳步发展的时期，财政支出的压力依然不小。一方面，习近平总书记提出的三大攻坚战：防范化解重大风险、精准脱贫、污染防治，需要配套投入大量的财政资金；另一方面，随着老龄化社会的逐步来临，社保支出逐年增加，如东北地区已经出现社保入不敷出的情况，这就需要财政资金进行专项补贴。考虑到对广大农村地区人口参与社保及医疗保险的补贴，地方政府的负担越来越重。此外，由于自然灾害等突发事件的发生，财政负担可能增加，财政支出规模将增加，投融资平台债务的偿还可能会受到影响。地方政府支出必须满足“量入为出”，支出必须与收入相匹配和平衡。但是，由于不同地区经济发展的不同阶段，政府级别不同，那么其会有不同的财政结余资金，影响平台偿债能力的程度也会有所不同。

3）地方政府的偿债风险

正因为投融资平台的偿债资金来源中，充当兜底的是来自政府的支持资金，所以其偿债能力在某种程度上也取决于政府偿债能力。分析政府偿债能力的前提是对政府债务进行分类：

（1）从债务性质上进行分类。对于地方政府债务可以分为直接债务、或有债务和隐性债务三种，其中，直接债务是最狭义的债务，是指直接反映在地方政府财务报表中的各种债务；或有债务是扩大化的债务，是指投融资平台从金融机构获取的各类投资于基础设施建设的融资，虽是或有负债但一旦违约将极大破坏政府信用；隐性债务是最大口径的债务，泛指形式上是法律法规明令不属于政府兜底、实际上债权人又持有财政承诺函的债务，隐性债务从形式上和法律上不属于政府债务范畴，但一旦出现债务风险对地方政府的形象将产生冲击。目前而言，地方政府直接债务集中在地方政府债券，余额为 14.74 万亿元，加上或有债务，主要是城投债余额 7 万亿元，总共超过 21 万亿元。需要重视的是，或有债务中除了城投债外，还包含了投融资平台在金融机构的表内外贷款，如果再把隐性债务计算进来，则目前的债务规模可能要翻上几番。

（2）从债务地区进行分类。经过多年的发展，我国地区经济发展水平参差不齐，其债务负担差异也较大。对于沿海经济发达地区，其债务负担更多体现在直接负债、或有负债上面，债务负担与债务风险有较强的相关性；而对于中西部欠发达地区，其债务负担主要体现在基础设施建设欠账、农村山区坏账及社保亏空账，债务负担与债务风险的相关性不强。造成这种现象的原因是经济发达地区能够通过自身平台实力到公开市场融资，债务负担体现在对金融机构的负债；而欠发达地区由于平台实力偏弱，依靠自身融资无法满足财政缺口，其债务负担依然体现在各种欠账。

4）地方政府的信用风险

（1）地方政府债务规模风险。当投融资平台实际开展业务时，平台与政府之间的关系非常密切，一旦投资项目回款不达预期将会导致投融资平台逾期，甚至无力偿还，此时政府将被迫对其进行救助，在政府财政宽裕时期救助事项实施起来难度较小，一旦政府财政紧张则可能引发政府信用危机。具体原因如下：①在财政软约束的环境下，地方政府有极大冲动通过举债进行基础设施投资，然而其债务承担能力并非无限，而是有限的，如果政府盲目扩大债务规模，政府的债务负担会增加，在债务偿还时会有更大的压力，这不利于政府信用；②由于缺乏外部监管和内部制衡，在投融资平台开展的融资业务中，滋生徇私及腐败现象，进一步扩大负债规模；③无论从平台设置，还是管理人员，还是监管机构，平台都是政府的下级机构，其债务规模大，债务不透明，以“借新还旧”和“债务展期”作为还款来源，监督管理部门对平台债务的控制不足等，都会影响到政府的信用。随着地方政府债务规模的不断扩大，在去杠杆背景下容易出现信贷资金无法续期的情况，产生爆发债务的风险，损害政府的形象和信誉，导致政府、投融资平台和金融机构矛盾加剧，影响金融市场稳定。

（2）地方政府债务治理风险。在地方政府爆发债务危机的原因中，除自身盲目举债规模失控的因素外，政府治理能力也是重要的一个因素。对于平台债务，政府的管理不够规范，在到期本息偿还和债务规模方面，事业单位和下属机关的管理不够到位，可能导致债务到期后偿还出现问题。平台的债务风险也可能会受到政府换届的影响。本届政府会受到上届政府负债的影响，可能不会偿还上届政府留下的债务。对于某些债务工具或债务责任来说，如果新任命的官员对它们缺乏了解，或者如果政府换届时间和移交期与债务偿还日期重叠，显然这样会增加债务风险爆发的概率。

（3）地方政府支持风险。投融资平台的建立和发展，取决于地方政府的支持态度，这很容易受到当地政府官员的影响。投融资平台融资期一般为五年以上，官员任期较短，在重新换届后，新政府官员能否继续支持这个平台，其财政补贴等存在很大的不确定性，这直接影响到平台的营利能力和偿债能力。

5）金融机构支持风险

投融资平台作为市场上重要的融资主体，一直是各个金融机构支持的对象。不过由于平台自身融资金额大、融资周期长、抵质押物变现差，金融机构对其支持力度一直在上下波动。考虑到投融资平台的还款来源基本属于借新还旧，金融机构对其支持与否显得尤为关键，2018 年 6 月 22 日湖南省常德市政府在召开的化解政府债务的专题会议内容纪要中要求各金融机构不得抽贷就是典型案例。考量金融机构对投融资平台支持力度，要从金融机构贷款风险进行评判。

（1）信用风险。银行在向平台贷款时面临的主要信用风险是平台投资基础设施建设项目产生的现金流较少导致无法覆盖贷款本息，且地方财政无法提供足额资金支持进行还本付息。具体包括以下三个方面：①相当一部分投融资平台是政府通过资产注入形成的，获取融资是其设立并运行的主要目标，成立之际就具有资产规模大而质量低、收入规模高而盈利能力差、项目投资长而交易对手很集中的特点，这类型的主体信用风险相对较高；②投融资平台融资资金主要用于基础设施建设，其中包括大量公益性的基础设施，这种项目具有投资额大，资本支出时间长，投资回报低等特点，对应的项目贷款具有很大的违约风险；③投融资平台的信用风险也与抵押贷款的标的物有关，标的物的抵质押权属可能存在瑕疵，如作为抵押物的土地招拍挂手续不完善、作为质押物的收费权属于专项收费，抵质押物本身处置难度极大甚至无法处置导致投融资平台的融资出现风险。因此，从投融资平台自身经营回款、项目投资的现金回流及抵质押物的处置清算角度来看，金融机构仍然面临着严重的信用风险。

（2）流动性风险。金融机构是经营资金的组织，一方面，通过吸收公众存款、理财资金来获取资金来源，另一方面，通过发放贷款来获取资金利息差收益，这样势必会导致负债端和资产端期限不匹配的问题。所以金融机构必须保留一定数量的资金作为营运资金（或者调节资金），以满足流动性需求，否则当负债端要求资金回流的时候将会面临流动性风险。金融机构对投融资平台贷款的流动性风险就是由存款期限与贷款期限不匹配带来的。应该看到，随着互联网金融的快速发展，储户对资金存放的收益要求越来越高、期限要求越来越短，大大增加金融机构经营难度。而投融资平台项目贷款大部分用于市政建设，这类项目周期长、回款慢，与理财资金要求的期限错配严重，会导致流动性风险的产生。

（3）合规风险。以商业银行为例，在银监会《固定资产贷款管理暂行办法》中要求，项目贷款必须专款专用，资金必须流转到指定交易对手。而在实际操作中，往往出现投融资平台将多家银行的资金汇集起来再进行项目投资，甚至直接沉淀为资金池，将资金挪为他用。投融资平台利用信息不对称、通过隐性关联方套用银行信贷资金的行为，产生极大的合规风险。针对具体项目而言，包装项目进行贷款非常普遍，同样一个项目很难真实区分公益性还是准公益性。例如，城市体育中心，实施免费是公益性项目，实施收费则为准公益项目，而这一切基本上平台都可以进行包装，加大了项目贷款发放的合规风险。此外，投融资平台利用组合贷款的理由，将部分不符合贷款政策的项目进行组合贷款，这种捆绑贷款的方式更容易滋生纠纷。如果平台的贷款到期，平台和政府无法偿还或相互推脱，可能会引发法律合规风险。

4.2.3 微观层面风险

1）投融资平台运作风险

对于投融资平台来说，脱离地方政府自主运作是非常重要的一个环节。股东大多是政府所有的单位，如国有资产监督管理委员会、建设局和管委会等，具有独立的法人资格。然而，实际上由于投融资平台在人事、财务方面均受到政府或多或少的监管，其独立性是相对有限的。在股东出资上面，投融资平台实缴资本中只有一小部分是货币资产，绝大部分属于实物资产（包括土地、房产甚至市政建设工程），资产流动性差无法变现，更严重的是通过高评高估的方式虚增注册资本。

由于政府对投融资平台人事的管控，大量的政府公职人员空降到投融资平台开展工作。由于对市场规则不熟悉，对市场化运营缺乏经验，这部分管理人员经手的项目营运效果差、投资回报低，投入资金无法顺利回收，带来债务风险。在实际操作中，突出表现在早期可行性论证不充分，中期工程建设费用管控不到位，后期催收回款不给力，影响了营运效率。

在投融资平台的运作风险上，还需要特别关注投融资平台贷款运作风险。首先，贷款运作风险体现在增信手段不完善，如用出让金没有实际缴纳的土地进行抵押、政府办公大楼进行抵押、投融资平台之间互相担保，这种不规范的增信举措将会扩大风险敞口。其次，贷款运作风险体现在资金挪用，投融资平台在信息披露方面极不规范，有极大的冲动进行资金挪用，如挪用水电气项目贷款用于流动资金安排等，在这种情况下，项目所面临的风险会增加。操作风险是贷款运作风险的直接表现，就算资金被用于项目现金流稳定的项目，仍然有可能因为管理不善导致项目收入不达预期，形成债务风险。

2）地方政府投融资平台治理结构风险

投融资平台是地方政府为推动当地公共项目投资建设而设立的，主要承担公共项目建设的投融资职能。名义上投融资平台是法人公司，而本质上其相当于政府附属单位，是企业与事业单位的混合体。平台的管理层没有决策权，这使得融资决策者与偿债者不一致，发行人将面临很大的公司治理风险。

法人治理结构，是目前公司制企业重要的组织形式和组织架构，主要是“三会一层”即股东会（包括股东）、董事会（包括董事）、监事会（包括监事）和高级管理层，主要是制衡权力、责任和利益的关系，是完整公司管理体制，通过完善法人治理结构，明确企业的利益和决策机制，保障企业的正常有序运营。根据《中华人民共和国公司法》的规定和国务院 19 号文件对平台的定义，投融资平台是具有独立法人资格的主体。当然，投融资平台只是名义上的独立，实际上依然受到政府的监管，主要体现在经营决策和人事任免。一般来说，投融资平台必须依靠当地政府的意志进行基础设施项目建设，其大部分高级管理人员由政府任命或由当地政府公职人员兼任。

对于部分投融资平台而言，没有将完整的监事会、董事会和股东大会建立起来，组织形式向政府靠齐，根据政府安排进行举债融资，按照政府意愿进行项目建设。自身财务管理混乱，信息披露不完整、不透明、不及时，对于现代公司治理而言，上述情况都是不合理的。基于实际运作情况进行分析，投融资平台更像是附属组织，政府负责高级管理层、监事会和董事会的任命工作，高管接受监督和考核。在这种管理体制下，董事会、监事会和经营层均不能将公司利益摆在第一位，只能被动迎合政府要求办事，导致经营效率低下等问题。

3）地方政府投融资平台融资操作风险

（1）融资渠道风险。投融资平台具有以下特点：资产规模大而质量不高，注册资本中包括了非经营性资产，如土地、高速公路和桥梁等，而现金类资产占比不高。地方政府要求建设投资规模加大，以此对经济发展起到促进作用，以投融资平台作为支点撬动金融机构（特别是银行）的资金就是顺理成章，为此对于平台而言，银行项目贷款资金是资金来源中最为主要的一个。首先，对平台而言，其具有较长的贷款周期和规模，回报现金流很慢，银行项目贷款仅是解决建设资金来源，其中阶段付息资金没有着落，需要平台借助信托、资管、基金、租赁等其他渠道进行补充；其次，受银保监会窗口指导的影响，以银行为代表的金融机构随时可能调整信贷政策，如某平台基建项目一期工程完毕后向银行申请后续贷款的投放，但银行政策调整要求加大对中小微企业的支持力度，自身信贷头寸不足而无法继续为投融资平台放款，导致投融资平台的项目出现烂尾风险，影响投融资平台的正常营运。

（2）融资成本过高的风险。随着市场资金面的变化，投融资平台的融资成本上下波动，整体来说还是偏高，主要表现在两个方面：①信托、基金、租赁等非标融资整体成本较高，在市场资金面紧张的时候，投融资平台（尤其是区县一级平台）不得不依靠信托、基金、租赁来腾挪贷款，拉高了整体融资成本；②在投融资平台的融资过程中，伴随着贷款回报、财务顾问支出等额外支出的上升，推高投融资平台的融资成本。

（3）信息披露风险。由于信息披露机制不完善，金融机构很难获得投融资平台真实债务信息，对其实际债务状况不能有效判断，金融机构很难及时掌握投融资平台存在的债务风险。投融资平台信息披露既不科学也不完整，主要体现在以下方面：①信息披露主体界定不清。投融资平台的财务受地方政府监管，其负债实际上是在地方政府指导下开展，地方政府是统筹平台债务的主体，也是承担信息披露责任和义务最合适的主体。但出于自身利益考虑，部分地方政府只能选择性对信息进行披露，甚至限制投融资平台自身的信息披露。②投融资平台信息披露要求不统一。目前投融资平台的信息披露以自愿为主，缺乏强制约束及披露要求，包括披露范围、内容、格式都不统一，导致信息披露效率较低，对债权人帮助有限。③地方政府缺乏必要的信息披露动力和责任。部分地方政府的财政状况往往仅公开直接债务，或有债务都是零星发布，隐性债务直接就不公布。在过去的一段时间里，部分地方政府的财政收入和支出基本上没有显示隐藏的债务。政府监督体系并不完善，中央政府无法真实及时准确掌握下级政府的全口径负债情况，债务监督工作执行不到位。债权人难以直接从地方政府口径得到投融资平台的整体负债，无法准确评估投融资平台真实风险。

4）地方政府投融资平台投资、收益风险

（1）投资风险。由于投融资平台监督管理措施执行不到位，内部治理结构不平衡，给投融资平台带来投资风险，主要分为三方面：①部分投融资平台管理运作不规范，治理结构不健全。整体经营计划依附于政府规划，缺乏独立的投资判断，战略不清或者随意改变，导致项目投资缺乏持续性，投资效率低下。②多头管理、权职不清导致项目投资在执行过程中较为混乱，在项目结束后无法根据结果进行考核及问责。③多数投融资平台经营管理人员是政府部门委派，导致公司治理结构不完善，容易出现股东侵占公司利益的现象。这部分管理人员普遍缺乏专业投资知识，对投资风险没有足够的防控意识，容易出现投资随意、效率低下的情况。

（2）收益风险。投融资平台主要开展市政建设，这类工程投资额大，建设周期长，可能存在收益风险，具体而言包括：①在基础设施建设初期，缺乏统一有序的规划，导致出现重复规划的现象，大大影响项目运行的收益，同时由于过度竞争会相互压价，影响投资收益；②在基础设施建设中，监督管理不到位，出现质量问题，增加工程成本；③假如融资项目顺利完成，由于各种原因（如自然灾害，政策调整）使项目使用期降低，可能项目无法实现预期收益。

4.3　地方政府投融资平台债务风险综合阐述

通过前两节的分析可以发现，投融资平台的债务风险与普通企业债务风险的成因、分类并不一样，相对而言更全面、更复杂，有必要进行综合阐述。抛开成因和分类，从本质看债务风险的直接诱因是缺乏偿债资金，从偿债资金来源可以更好地分辨投融资平台与普通企业债务风险的区别。对于普通企业来说，其偿债资金来源主要有企业经营活动净流入资金、外部融资性资金两部分；而对于投融资平台来说，其偿债资金除了经营活动净流入资金、外部融资性资金，还包括政府救助性资金。根据偿债资金来源不同，可以知道有两类债务风险，即一般债务风险和特有债务风险。

1）一般债务风险

一方面，是与企业经营活动净流入资金相关的风险，主要体现在投资项目决策、成本质量控制、应收账款回收三个方面。投资项目决策和成本质量控制都是企业重要的经营活动，投资项目决策决定了经营活动开不开展、成本质量控制决定经营活动如何开展，这都直接影响企业经营活动是否盈利、盈利大小的情况，是产生经营活动净流入资金的基础。应收账款回收是企业产生经营活动净流入资金的关键，企业经营活动所赚取的利润需要通过应收账款的回收来确认。

另一方面，是与外部融资性资金相关的风险，主要体现在外部金融机构信用收缩。近两年来，受制于去杠杆的政策影响，整体金融机构普遍在压缩表外信贷的规模，商业银行资金的大量回表导致存续贷款无法正常展期，企业陷入流动性危机，债务风险增加。

2）特有债务风险

与政府救助性资金相关的风险，主要包括中央政府救助意愿风险、地方政府自身偿债风险和融资行为合规风险。在中央政府救助意愿方面，中央政府对于投融资平台债务救助的态度一直是摇摆不定，在经济增长强劲的时期，中央政府坚持不对投融资平台债务进行救助，目的是希望借此打破刚兑且加强对地方政府财政约束的硬度；在经济增长疲软的时期，中央政府则会快速对投融资平台债务进行救助，目的是提振投资者信心，维护金融市场稳定。地方政府自身偿债方面，则是地方政府自身财政压力巨大，偿债能力不强，导致在投融资平台产生债务风险时没有能力提供救助。融资行为合规风险是指投融资平台在融资过程中是否合法合规，将是政府能够为其债务风险提供救助的关键。

同时还应考虑投融资平台特殊经营模式，特有债务风险包括政绩考核导向风险和治理结构缺陷风险。

地方政府投融资平台公司债务风险综合阐述见表4-4。

表4-4 地方政府投融资平台公司债务风险综合阐述

风险类别	内部经营风险	外部环境风险
一般债务风险	投资项目决策风险 成本质量控制风险	应收账款回收风险 金融机构信用收缩风险
特有债务风险	政绩考核导向风险 治理结构缺陷风险	中央政府救助意愿风险 地方政府自身偿债风险 融资行为合规风险

4.4 本章小结

对地方政府投融资平台债务风险形成机理及分类开展研究，成为地方政府投融资平台债务风险管控研究的起点。投融资平台债务风险形成机理包括分税制、阶段宽松的财政货币政策、财政预算软约束、政绩考核、内部治理结构缺陷、外部监管制度缺失及特殊的经营模式。投融资平台债务风险分类包括宏观层面、中观层面和微观层面。最后，对投融资平台债务风险从一般债务风险和特有债务风险两个方面进行综合阐述。

5 地方政府投融资平台债务风险传导机制研究

根据本书第 2 章理论基础中对财务风险传导相关理论的梳理，可以看到投融资平台债务风险传导可以基于风险源、风险事件、风险阈值、风险载体、风险路径及风险强度与效应等方面进行分析。整体来看，随着投融资平台融资规模的不断上升，其债务风险将向地方财政传导、向中央财政传导、向金融企业传导、向市场等传导，投融资平台的风险传导机制即由单体风险向财政风险、金融风险和经济风险扩散传染。风险传导要素逻辑见图 5-1。

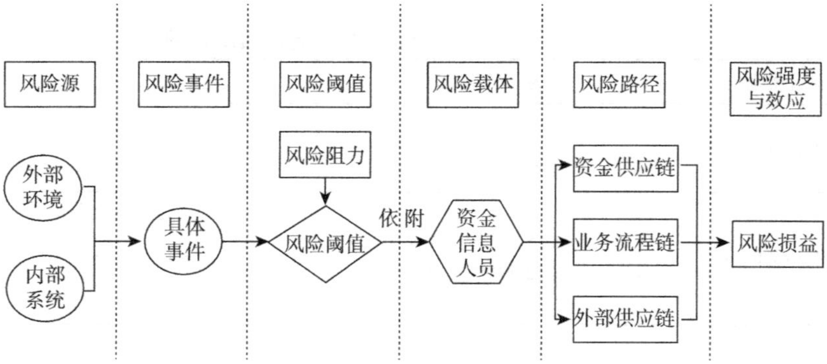

图 5-1 风险传导要素逻辑

5.1 地方政府投融资平台债务风险源分析

风险源，即产生风险的源头，是风险事故发生的根源、风险传导的动力。投融资平台债务风险的风险源可能来自平台内部，如项目投资失败导致盈利能力下降，甚至亏损进而影响平台现金流，无法还本付息，导致大量债务违约，这就是内部债务风险源头；投融资平台债务风险的风险源也可能来源于平台的外部，如自然灾害、战争、地震、海啸等非人为外部因素，金融危机、财政赤字、政策环境变更等外部因素也可能引发平台的债务风险。

5.1.1 内部风险源

1）筹资风险源

筹资风险的形成来自举借债务这一财务活动本身。投融资平台的筹资风险源主要是投融资平台先天性缺陷和运作不规范导致债务规模持续增长，当到达某一临界值时，产生债务风险。

2）投资风险源

投资风险是指由于未来投资收益具有不确定性特点，为此在投资活动中，公司可能会遭遇损失，这种风险即投资风险。由于投融资平台承担了大量公益项目及类公益项目的投资任务，这类型的项目投资收益极不稳定，甚至出现没有收益的情况，政府补贴也于事无补，成为平台主要的投资风险源。

3）营运资金风险源

营运资金贯穿于企业经营活动的全过程。由于经营模式的特殊性，投融资平台普遍存在经营活动产生的现金流量净额为负数的情况，绝大多数现金流来源于筹资活动产生的现金流，一旦外部融资环境恶化将对企业造成债务风险。

4）收益分配风险源

收益分配风险主要来源于收益确认不当，如少计或多计、时间、金额、期间、科目错漏等。投融资平台主要经营目标并非为股东创造价值及收益分配，所以投融资平台基本上没有收益分配风险源。

5.1.2 外部风险源

投融资平台身处大的经济环境中，其债务风险不仅事关自身发展，而且关系到金融机构、地方政府、监管机构等一系列利益相关者的经济利益。分析投融资平台债务外部风险源的首要任务就是厘清这些利益相关者之间的关系。外部风险源主要包括：直接风险源（地方政府、金融机构）和间接风险源（财政部、国家发改委、银保监会）。

1）直接风险源

地方政府是投融资平台的实际控制人，也是投融资平台最重要的外部直接风险源。一方面，地方政府从自身利益出发，不断要求投融资平台开展各类基础设施投资，直接导致平台债务高企，形成风险；另一方面，地方政府能够对投融资平台进行补贴支持、政策协调，对提升投融资平台的经营效益有着直接帮助，有利于风险化解。

金融机构是投融资平台最主要的资金供给方，是投融资平台最大的债务人，也是平台主要的外部直接风险源。在市场资金面充裕的时候，金融机构会千方百计地激发投融资平台加杠杆扩大负债规模；而在资金面偏紧的时候，金融机构就会对投融资平台压缩信贷规模，导致投融资平台债务出现流动性风险。

2）间接风险源

财政部是调节地方政府财政收入的关键环节，各级政府财政收入中税收收入的返还比例、中央转移支付的额度都是财政部具体执行，这就决定了财政部对投融资平台的偿债来源有着至关重要的影响，也成为投融资平台重要的外部间接风险源。

国家发改委作为国家综合研究拟订经济和社会发展政策、指导总体经济体制改革的宏观调控部门，一方面，负责投融资平台的项目投资审批，影响投融资平台的投资风险；另一方面，负责投融资平台企业债的核准审批，影响投融资平台的筹资风险。因此也成为投融资平台重要的外部间接风险源。

银保监会负责金融机构信贷政策的研究及指导，一方面，对投融资平台在银行的信贷活动进行宏观指导；另一方面，负责审核银行间市场的债券发行，对投融资平台的再融资起到至关重要的作用，成为其外部间接风险源。

5.2 地方政府投融资平台债务风险事件分析

地方政府投融资平台债务风险事件主要是指投融资平台由于严重亏损或者投资项目失败而难以回收资本利润，使该投融资平台债务到期无法归还形成违约。

投融资平台尽管会出现违约事件，但其本身仍具备一定的信用等级（一般主体信用评级在 AA 或以上级别），而大量的区县一级投融资平台由于资质更弱仅能从银行进行贷款，其更容易出现风险事件。

在厘清投融资平台相关主体关系的基础上，本书认为，投融资平台风险事件发生概率由投融资平台财务状况决定，与受银保监会主导的融资规模和受国家发改委指导的投资规模相关；风险事件转化为违约风险概率主要受制于地方政府支持能力和地方政府支持意愿。其中，地方政府支持能力影响因子是卖地收入、金融协调力度、财政部引导的中央财政支持力度；地方政府支持意愿来自国家发改委主动保增长的动力和发生金融风险的中央的态度。

其中，国家发改委主动保增长动力来源于经济增长必要性，细分为地产投资增速、制造业投资增速和净出口增速；发生金融风险的中央态度长期来看取决于银保监会和整个国务院层面对经济的整体判断，短期来看取决于财政部对地方政府态度。

5.3 地方政府投融资平台债务风险传导载体分析

5.3.1 债务风险传导载体概念及特点

载体是传递能量、运载其他物质的物体，最初在生物、化工等领域中出现，在风险传导中，风险源将依靠风险流把风险传导出去，企业风险传导的风险载体指的就是这些无形或有形的，对风险进行承载的事物。在借鉴学者研究的基础上，本书认为投融资平台债务风险传导载体，是指在投融资平台债务风险传导过程中起着媒介作用，承载或传导投融资平台风险的各种物质。投融资平台债务风险载体的特点如下。

1）中介性

载体在债务风险传导中的作用是媒介，载体会带着债务风险流，为此平台间或平台内部会有风险的传导，对于债务风险而言，其传导需要载体这种要件的存在才能完成。

2）承载性

承载的风险与载体性质相关，风险载体由于本身属性不同关系也呈现多样性：有的是一种风险载体承载一种风险流，有的是一种风险载体可以承载多种风险流；有的风险载体只能承载一种债务风险流，有的风险载体可以承载多种风险流。风险载体的承载性为风险源通过风险流进行传导提供了前提和必要条件。当风险流依附于载体，且相互作用时，就会有风险传导出现。

3）传导性

对于承载性和传导性而言，其二者是相辅相成、缺一不可的，承载是传导的前提，只有当载体自身在企业内、外运动时，债务风险才具备传导可能。如果载体自身无法在企业内、外运动，即使载体承载了各种风险，但因为没有处于运动过程中，其承载的风险流也无法在企业内、外传导，因此也体现不出债务风险传导的整个动态过程。

4）客观性

投融资平台债务风险传导载体与债务风险本身一样是客观存在的。从主体视角来看，载体主要包括：中央和地方政府、金融系统、投融资平台、项目建设公司等，这些利益相关主体均是平台营运面对的客观存在，因此，债务风险传导载体是客观必然的存在。另外，客观性还体现在风险通过载体传导是不以人的意志为转移的。

5.3.2 主要载体分析

目前，在我国投融资平台的债务风险往往是通过财政、金融和信用等传导载体进行传导的，地方政府投融资平台债务风险传导见图 5-2，具体分析如下。

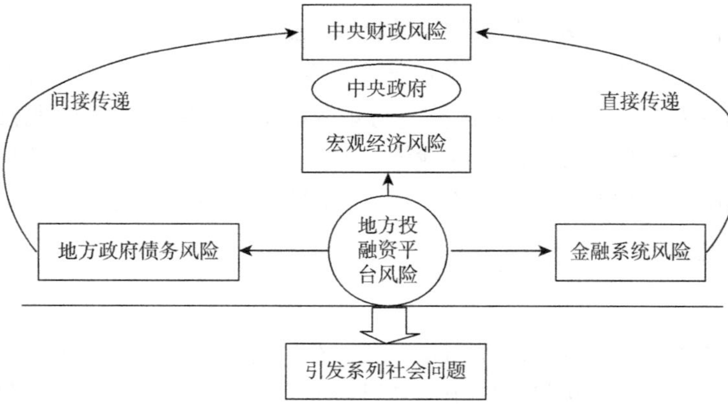

图 5-2 地方政府投融资平台债务风险传导

1）财政传导载体

在当前财政体制下，如果投融资平台出现债务风险又无法自救，为了维持经济的稳定，防止风险进一步扩散，中央政府一般会在最后时刻成为风险的“兜底人”，为地方政府买单。这样，相应的债务风险将由投融资平台传导给中央，使得地方政府的债务风险转化为中央财政风险。由此看来，我国政府性债务风险一般是下一级政府高于上一级政府，且纵向传导、自下而上传导的趋势非常显著。随着投融资平台债务风险的进一步积聚，逐层地通过风险传导载体传递到上层，中央政府最终面临的债务风险是非常大的，财政体系也会受到直接的影响，并且社会的稳定性、经济的发展都会受到严重的打击。

2）金融传导载体

地方政府财政收入无法承担财政支出，长期入不敷出，同时我国法律限制了地方政府的举债行为，导致地方政府各项建设投资面临巨大的资金缺口，为了解决这一困局，地方政府不得不选择以投融资平台的形式向金融机构融资，由此导致在投融资过程中产生的债务风险通过金融这一载体传导到金融体系。对于政府而言，其因为平台的债务风险而面临了更多的财政压力，并且传导风险的概率增加了，金融风险和财政风险相互传导的概率会上升，平台自身债务风险产生的过程就客观地导致债务风险通过银行向金融风险传导的转化；如果这一债务风险无法有效化解，在这种情况下，金融机构财务状况会更加糟糕，加大了金融风险爆发的概率。基于另一个层面分析，财政风险会由于金融风险的产生而产生，对于社会及经济的稳定性而言，金融机构的影响是相对明显的，当出现金融风险，那么政府会出台政策对风险进行控制，因此从风险传导的视角来看，最终，金融风险会主要由政府买单。这将是一个"财政风险金融化""金融风险财政化"的过程，由投融资平台债务风险导致的财政和金融风险将会相互传导，进一步彼此加剧。

3）信用传导载体

政府以公众利益为服务目标，对于各种经济活动而言，都是基于政府信用开展的。基于经济层面进行分析，所谓信用就是契约关系，存在于债务人和债权人间的契约关系，其基本特征是到期足额还本付息。投融资平台的融资行为本质是基于地方政府的信用举借债务，应该符合信用的基本特征。但是，近年来我国部分地方政府债务急剧膨胀、平台偿债能力不足，导致债务频频违约，极大地损害了政府公信力，释放了不良的市场信号，后续更多的平台陷入困境，打破刚性兑付之后对债权人产生了不良影响。在利益的驱动下，为了化解眼前的危机，地方政府通常会选择非理性地忽略对债务规模的控制，不计成本的举债导致债台高筑，其最终导致的情况就是政府面临信任危机。

目前，投融资平台的债务风险较隐蔽，债务风险形成和传导机制也是比较复杂，有效对投融资平台债务风险进行识别、度量对管控债务风险至关重要。

5.4 地方政府投融资平台债务风险路径分析

5.4.1 内部路径

在一定条件下，风险在投融资平台内部各部门间、各个业务环节中进行传导，主要包括筹资活动风险路径、投资活动风险路径、营运活动风险路径。

1）筹资活动风险路径

从筹资活动风险的成因和形式来看，当投融资平台由于项目投资收益过低，资金使用效果欠佳，无法按期足额还本付息时，将影响未来筹措资金的能力。

目前，我国的投融资平台普遍存在营利能力低下的问题，筹资活动风险路径主要如图 5-3 所示。

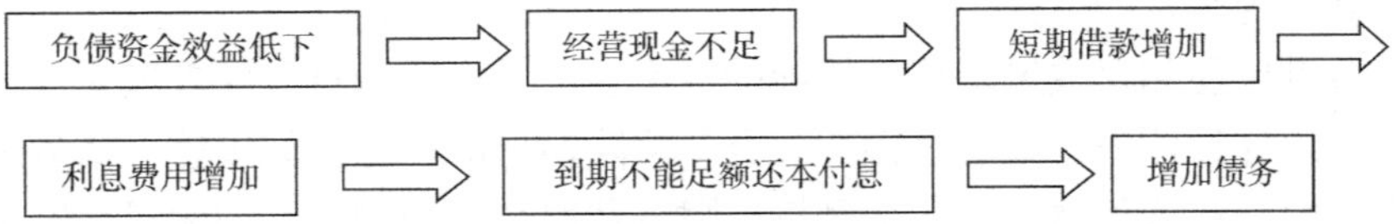

图 5-3　地方政府投融资平台筹资活动风险路径

同时，筹资活动风险将以资金为风险载体传导至其他环节。投资活动环节的风险传导体现为：投融资平台无法筹措到足够的资金，将影响项目的按期顺利投资，甚至可能因为资金短缺放弃投资项目。营运活动环节的风险传导体现为：投融资平台无法筹措到足够的资金，不能及时满足各种生产资料，影响营运活动的正常开展。

2）投资活动风险路径

投资活动风险是未来投资收益的不确定性，可能导致收益损失乃至本金损失的风险，投资项目的收益能力一般通过投资收益率来反映。投融资平台将承担大量公益性或半公益性项目，因此其投资收益的风险有区别，主要体现在项目投资的决策和政府补助上。其投资活动风险路径主要如图 5-4 所示。

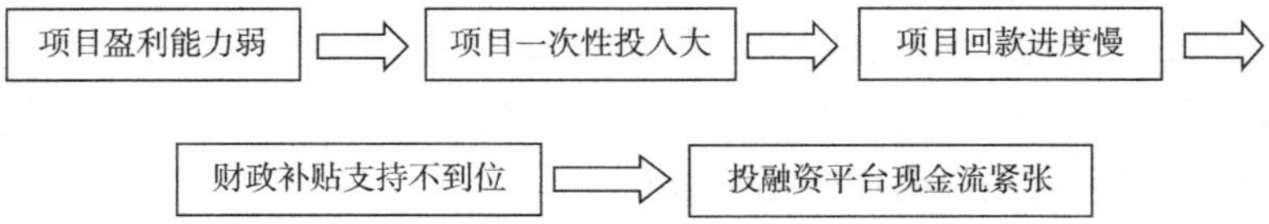

图 5-4　地方政府投融资平台投资活动风险路径

同时，投资活动风险将以资金为风险载体传导至其他环节。筹资活动环节的风险传导体现为：投融资平台进行风险远大于收益的投资，可能不仅收益受损甚至会损失本金，这样投资项目失败的风险就以资金为载体传导到筹资活动环节。营运活动环节的风险传导体现为：如果投融资平台投资的项目不能带来预期投资收益，将使得经营活动的现金流无法满足正常经营的需要，从而加大营运资金风险。

3）营运活动风险路径

营运活动风险是指因营运资金不足等给投融资平台财务带来负面影响、造成损失的可能性。地方政府投融资平台营运活动风险路径如图 5-5 所示。

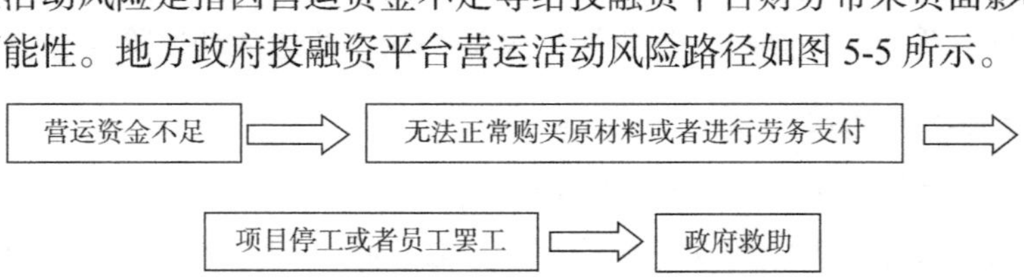

图 5-5　地方政府投融资平台营运活动风险路径

同时，营运活动风险将以资金为风险载体传导至其他环节。筹资活动环节的风险传导体现为：投融资平台如果没有足够的营运资金，将会产生到期无法还本付息的风险，导致筹资风险产生。投资活动环节的风险传导体现为：投融资平台如果没有足够的营运资金，投资项目的顺利进行无法保证，获取投资收益也将成为纸上谈兵。

5.4.2 外部路径

1）财政路径

地方政府投融资平台债务风险通过财政载体进行传导，其传导路径特征表现为垂直层级政府的自下而上传导；对于投融资平台而言，其有可能会使得全国性系统财政风险爆发。由于地方政府会给投融资平台做债务担保人，一旦出现违约风险，平台无力偿债，地方政府将承担由此形成的巨额债务。部分地方政府财力不足，难以偿还逾期和违约债务，会选择借新还旧方式延缓债务偿还高峰，或者通过其他途径转移部分风险，这样导致由平台产生的债务风险最终通过财政载体传导。

可以看到，2014 年是投融资平台债务偿还的高峰期，所以在 2015 年的时候，政府要置换地方债，这就是借新还旧的过程；通过延长债务偿还期限，将风险释放和转移。但是长远来看，当债务风险积累到难以化解时，会有其他的处置方式出现，如将一部分债务豁免，将转移支付力度增加。虽然中央政府明确表示不会为地方政府举债兜底，但在我国目前的政体下，如果出现极端情况，由于债务无法偿还，地方政府濒临破产，产生极大的社会影响，中央政府必然采取相应的措施进行缓解，其隐形担保的背书是始终存在的。从这一角度来看，地方财政风险有可能演化为中央财政风险甚至全国性的财政风险。地方政府投融资平台债务风险财政路径如图 5-6 所示。

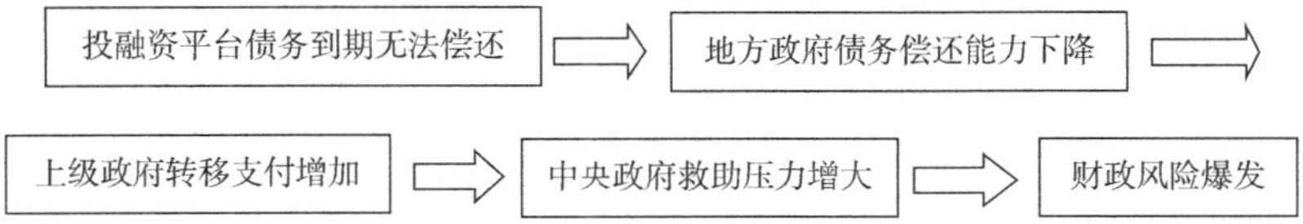

图 5-6 地方政府投融资平台债务风险财政路径

此外，投融资平台债务风险的财政路径除了上述分析的纵向传导外，还包括同级政府之间的横向传导。部分地方政府为了照顾政绩形象，会选择隐蔽的债务风险传导方式，来转移风险。一般同级政府之间债务风险的横向传导有以下两种方式。

（1）税负传导。将本地区的税负转嫁至其他地区，减轻本地区的债务风险压力，通过税负转移使债务风险传导。

（2）同级政府财政竞争传导。各地区政府通过各种税收的优惠政策吸引其他区的资本流入本地区，增加本地财政收入。这种通过财政竞争缓解债务风险的做法会导致风险在同级政府间横向相互传导，降低政府的偿债能力，影响地区经济的发展。

2）金融路径

投融资平台的债务风险通过金融载体进行传导，其路径特征体现为：投融资平台陷入债务困境时，银行不良贷款率随之上升，产生金融风险，并可能演化为金融危机。财政风险和金融风险的共存是由财政与信贷的密切关系决定的。截至2013年，银行信贷是地方政府债务的主要获取途径，规模55 252.45亿元，在地方政府总债务规模的占比高达51%，远远超过其他方式。因此，如果地方政府爆发债务风险，必然导致银行资产状况恶化，呆账、坏账高企，极端情况银行资金链断裂、运行困难时可能面临被迫破产，引发金融危机。另外，投融资平台融资多用于各地的基础设施等公益项目建设，这些投资项目大多不能直接产生充足的现金流，且建设和盈利实现的周期长，也导致了债务风险的产生，平台资金主要以公益性基础设施为主，在一定程度上加剧了金融风险的累积。投融资平台债务风险金融路径如图5-7所示。

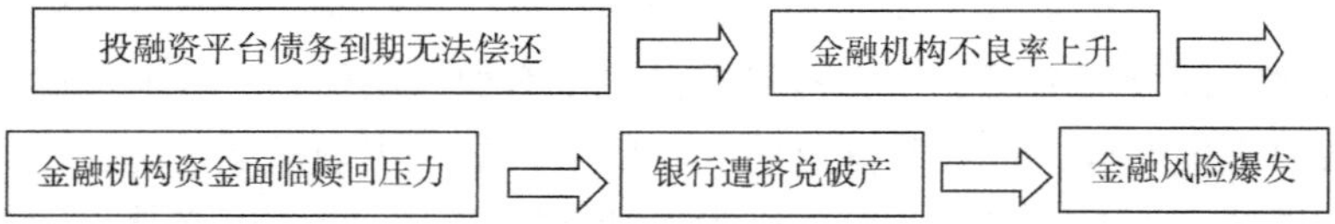

图5-7 地方政府投融资平台债务风险金融路径

需特别注意，目前投融资平台财政风险与金融风险存在相互传导的现象。金融风险向财政风险传导路径表现在：投融资平台无力偿债时，金融机构不良上升导致遭遇挤兑，地方政府进行救助；财政风险向金融风险传导路径表现在：投融资平台无力偿债时，地方政府进行救助导致自身偿债能力下降，向中央政府请求发行地方债券，金融机构认购地方债券。

3）信用路径

地方政府是投融资平台债务举债的真正主体，任何形式的违约导致债务风险的累积，都必然以地方政府债务信用恶化为代价，甚至导致信用危机。而投融资平台发行的债券主要是商业银行、社保基金、年金管理人等机构认购，与这些认购主体相关的多是直接涉及公众利益，一旦债务风险无法及时化解，会直接影响政府公信力。同时，投融资平台债务风险会通过信用载体传导到各类实体企业。

（1）房地产企业传导。投融资平台投资项目收益较低，依靠财政补贴弥补收益不足的偿债资金缺口，而地方政府则依赖出卖土地获取高额财政收入，这种运作模式难以为继。因为土地是一种稀缺资源，近年国家对房地产行业的严格调控，经济形势如果下滑，土地价格下跌，房地产行业将首当其冲受到影响，随后与房地产行业相关的其他行业，如钢铁、水泥等，乃至整个国民经济体系将受到巨大冲击。

（2）中小企业传导。商业银行在选择授信企业时倾向投融资平台，因为平台有政府作信用背书，在银行资金一定的情况下，这就大大压缩了中小企业的贷款规模，不利于其发展，进而对整个实体经济运行产生重要影响。同时投融资平台背靠政府，实力雄厚，在投资领域也占较大优势，在某种意义上限制了中小企业的投资空间。投融资平台的信贷挤出效应，一定程度上限制了中小企业发展，对促进就业、改善民生带来不利影响。

5.5 地方政府投融资平台债务风险传导强度与效应分析

5.5.1 风险传导强度

债务风险传导强度，可以对投融资平台债务风险传导速度和力度进行衡量。一般来说，债务风险传导强度与风险传导速度、力度成正比，此外风险源的距离也会对传导强度产生影响，强度大小和距离远近成反比。并且，被传导对象的债务风险承受能力、财政实力也会对传导强度产生影响，财政实力薄弱、承受债务风险的能力弱，传导强度越大；债务风险承受能力强、财政实力强，传导强度就会越小。

5.5.2 风险传导效应

1）投融资平台债务风险传导的蝴蝶效应

蝴蝶效应由爱德华·洛伦兹（Edward Lorenz）1963 年提出，指的是对于一个复杂的体系而言，当初一个很微小的变化，会在后期带来翻天覆地的影响，这种连锁反应长期且巨大。基于社会经济学层面分析，蝴蝶效应可用来说明对于复杂系统，在一定的阈值条件下，初值稍有变动或偏差，导致未来的巨大差异，这是难以预测的、随机的。蝴蝶效应同样存在于投融资平台债务风险的传导中，投融资平台相关的整个债务关系网络就是一个复杂系统，其中某个节点主体的任何一个或大或小的筹资或投资行为，可使整个网络或其他节点受到影响，风险传导也将按照这一效应进行。

2）投融资平台债务风险传导的耦合效应

耦合是指两个实体相互依赖于对方的一个量度。耦合效应，通过排斥与吸引的方式，或作用于反作用的方式，或者通过中介环节的关联，系统间或要素间形成更大的系统，这种现象就是耦合效应。耦合根据不同的分类标准可以分为如下几种：公共耦合、外部耦合、内部耦合；内容耦合、数据耦合；非直接耦合、直接耦合。

对于投融资平台债务风险传导过程而言，间接、直接的关联存在于各节点中，使得在债务风险传导中，各节点会有相互作用、互相影响的情况，最终导致在传导过程中债务风险性质与强度发生变化。根据最终的债务风险强度的变化与否，将债务风险传导的耦合效应分为：强耦合效应、弱耦合效应、纯耦合效应。纯耦合效应是指符合 1+1=2 的效应；当债务风险传导的效应符合 1+1<2，即弱耦合效应；如果债务风险传导的效应符合 1+1>2，即强耦合效应。

3）投融资平台债务风险传导的破窗效应

1982 年政治学家威尔逊（James Q. Wilson）和犯罪学家凯琳（George L. Kelling）提出了破窗效应，在他们看来，当一个建筑物的窗户玻璃被人打碎时，若不及时维修损坏的玻璃，那么会有更多的人像被暗示一般去打碎其他的玻璃。如此，强烈的无序感就会产生。通过破窗效应可以看出，从众心理是确实存在的，对于投融资平台债务风险而言，更是如此。

为了推动地方经济发展，某县域地区的投融资平台通过融资租赁的方式取得高成本的贷款，解决了资金的燃眉之急。这种情况对于同一地级市的其他县域投融资平台有着极强的示范作用，其他投融资平台认为也可以不管当前的实际债务情况，借入高成本的资金开展基础设施建设。当该地区的投融资平台均出现过度筹资的情况后，债务风险随之产生。

4）投融资平台债务风险传导的多米诺骨牌效应

海因里希（Heinrich）对美国工业在 20 世纪 20 年代出现的事故进行了研究，对意外事故发生的原因进行了解释，在他看来风险发生是与多米诺骨牌效应特点相符合的，继而多米诺骨牌效应被提出。对于该理论而言，人为因素的管理是控制损失的重点，如建设安全制度，对员工安全意识进行提升，以防发生各种不安全行为。

在投融资平台债务风险传导中，同样要重视人的关键作用，大量债务风险事件的发生，均源于人或以人为风险传导载体进行。

5.6 地方政府投融资平台债务风险传导博弈模型分析

5.6.1 投融资平台债务风险在政府与市场之间传导的博弈分析

本节通过构建一个地方政府、银行、投融资平台的博弈框架，分析三者之间的关系，对市场、政府间债务风险的蔓延和扩散进行演绎。

1）模型假设

（1）当前的博弈模型，假设只有地方政府、银行、投融资平台三个博弈参与人，且掌握的信息是不完全的，也就是说在进行决策时，三者间对彼此的行为选择是互不了解的。

（2）博弈过程中，政府的目标是促进当地经济发展；银行的目标是将不良贷款率降低及实现盈利；成功获得贷款保证投资所需资金是投融资平台的目标。

（3）博弈过程中，地方政府有两种选择：一是为投融资平台获得贷款提供政府信用担保，平台债务违约时地方政府以财政收入来代偿；二是不将政府信用担保提供给投融资平台，让市场机制发挥作用，由银行对贷款的数额及是否放贷进行决策。如此而来，银行的选择也有两种：即放贷给投融资平台或不放贷给投融资平台。

2）模型构建与分析

以上述模型假设作为基础，在博弈中将出现以下四种情况。

（1）地方政府投融资平台到期足额还本付息。

如果投融资平台可以到期足额还本付息，政府不会因为担保而承担债务风险，银行不会出现风险。假设此时地方政府和银行的收益都是3；如果地方政府并不为投融资平台获得贷款提供政府信用担保，政府收益将降为2，因为没有担保就没有担保收入；银行也因为平台缺少政府信用担保导致交易成本增加，收益下降为2；如果银行将平台贷款请求拒绝，即便政府将信用提供出来，然而其收益为0，银行与政府由于沟通摩擦交易成本增加导致收益为−1；如果银行不放款、地方政府也不提供信用担保，投融资平台缺乏项目投资资金导致当地基建速度迅速下滑，地方政府收益为−1，银行收益为0。按照上述分析可见，在这种情况下，总体的博弈收益矩阵如表5-1所示。

表 5-1　投融资平台正常还款时地方政府与银行的博弈收益矩阵

博弈对象及行为选择		银行	
		同意放款	拒绝放款
地方政府	提供担保	A（3，3）	B（0，-1）
	不提供担保	C（2，2）	D（-1，0）

通过该博弈收益矩阵可得：在投融资平台按期足额还款的前提下，银行不论怎样选择，地方政府都会倾向于选择为平台贷款提供信用担保。地方政府不论怎样选择，为了自身的利益，银行也会给投融资平台提供贷款。对 A、B、C、D 四种选择模式进行深入的分析后，认为最佳选择为 A 模式，在 A 模式下所有参与者的利益都能得到最大满足，债务风险不会在各主体中相互传导。

（2）地方政府投融资平台发生债务违约。

由于投融资平台得到了政府提供的担保，在债务违约出现时，政府不得不用财政来承担相关的损失，收益为-5，银行因为有政府担保，损失相对减少，此时收益为-1；如果地方政府没有为平台提供担保，银行根据纯市场机制决定放款，平台违约，银行收益为-5，地方政府为了维持金融稳定而救助，产生相应的成本，此时地方政府收益为-2。当地方政府愿意为投融资平台提供担保而银行拒绝向平台放款时，地方政府不得不对债务危机中的投融资平台进行救助，此时收益为-6，银行与当地政府产生沟通摩擦，产生交易成本，收益为-1；如果银行不放款、地方政府也不提供信用担保，投融资平台面临破产危机，导致当地基建速度迅速下滑，此时地方政府收益为-1，银行收益为 0。在这种情况下，总体的博弈收益矩阵如表 5-2 所示。

表 5-2　投融资平台违约时地方政府与银行的博弈收益矩阵

博弈对象及行为选择		银行	
		同意放款	拒绝放款
地方政府	提供担保	A（-5，-1）	B（-6，-1）
	不提供担保	C（-2，-5）	D（-1，0）

通过该博弈收益矩阵可得：投融资平台不能按期足额还本付息，银行不论怎样选择，地方政府理性选择的话将不会向投融资平台提供担保。地方政府不论怎样选择，银行拒绝放款的成本比其他选择更低。通过比较博弈收益矩阵中 A、B、C、D 四种不同的选择模式，从规避债务风险相互传导的角度出发，D 模式无疑是平台违约时各方的最佳选择。现实问题是，投融资平台涉及当地的基建民生项目建设，地方政府、银行放款意愿更大，不同的是地方政府要求限制贷款规模，银行要求投融资平台提供抵质押物辅助增信。

（3）银行同意向地方政府投融资平台放款。

如果银行同意向投融资平台放款，地方政府同意为投融资平台提供担保，投融资平台按期足额还款，此时政府收益为3，平台收益为1；当投融资平台得不到地方政府的担保，那么平台也能按期足额还款，政府避免了因为债务担保而承担的风险，此时地方政府收益为4，平台收益为2。如果地方政府为投融资平台提供了担保，平台无法按期足额还款，地方政府因提供债务担保而承担风险，此时地方政府收益为−5，平台却由于债务违约得到收益，此时投融资平台收益为 4；如果地方政府没有担保投融资平台，那么当债务违约出现时，为了对地区金融环境进行维护，地方政府收益为−2，投融资平台收益为 3，在这种情况下，总体的博弈收益矩阵如表 5-3 所示。

表 5-3 银行同意向投融资平台发放贷款时地方政府与平台的博弈收益矩阵

博弈对象及行为选择		投融资平台	
		正常还款	违约
地方政府	提供担保	A（3，1）	B（−5，4）
	不提供担保	C（4，2）	D（−2，3）

通过该博弈收益矩阵可得：在银行同意向投融资平台发款时，投融资平台无论表现怎样，地方政府的理性选择应该是不向投融资平台提供担保；地方政府无论怎么选择，投融资平台的最优选择都是债务违约。通过比较博弈收益矩阵中 A、B、C、D 四种不同的选择模式，在 D 处实现博弈均衡，在 D 模式下，实现债务风险向金融体系传导扩散。

（4）地方政府同意向投融资平台提供担保。

在政府同意向投融资平台提供担保的情况下，如果银行同意发款，平台能按期足额还本付息，此时，银行收益为4，投融资平台收益为1；如果银行同意放款，投融资平台债务违约，银行可以申请政府担保，此时银行收益减少为 3，投融资平台收益为 5。当银行拒绝放款时，对于投融资平台而言，地方政府的财政支持是其最后的办法，在这种情况下政府会给银行压力，使其放贷，为此银行收益为−1，投融资平台收益为 2；若投融资平台不能按期还款，由于有政府财政援助，此时，银行收益为−1，投融资平台收益为 4，在这种情况下，总体的博弈收益矩阵如表 5-4 所示。

表 5-4 地方政府同意向投融资平台提供担保时银行与投融资平台的博弈收益矩阵

博弈对象及行为选择		投融资平台	
		正常还款	违约
银行	同意放款	A（4，1）	B（3，5）
	拒绝放款	C（−1，2）	D（−1，4）

通过该博弈收益矩阵可得：如果投融资平台可以得到地方政府的担保，那么不管银行的选择是什么，投融资平台的最优选择都是债务违约；投融资平台无论如何选择，放款都是银行的最优选择。通过比较博弈收益矩阵中 A、B、C、D 四种不同的选择模式，博弈均衡在 B 处，也就是银行放贷，即便平台有债务违约情况，那么政府财政承担出现的风险，在 B 模式下，实现了金融风险向地方政府债务风险的传导扩散。

3）模型推论

分析四种不同的不完全信息下的静态博弈模型，当投融资平台能够按期足额还本付息时，才能实现地方政府、投融资平台、银行利益最大化，对于其他三种情况而言，其可能会逆向或正向地传导债务风险，金融、财政危机可能会爆发。

5.6.2 债务风险在政府间传导的博弈分析

接下来的分析内容，假设中央政府和地方政府是参与者。

1）模型假设

（1）假设中央政府包括“非坚定型”和“坚定型”。前者是在地方政府出现困难的情况下给其提供资助；后者是在地方政府困难的情况下坚持不给救助。

（2）假设博弈中，博弈主体间是不完全信息的状态，即当债务危机发生时，中央政府是否救助地方政府不明确。中央政府在初次博弈中就将自己的类型表明，然而在博弈中地方政府始终不能确定中央政府的类型，也不确定中央政府的是否会提供救助。

2）模型建立与分析

如图 5-8 所示，博弈中地方政府面临债务风险可能会做出两种选择。

（1）通过财政调整、再次举债等方式化解债务风险，在内部解决债务造成的问题，到此博弈结束，对于地方政府来说，其付出了 C1 的成本。

（2）如果是第一种选择，债务问题只能得到短期缓解，且由于地方政府会考虑到负担成本等因素，更倾向于向中央求助，此时地方政府选择通过中央政府提供救助来对债务问题进行解决。为此，有两种选择摆在中央政府面前：将救助提供给地方政府，就表明博弈到此为止，政府为“非坚定型”政府，其会付出 C2 的成本；当中央政府不选择救助，那么博弈会来到第二阶段，对于地方政府来说，其会面临越来越大的债务风险，越来越高的自我救助和财政调整成本。通常而言，非可持续性特征是地方政府债务所具有的，在一定的阶段之后，债务风险将引发债务危机，此时，如果地方政府选择自我财政调整，那么其会承担 C3 的成本；

如果给中央政府转嫁成本，则这种情况下中央政府会付出 C4 的成本。为此，中央政府需要做出决定是否要救助地方政府；如果中央政府选择不救助，导致地方政府破产，则是“坚定型”中央政府；如果中央政府最终选择提供救助，则是“非坚定型”中央政府，此时中央政府因为实施救助将承担巨额成本 C5。

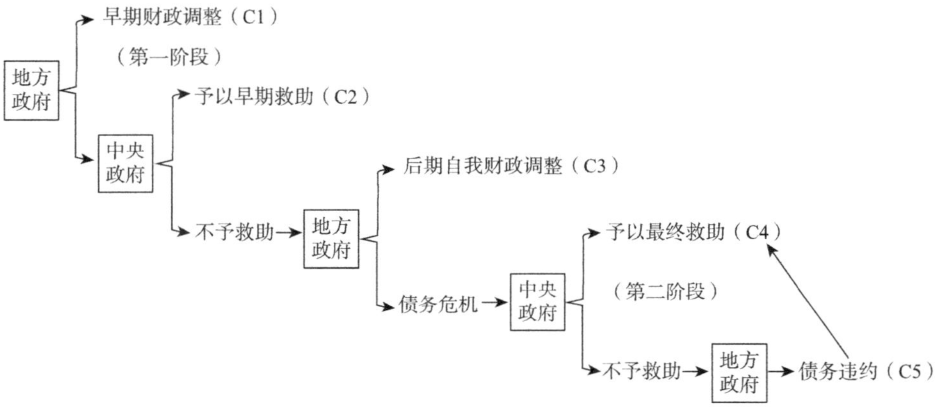

图 5-8　地方政府债务救助的非完全信息动态博弈模型图

分析以上博弈过程不难发现，成本 C5>C4>C3>C2>C1，随着博弈的深入，与之相应的地方政府自我财政调整或中央政府实施救助的成本会持续上升，那么会影响到社会和经济的稳定性，在这种情况下有很大的概率是中央政府会选择救助。

3）模型推论

模型推论：对于非完全信息博弈模型而言，针对每一阶段中央政府的行为，地方政府会对中央政府的类型进行判断，以做出自身的决策。对于不同的博弈阶段而言，地方政府债务风险的程度会由自身的决策来决定。

基于现阶段我国的国情分析，尽管大多数地方政府的负债很多，然而因为国有金融机构是多数地方政府债务的债权人，那么中央政府一般不会对这种情况不管不顾，地方政府往往都很放心，他们相信自己会得到中央政府财政救助。在借债的时候地方政府往往不会考虑后果，即便最终无法将贷款及时地偿还，那么还是有中央政府会出面救助。所以根据模型假设来看，中央政府是属于“非坚定型”政府。

5.7　本章小结

第 5 章为投融资平台债务风险传导机制研究。投融资平台债务风险传导机制的研究包括：对风险源、风险事件、风险载体等进行分析，形成投融资平台债务风险传导的内、外部路径。借助博弈论框架，通过分析地方政府、投融资平台、银行的博弈关系，对市场与政府间债务风险的传导进行演绎；分析中央政府和地方政府的博弈关系，对中央政府和地方政府间债务风险的传导进行演绎。

6　地方政府债务现状及风险分析

6.1　地方政府债务现状

6.1.1　地方政府债务的界定

从是否具备法律约束及法定义务的角度来看，有两种政府债务，即隐性债务和显性债务。所谓显性债务指的是法律上的还款义务由地方政府承担，且以合同的形式明确约定。隐性债务是指没有法律明确界定，政府出于道义责任、公众预期和政治压力等需要救助的债务。而从是否具备确定性和预见性的角度来看，政府债务就包括直接债务、或有债务两种。世界银行高级顾问 Brixi 从这两个维度提出了著名的财政风险矩阵，刘尚希等（2012）根据我国地方政府承担的各种责任，建立了我国地方政府债务矩阵（表 6-1）。

表 6-1　地方政府债务矩阵

债务	直接债务	或有债务
显性债务	（1）中央政府代理发行的地方政府债券 （2）外国政府贷款和国际金融组织贷款中央转贷地方政府 （3）国债转贷地方政府 （4）地方政府发行的债券 （5）农业综合开发借款 （6）地方政府粮食企业和供销企业政策性挂账 （7）应支未支的法定支出 （8）法定（公务员）工资、养老金	（1）对下级政府的债务担保 （2）对公共或私人部门实体所发行债务的担保 （3）对政策性贷款（住房抵押、学生、农业及中小企业等）的贷款担保 （4）政府部门为引资而担保的其他债务 （5）政府各部门（为融资）办的融资机构不良资产 （6）政策性担保公司不良资产
隐性债务	（1）社会保障资金缺口 （2）农村社会保障缺口 （3）公共投资项目未来的资本性和经常性支出	（1）对金融机构支付危机的救助 （2）国有企业未弥补亏损 （3）拖欠企业在职职工、下岗职工和农民工的工资 （4）自然灾害等突发性公共事件

按照 2013 年审计署《全国政府性债务审计结果》对于地方政府债务的统计口

径，地方债务的分类界定按照偿还债务的资金来源、举借或担保债务的主体、债务资金的投向等划分为政府可能承担一定救助责任的债务、政府负有担保责任的债务和政府负有偿还责任的债务。

首先，针对目标为政府部门及机构、经费补助事业单位、公用事业单位、融资平台和其他单位的债务，如果该债务还款资金来源是财政资金，则该债务就可以归类为政府负有偿还责任的债务；否则，只要政府部门是债务主体，或者政府部门是债务担保方，则该债务就可以归类为政府负有担保责任的债务；如果该债务为公益项目举措，则该债务就可以归类为政府可能承担一定救助责任的债务。具体见图 6-1。

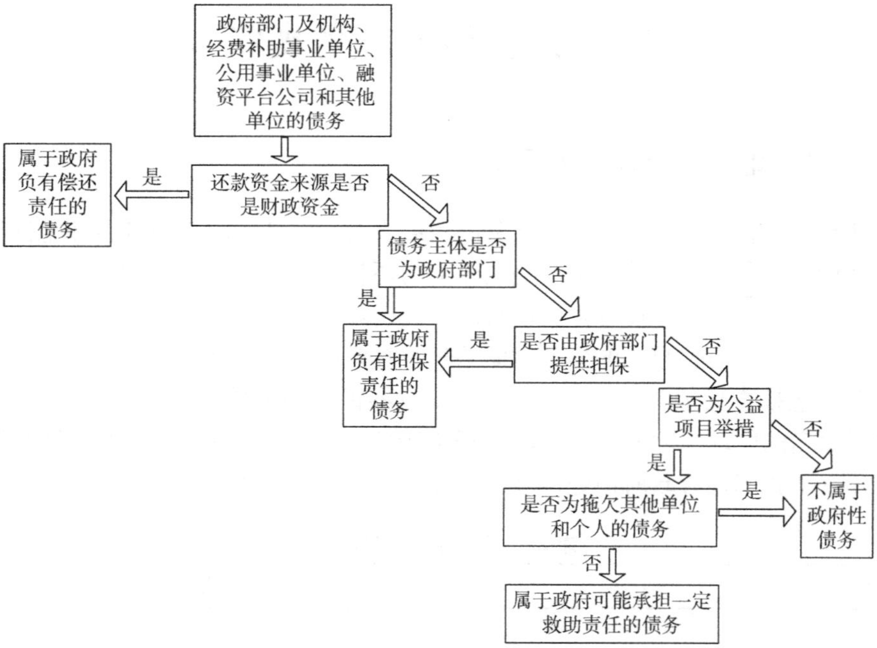

图 6-1　三类地方政府债务的分类标准图

关于地方政府债务的现状分析将以风险矩阵中的显性债务为主，不包含隐性债务。

6.1.2　地方政府债务的现状

地方政府债务的构成主要有两部分：一是地方政府债券，二是投融资平台债务。其中，投融资平台债务主要包括两部分：一是通过资本市场直接融资形成的债务，如城投债；二是通过各种渠道向银行贷款形成的债务。由此，统计地方政府债务情况，主要是统计地方政府债券、城投债、投融资平台贷款。从 Wind 可以查询到，2017 年末地方政府债券余额为 14.74 万亿元，城投债余额 7 万亿元。

按照财通证券李孔逸的测算，2016 年地方政府投融资平台贷款余额与城投债余额比例为 1.9∶1,按照这个比例可以测算 2017 年末地方政府投融资平台贷款余额为 13.3 万亿元。

具体测算步骤如下。

第一步，基于“地方政府负债=市政领域的固定资产投资−（预算内资金投入+土地出让收入中用于投资资金+已投资项目的经营性现金流入）”的公式，计算出 2009~2016 年每年地方政府净新增负债。

第二步，根据 2009~2016 年每年地方政府净新增负债，汇总出 2016 年末地方政府总债务为 29.5 万亿元。

第三步，基于“投融资平台贷款余额=地方政府总债务−地方政府债券−城投债”的公式，计算出 2016 年末投融资平台贷款余额为 12.4 万亿元，与 2016 年城投债余额 6.54 万亿元相比，对应比例为 1.9∶1。

第四步，2017 年城投债余额 7 万亿元，按照对应比例，得出 2017 年末地方政府投融资平台贷款余额为 13.3 万亿元。

根据上述测算，2017 年末地方政府债券余额、城投债余额、投融资平台贷款余额分别为 14.74 万亿元、7 万亿元和 13.3 万亿元，地方政府债务合计 35.04 万亿元。具体到每个省级单元，则省级单位债务见表 6-2。

表 6-2 省级地方政府债务测算 单位：亿元

省份	地方政府债余额	城投债余额	地方政府投融资平台贷款余额	合计债务余额
江苏	10 911	12 386	10 059	33 356
浙江	9 151	4 353	8 437	21 941
山东	9 293	3 023	8 568	20 884
四川	7 490	3 451	6 905	17 845
湖南	6 848	4 673	6 314	17 835
广东	7 357	2 712	6 782	16 852
贵州	7 039	2 248	6 489	15 776
辽宁	7 002	1 511	6 455	14 968
湖北	5 350	2 722	4 932	13 004
云南	5 563	2 008	5 129	12 699
河南	5 307	2 092	4 893	12 291
福建	5 026	2 402	4 633	12 061
安徽	4 431	2 667	4 085	11 183
河北	5 268	978	4 857	11 104
重庆	3 704	3 799	3 415	10 918
内蒙古	5 289	656	4 876	10 821

续表

省份	地方政府债余额	城投债余额	地方政府投融资平台贷款余额	合计债务余额
陕西	4 591	1 813	4 233	10 638
北京	3 519	3 291	3 245	10 055
天津	3 081	3 855	2 840	9 777
上海	4 478	1 003	4 128	908
广西	4 078	1 652	3 760	9 489
江西	3 391	2 166	3 126	8 683
新疆	2 828	1 228	2 607	6 663
吉林	2 822	899	2 601	6 322
黑龙江	2 862	627	2 639	6 128
山西	2 178	822	2 008	5 008
甘肃	1 737	755	1 601	4 093
青海	1 260	159	1 161	2 580
海南	1 310	0	1 208	2 519
宁夏	1 029	117	949	2 094
西藏	72	19	66	157

资料来源：Wind

测算依据：地方政府债余额和城投债余额均从 Wind 数据库导出；投融资平台贷款余额没有明确统计，根据上述估算总额为 13.3 万亿元，考虑到地方政府债本身就是置换政府相关债务，在确定投融资平台贷款余额时，以地方政府债务比例作为依据，按照这个比例将 13.3 万亿元分解到各个省地方政府，可以得出相应投融资平台贷款余额。

从表 6-2 可以看出，债务余额超过 2 万亿元的有江苏、浙江、山东三个省份；债务余额超过 1.5 万亿元的有四川、湖南、广东、贵州四个省份；债务余额超过 1 万亿元的有湖北、河南、安徽、辽宁、陕西、内蒙古、云南、河北、重庆、福建、北京 11 个省份。

6.1.3 地方政府经济财政现状

1）2017 年地方政府经济运行情况

在全球经济复苏、国内供给侧结构性改革持续推进背景下，2017 年中国经济延续了 2016 年下半年以来稳中向好态势。2017 年全年 GDP 827 122 亿元，比上年增长 6.9%，较上年加快 0.2 个百分点。在经济企稳的同时，经济结构持续优化，监管趋严下宏观风险有所缓释，经济运行质量进一步提升。

在2017年各省地区生产总值总规模中，广东以89 879亿元名列第一，江苏以85 900亿元紧随其后，山东72 678亿元位列第三；而西部省份的宁夏3 453亿元、青海2 642亿元、西藏1 310亿元排名垫底。从增速来看，海南12.8%、贵州10.2%双双突破两位数，云南9.5%位列第三名；而天津、甘肃、内蒙古增速均低于4%，特别是作为直辖市的天津仅有4%的增速。从固定资产投资增速来看，受益于国家西部大开发的支持，西藏42.4%、贵州20.1%、新疆20.0%在固定资产投资增速上面遥遥领先，而同比负增长的是甘肃降幅40.3%和内蒙古降幅6.9%。

2）2017年地方政府财政运行情况

根据地方政府投资资金平衡等式，地方政府的投资资金收入主要包括以下三方面：①预算内资金投入，这部分主要指地方政府纳入财政预算内的资本性开支；②土地出让收入中用于投资的资金；③地方政府投资项目的经营性现金流入。为了分析地方政府投资资金收入来源，需要明确地方政府财政收入结构。

在新《预算法》可以指出有如下预算，即一般公共预算、政府性基金预算、国有资本经营预算、社会保险基金预算等。四项预算相对独立，分别履行不同职能，其中，最为关键的是一般公共预算，一般公共预算的稳定是重中之重，而其他三项预算必须与一般公共预算进行衔接（表6-3）。

表6-3　财政预算科目

预算科目	定义
一般公共预算	以税收为主体的财政收入，安排用于保障和改善民生、推动经济社会发展、维护国家安全、维持国家机构正常运转等方面的收支预算
政府性基金预算	对依照法律、行政法规的规定在一定期限内向特定对象征收、收取或者以其他方式筹集的资金，专项用于特定公共事业发展的收支预算
国有资本经营预算	对国有资本收益做出支出安排的收支预算，应当按照收支平衡的原则编制，不列赤字，并安排资金调入一般公共预算
社会保险基金预算	对社会保险缴款、一般公共预算安排和其他方式筹集的资金，专项用于社会保险的收支预算

一般公共预算和政府性基金预算大都用于地方经济建设和公共事业发展，而国有资本经营预算是决算时保证财政赤字处于合理水平的资金来源，社会保险基金预算则是专款专用。一般来说地方政府用于地方经济建设的主要是一般公共预算收入和政府性基金预算收入，其中，一般公共预算收入包括了地方本级收入、中央税收返还和转移支付。

在一般公共预算收入方面，沿海的经济强省纷纷名列前茅，其中，广东突破万亿元，江苏突破8 000亿元，上海、山东和浙江均是6 000亿元规模；与之形成鲜明对比的是，有四个省份不足1 000亿元，包括西藏185.83亿元、青海408.7亿元、宁夏715.65亿元、甘肃815.6亿元。

在一般公共预算收入增速方面，海南、宁夏、安徽增速喜人，全部超过 80%，其中，海南高达 91.72%；而内蒙古、天津、吉林地区相对惨淡，收入同比负增长，其中内蒙古、天津降幅超过 10%。

在一般公共预算支出方面，广东和江苏的支出规模突破万亿元，山东、四川和河南也都超过 8 000 亿元，分别为 9 257 亿元、8 686 亿元、8 224 亿元；而宁夏、海南、青海、西藏的支出相对较少，均不足 2 000 亿元。

在财政平衡率方面，福建的财政平衡率最好，达到 97.55%，上海和海南分列二、三名，达到 88.00%、84.61%；而部分省份的财政平衡率则非常糟糕，包括西藏 11.05%、甘肃 24.66%、青海 26.71%、黑龙江 26.79%。

在各省综合财政实力方面，广东、江苏综合财政实力最强，收入超过 15 000 亿元，山东、浙江省综合财力紧随其后，收入超过 10 000 亿元；青海、宁夏综合财政实力最弱，收入不足 2 000 亿元，甘肃、青海综合财力也是较弱，收入不足 4 000 亿元。

6.2　当前地方政府债务风险分析

我国地方政府债务不同于其他国家政府债务风险，一般都有资产抵押或者应收账款质押，债务风险相对可控。关于地方政府债务风险学术界没有统一的评价标准，为了更好评估我国地方政府债务风险现状，拟选取以下三个指标进行分析。

（1）负债率（年末债务余额/当年 GDP），政府负债可以通过该指标来得到体现，GDP 承担政府债务的能力可以通过该指标进行衡量。《马斯特里赫特条约》指出一旦政府负债率达到或者超过 60%，则政府债务将出现风险。具体 2017 年地方政府负债率指标见表 6-4。

（2）债务率（年末债务余额/当年政府综合财力），这是反映政府偿债能力最重要的指标，能够衡量偿债的能力。从国际货币基金组织发布的数据来看，债务率合理的区间是 90%~150%。由于我国地方政府综合财力没有具体统计数据，以一般公共预算收入指标代替，考虑到一般公共预算收入未包含中央政府对地方政府转移支付收入、政府性基金收入等其他收入，所以将债务率控制标准参考值调整为 200%~400%。具体 2017 年地方政府债务率指标见表 6-5。

（3）人均债务规模（年末债务余额/地方总人口），这是反映政府债务负担的辅助指标，能够衡量人口对政府债务的承载能力，指标数越大，说明政府债务风险越大。具体 2017 年地方政府人均债务规模指标见表 6-6。

表 6-4 2017 年地方政府负债率指标

省份	GDP/万亿元	政府合计债务余额/亿元	负债率
贵州	13 541	15 776	117%
青海	2 643	2 580	98%
云南	16 531	12 699	77%
内蒙古	16 103	10 821	67%
辽宁	23 942	14 968	63%
新疆	10 920	6 663	61%
宁夏	3 454	2 094	61%
海南	4 463	2 519	56%
重庆	19 500	10 918	56%
甘肃	7 677	4 093	53%
天津	18 595	9 777	53%
湖南	34 591	17 835	52%
陕西	21 899	10 638	49%
四川	36 980	17 845	48%
广西	20 396	9 489	47%
浙江	51 768	21 941	42%
江西	20 819	8 683	42%
吉林	15 289	6 322	41%
安徽	27 519	11 183	41%
江苏	85 901	33 356	39%
黑龙江	16 200	6 128	38%
福建	32 298	12 061	37%
北京	28 000	10 055	36%
湖北	36 523	13 004	36%
山西	14 974	5 008	33%
上海	30 134	9 608	32%
河北	35 964	11 104	31%
山东	72 678	20 884	29%
河南	44 988	12 291	27%
广东	89 879	16 852	19%
西藏	1 311	157	12%

资料来源：Wind

从表 6-4 可以看出，负债率超过 60%的省份有贵州、青海、云南、内蒙古、辽宁、新疆、宁夏，负债率超过了债务风险控制标准参考值，债务风险较大；负债率超过 45%的省份有海南、重庆、甘肃、天津、湖南、陕西、四川、广西，其负债率偏高，需要关注债务风险。

表 6-5　2017 年地方政府债务率指标

省份	一般公共预算收入/亿元	政府合计债务余额/亿元	债务率
青海	246	2 580	1 048%
贵州	1 614	15 776	978%
云南	1 886	12 699	673%
湖南	2 757	17 835	647%
内蒙古	1 703	10 821	635%
辽宁	2 390	14 968	626%
广西	1 615	9 489	588%
陕西	2 006	10 638	530%
吉林	1 211	6 322	522%
甘肃	816	4 093	502%
宁夏	417	2 094	502%
四川	3 580	17 845	498%
黑龙江	1 243	6 128	493%
重庆	2 252	10 918	485%
新疆	1 466	6 663	455%
福建	2 809	12 061	429%
天津	2 310	9 777	423%
江苏	8 172	33 356	408%
湖北	3 248	13 004	400%
安徽	2 812	11 183	398%
江西	2 247	8 683	386%
浙江	5 803	21 941	378%
海南	674	2 519	374%
河南	3 397	12 291	362%
河北	3 233	11 104	343%
山东	6 099	20 884	342%
山西	1 867	5 008	268%
北京	5 431	10 055	185%
广东	11 315	16 852	149%
上海	6 642	9 608	145%
西藏	186	157	84%

资料来源：Wind

从表 6-5 可以看出，债务率超过 500%的省份有青海、贵州、云南、湖南、内蒙古、辽宁、广西、陕西、吉林、甘肃、宁夏，其债务风险极大；而省份债务率的中位数是 429%，说明全国一半以上的省份债务率超过参考值的上限，可以看出地方政府整体债务率偏高。

表 6-6 2017 年地方政府人均债务规模指标

省份	人口/万人	政府合计债务余额/亿元	人均债务规模/万元
天津	1 557	9 777	6.3
北京	2 171	10 055	4.6
贵州	3 580	15 776	4.4
青海	598	2 580	4.3
内蒙古	2 529	10 821	4.3
江苏	8 029	33 356	4.2
上海	2 418	9 608	4.0
浙江	5 657	21 941	3.9
重庆	3 075	10 918	3.6
辽宁	4 369	14 968	3.4
福建	3 911	12 061	3.1
宁夏	682	2 094	3.1
陕西	3 835	10 638	2.8
新疆	2 445	6 663	2.7
海南	926	2 519	2.7
云南	4 801	12 699	2.6
湖南	6 860	17 835	2.6
吉林	2 717	6 322	2.3
湖北	5 902	13 004	2.2
四川	8 302	17 845	2.1
山东	10 006	20 884	2.1
广西	4 885	9 489	1.9
江西	4 622	8 683	1.9
安徽	6 255	11 183	1.8
黑龙江	3 789	6 128	1.6
甘肃	2 626	4 093	1.6
广东	11 169	16 852	1.5
河北	7 520	11 104	1.5
山西	3 702	5 008	1.4
河南	9 559	12 291	1.3
西藏	337	157	0.5

资料来源：Wind

从表 6-6 可以看出，人均债务规模超过 3 万元的省份有天津、上海、福建、贵州、青海、内蒙古、辽宁、北京、重庆、江苏、浙江、宁夏，考虑到流动人口因素，中西部地区的常住人口远低于总人口，所以贵州、青海、内蒙古、辽宁、宁夏的人均债务规模真实情况比指标数据更大。

综上所述，在三项指标中均列为风险较大的有贵州、青海、内蒙古、辽宁、宁夏五个省份，有两项指标列为风险较大的省份有新疆和云南，上述七个省份为整体地方政府债务风险偏高的区域，需要重点关注；江苏、重庆、湖北、福建、陕西、四川、湖南、天津、广西、吉林、黑龙江、甘肃等 12 个省份存在一定的债务风险，需要持续关注。

6.3 本章小结

第 6 章重点分析投融资平台债务风险现状。首先，对地方政府债务进行界定，在仅考虑显性债务规模的情况下，测算出 2017 年末地方政府债务余额 35.04 万亿元，其中投融资平台债务余额 20.3 万亿元。其次，选择负债率、债务率和人均债务规模三个指标对各地区的债务风险进行量化，提出相关研究结论。

7　地方政府投融资平台债务风险实证研究

7.1　实证研究框架概述

本书是以地方政府投融资平台为研究对象，以其债务风险管控为研究目的，第2章对相关文献及理论进行综述，第3~6章对基础理论进行深化、融汇、延展，形成了地方政府投融资平台债务风险研究理论框架。本书研究的目的是风险管控，即在理论框架的基础上搭建风险评估体系和度量模型，并开展相应的实证研究，形成投融资平台债务风险研究实证框架。

由第5章分析可知，地方政府投融资平台债务风险传导方向主要是财政风险和金融风险，对应的传导主体主要是中央政府和金融机构。本章基于利益相关者视角对投融资平台债务风险分别进行评估和度量。对于投融资平台的债务风险问题，中央政府和金融机构关注的方向一致，但侧重点各不相同。中央政府更为关注区域债务风险情况，即先关注某一地区债务风险再聚焦到单个投融资平台债务风险，需要判断投融资平台债务风险的评价区间；而金融机构更注重的是与自身发生业务联系的投融资平台个体债务风险情况，需要明确判断单个投融资平台债务违约的概率。

为此，本章分别在第7.2、7.3两节对投融资平台债务风险进行实证研究。其中，7.2节是从中央政府视角出发，构建地方政府投融资平台债务风险评价体系，采用自上而下的分析思路，从宏观风险研究延伸到微观风险研究，重点关注所处地区整体风险对单个平台债务风险的影响程度，由此开展实证研究；7.3节是从金融机构视角出发，构建地方政府投融资平台债务风险度量模型，采用由里到外的分析思路，从自身风险研究扩展到外部风险研究，明确判断单个投融资平台债务违约的概率，由此开展实证研究。上述两种分析思路产生了两种不同的债务风险度量工具，尽管出发视角不同、研究方法不同、侧重点也不相同，其研究结论均为投融资平台债务风险的评估与度量，其研究结论可以相互补充、相互印证，对实践活动有较强的指导作用。实证研究工具对比表见表 7-1。

表 7-1　实证研究工具对比表

工具	地方政府投融资平台债务风险评价体系	地方政府投融资平台债务风险度量模型
出发视角	中央政府	金融机构
适用对象	各级政府/投融资平台	金融机构/投融资平台
应用方法	模糊综合评价法/主成分分析法	Logistic 回归
研究思路	自上而下，从宏观风险到微观风险	由里到外，从自身风险到财政风险
整体指标	分为宏观风险指标和中观风险指标，体现在各级政府的地区生产总值、一般预算收入、赤字率和贷款基准利率方面	仅体现地区生产总值、一般预算收入、赤字率
个体指标	Z 分数模型相关指标	企业偿债能力、盈利能力的相关的 14 项具体指标
样本选择	选取省、市、区三个级别不同的平台进行验证	选取不同地区、不同信用评级的 200 家平台作为样本进行验证

注：两种工具研究指标的差异说明，整体指标，均涵盖了政府地区生产总值、一般预算收入、赤字率等方面指标，区别在于债务风险度量模型的使用主体是金融机构，金融机构对贷款有系统的研判标准，所以删减贷款利率指标；个体指标方面，由于债务风险评价体系其形成逻辑必须对每一项研究指标设定基准值，选择 Z 分数模型有助于形成指标基准值，故未选取 14 项难以界定基准值的指标

7.2　基于中央政府视角的地方政府投融资平台债务风险评价体系构建

7.2.1　地方政府投融资平台债务风险评价体系构建

7.2.1.1　地方政府投融资平台债务风险评价指标选取

构建地方政府投融资平台风险评价指标体系，需要遵循科学性、可操作性、针对性、系统性、定性与定量结合、发展性的构造原则，从投融资平台风险影响因素来考虑，平台债务风险包括宏观层面的风险、中观及微观层面的风险，要从这三个层面来选取评估风险指标。

（1）宏观风险指标。宏观风险反映了投融资平台面临的宏观经济政治风险，主要体现在国内宏观风险和国际宏观风险两个方面。

国内方面来讲，全国 GDP 增长率可以有效反映全国经济发展态势，国内一年期贷款利率可以反映经济主体的融资成本，故选取这两个指标作为衡量国内宏观风险的指标；国际方面来讲，美国的纳斯达克指数对于国际事件非常敏感，跟

国际政治变动、经济强弱的相关性很大，故选取它作为衡量国际宏观风险的指标。

（2）中观风险指标。中观风险包括很多方面，主要体现在地方经济发展风险和地方政府信用风险。经济发展水平的高低决定了投融资平台获得财政收入的潜力，而地方政府信用情况则能够反映出平台潜在可获得的政府救助力度。上述两个因素可以综合反映投融资平台的中观风险状况。

地方生产总值增长率和第三产业占比分别反映了地方经济增长速度和质量，一定程度上能够体现地方财政收入增长潜力；地方政府赤字率反映了年度地方政府的财政赤字风险；本级政府一般预算收入反映了地方政府财政收入中来源相对稳定部分收入的规模。综上，可选取地方生产总值增长率、第三产业占比、地方政府赤字率和本级政府一般预算收入四个指标作为衡量中观风险的指标。

（3）微观风险指标。微观风险指标可采用 Z 分数模型，Z 分数模型由 Altman 在 1968 年创立，被称为多元变量判定模型——它运用多变量模式建立多元线性函数公式，即运用多种财务指标加权汇总产生的总判别分来预测企业财务危机的一种方法。Altman 根据美国破产法对破产企业的界定，选取了 33 家破产企业和同等数量、相同或相近条件的非破产企业作为样本，以五个财务指标作为变量，研究、创立了企业财务危机预警模型，即 Z 分数模型。1983 年 Altman 进一步提出了适用于非上市公司的更通用的模型，其判别式如下：

$$Z=0.717X_1+0.847X_2+3.11X_3+0.42X_4+0.998X_5 \tag{7-1}$$

其中，X_1=营运资本/资产总额，X_2=留存收益/资产总额，X_3=息税前利润/资产总额，X_4=所有者权益市价/负债总额，X_5=总销售额/资产总额。

7.2.1.2 地方政府投融资平台债务风险评价设计

1）地方政府投融资平台债务风险模糊综合评价原理

地方政府投融资平台风险度量的过程是一个多因素综合判断的过程，其债务风险评价具有综合性、整体性、复杂性等特点，其风险变量变化具有随机性和模糊性的特征，其风险因子具有不确定性、隐蔽性、易传导性等特征，其风险因素受到国内国际，宏观、中观、微观等各种复杂因素的影响，所以本章拟采用模糊数学的方法进行分析。这一方法主要是依据模糊数学的隶属度理论来进行评价，通过将定性评价转变成定量评价，从而做出总体评价。采用模糊综合评价法能够有效地将各种风险因素进行量化，采用主、客观相结合的方法，系统、真实、全面地诠释各类风险形成的因素。除此之外投融资平台债务风险还涉及很多关系交错的因素，因而在评价过程中难度被加大。对此，将采用主成分分析法辅助分析，该方法能够把多指标转化为少数几个综合指标，利用降维的思想，达到更加全面、系统地分析问题的目的。

2）地方政府投融资平台债务风险模糊综合评价步骤

本章利用模糊综合评价法和主成分分析法对投融资平台债务风险进行系统、全面的评价。模糊综合评价法应当按照以下几个步骤来进行操作，具体如下。

（1）确定评价对象的因素集。在投融资平台债务风险评价过程中，困难重重，问题多多，因此需要先行确定评价对象的因素集。因素集是指涉及评价的具体内容，每一个内容就是一个因素，这些因素基本上会以集合方式表现出来，只有确定了评价对象的因素集，才能在指标构建过程中获得基本的数据支撑。

（2）确定评价集。确定评价集的目的在于对投融资平台债务风险进行描述与标识，同时，该评价集还必须对风险进行具体的描述，包括风险的分类评价。具体来说，风险评价集可以用 $V=（V_1，V_2，V_3，V_4，V_5）$=（重度风险，高风险，中风险，低风险，无风险）来表示。此外，还需要对各等级的风险级别进行赋值，重度风险临界值为 0，高风险临界值为 20、中风险临界值为 40、低风险临界值为 60、无风险临界值为 80。由此可以得到划分风险区间，V=（重度风险，高风险，中风险，低风险，无风险）=（0~20，20~40，40~60，60~80，80~100）。

（3）单因素模糊判断。单因素模糊判断，是指通过对对象中的一个单因素进行评价，得到一个模糊判断结果，又因其对评判集元素的隶属度，从而通过多个单因素模糊判断得到一个模糊判断的集合。例如，对因素集 S 第 k 个因素 S_k 进行评价，对评判集第 m 个元素的隶属度可以表示为 r_{km}，如此一来，可以得到模糊判断结果集合：$R_k=（r_{k1}，r_{k2}，\cdots，r_{km}）$。

基于上述描述，可以得出与每个因素一一对应的单因素评价集如下：

$R_1=（r_{11}，r_{12}，\cdots，r_{1m}）$

$R_2=（r_{21}，r_{22}，\cdots，r_{2m}）$

$\vdots$

$R_k=（r_{k1}，r_{k2}，\cdots，r_{km}）$

由此可见，将上述各单因素评价集的隶属度组成矩阵后，就得到了评价矩阵。

（4）权重的确定。由于在使用模糊综合评价方法时，评价对象涉及的评价因素很多，为了保证评价的真实性、准确性，需要对各个因素做一个单独的评价，根据每个因素对结果的影响程度来赋予不同的评价权重，这样才能够确保综合评价的顺利进行。

目前对于因素的赋权方法有很多，包括主观赋权法、德尔菲法、经验法，这几类方法都过于主观，会导致赋权的结果不够科学。所以本章采用将相关因素进行分解，最终划分成目标、准则等层次的层次分析法进行分析。同时，结合定性和定量分析法，做出综合的判断。

美国的萨蒂在研究《根据各个工业部门对国家福利的贡献大小而进行电力分配》课题的过程中，提出层次分析法。层次分析法与其他分析方法不同之处在于，该方法需要通过定性指标模糊量化方法计算出层次单排序（权数）和总排序，以作为目标优化决策。使用层次分析法具体包括以下四个步骤。

第一，通过选取风险评价的宏观、中观和微观指标，初步建立层次结构模型，确定多层次的递阶结构。

第二，构造两两比较判断矩阵。在第一步的基础上，可以得到相连层元素的隶属关系。之后，就需要判断每一层次中各个元素之间相对的重要性。设某层有 m 个因素，$B=(B_1, B_2, \cdots, B_m)$，比较其对于上一层的准则 Ak 的影响程度，并且确定各因素对于准则 Ak 的比重，比较尺度取 1~9，判断矩阵比较标度表见表 7-2。

表 7-2 判断矩阵比较标度表

标度	含义
1	两个因子比较有同样的重要性
3	两个因子比较，一个比另一个稍微重要
5	两个因子比较，一个比另一个明显重要
7	两个因子比较，一个比另一个重要得多
9	两个因子比较，一个比另一个极端重要
2、4、6、8	相邻判断的中间值

用 a_{ij} 表示第 i 个因素相对于第 j 个因素的比较结果，则两两比较判断矩阵如下：

$$A=(a_{ij})_{m\times m}=\begin{bmatrix} a_{11} & a_{12} & \cdots & a_{1m} \\ a_{21} & a_{22} & \cdots & a_{2m} \\ \vdots & \vdots & \vdots & \vdots \\ a_{m1} & a_{m2} & \cdots & a_{mm} \end{bmatrix} \tag{7-2}$$

第三，计算单排序权重并做一致性检验。单排序只是两层之间确定影响度，做一致性检验的目的是运用最大特征根 m 的归一化特征向量（$w_1, w_2, \cdots, w_m$），$\sum_{i-1}^{m} w_1=1$，从而准确确定各因素的权重。计算随机一致性指标

$$CI=(\lambda_{max}-m)/(m-1)$$

其中，m 代表判断矩阵的最大阶数；λ_{max} 代表判断矩阵的最大特征根。

计算一致性比率：CR=CI/RI

当 CR<0.1 时，则说明通过了一致性检验；当 CR>0.1 时，则说明没有通过一致性检验，此时就需要做一定的调整，从而使判断矩阵通过一致性检验。

第四，综合评价。在确定各因素的影响权重后，就可以作综合评价。如果评判矩阵是 B，权重集为 W，则可以构建如下的模糊综合评价模型：$U=W\cdot B$，该模型中，B 代表评判矩阵；U 代表最终评价得分；W 代表权重集。

7.2.1.3 构建地方政府投融资平台债务风险评价体系

1）地方政府投融资平台债务风险宏观评价

宏观风险评价指标根据对指标体系的分析，选取全国 GDP 增长率、国内一年期贷款利率、纳斯达克指数三个指标作为投融资平台债务风险宏观评价指标。

在指标评价标准方面，采用等级评价方法，确立（重度风险，高风险，中风险，低风险，无风险）的评价集，并对应（20，40，60，80，100）的评价分值，如表 7-3 所示。

表 7-3 投融资平台宏观风险指标评价标准

评价指标	重度风险（20 分）	高风险（40 分）	中风险（60 分）	低风险（80 分）	无风险（100 分）
全国 GDP 增长率	4%以下	4%~6%	6%~8%	8%~10%	10%以上
国内一年期贷款利率	10%以上	8%~10%	6%~8%	4%~6%	4%以下
纳斯达克指数	1 000 以下	1 000~3 000	3 000~5 000	5 000~7 000	7 000 以上

在指标赋权方面，采用层次分析法确定，按照选取的指标，由 yaahp 软件进行运算，结果见表 7-4。

表 7-4 投融资平台宏观风险指标赋权

综合评价	纳斯达克指数	全国 GDP 增长率	国内一年期贷款利率	Wi
全国 GDP 增长率	3.000 0	1.000 0	0.666 7	0.352 9
国内一年期贷款利率	4.500 0	1.500 0	1.000 0	0.529 4
纳斯达克指数	1.000 0	0.333 3	0.222 2	0.117 6

注：一致性比例：0.000 0；对宏观风险的权重：1.000 0；λ_{max}：3.000 0

通过上面的操作，能够得到投融资平台宏观风险评价的具体公式为

$$\begin{aligned}\text{地方政府投融资平台宏观风险得分} &= \text{纳斯达克指数得分} \times 0.117\,6 \\ &+ \text{全国 GDP 增长率得分} \times 0.352\,9 \\ &+ \text{国内一年期贷款利率得分} \times 0.529\,4\end{aligned} \tag{7-3}$$

2）地方政府投融资平台债务风险中观评价

中观风险评价指标可选取地方生产总值增长率、第三产业占比、地方政府赤字率和本级政府一般预算收入四个指标衡量中观风险。

在指标评价标准方面，采用等级评价方法，确立（重度风险，高风险，中风险，低风险，无风险）的评价集，并对应（20，40，60，80，100）的分值，如表 7-5 所示。

表 7-5 投融资平台中观风险指标评价标准

评价指标	重度风险（20 分）	高风险（40 分）	中风险（60 分）	低风险（80 分）	无风险（100 分）
地方生产总值增长率	5%以下	5%~7%	7%~10%	10%~12%	12%以上
第三产业占比	30%以下	30%~40%	40%~50%	50%~60%	60%以上
地方政府赤字率	15%以上	11%~15%	7%~11%	3%~7%	3%以下
本级政府一般预算收入	50 亿元以下	50 亿~100 亿元	100 亿~200 亿元	200 亿~250 亿元	250 亿元以上

在指标赋权方面，采用层次分析法确定，按照选取的指标，由 yaahp 软件进行运算，结果见表 7-6。

表 7-6 投融资平台中观风险指标赋权

中观风险	GDP 增长率	本级政府一般预算收入	第三产业占比	赤字率	Wi
地方生产总值增长率	1.000 0	1.500 0	2.000 0	0.666 7	0.274 5
第三产业占比	0.500 0	0.750 0	1.000 0	0.333 3	0.137 2
地方政府赤字率	1.500 0	2.000 0	3.000 0	1.000 0	0.399 8
本级政府一般预算收入	0.666 7	1.000 0	1.333 3	0.500 0	0.188 5

注：一致性比例：0.000 6；对宏观风险的权重：1.000 0；λ_{max}：4.001 7

通过上面的操作，得到投融资平台中观风险评价的具体公式为

$$\begin{aligned}\text{地方政府投融资平台中观风险得分}=&\text{地方生产总值增长率得分}\times 0.274\,5\\&+\text{一般预算收入得分}\times 0.188\,5\\&+\text{第三产业占比得分}\times 0.137\,2\\&+\text{赤字率得分}\times 0.399\,8\end{aligned} \tag{7-4}$$

3）地方政府投融资平台债务风险微观评价

微观风险评价采用 Z 分数模型，这个分数模型的参考价值在于企业破产的临界值：Z 值大于 2.9 时，表明企业财务状况良好，破产可能性极小；Z 值小于 1.2 时，表明企业存在很大的破产危险；当 Z 值处于 1.2~2.9 时，企业的财务状况和经营不稳定。

由于投融资平台在经营业务、盈利模式等方面均有别于普通企业，在对平台偿债能力评价中在 Z 分数模型基础上加以改进：首先，当 $Z<1.2$ 时，细分为重度风险和高风险两个区间；其次，当 Z 值是 1.2~2.9 时，细分为中风险和低风险两个区间；最后，$Z>2.9$ 时，作为无风险区间。具体见表 7-7。

表 7-7　投融资平台微观风险指标评价标准

评价指标	重度风险（20 分）	高风险（40 分）	中风险（60 分）	低风险（80 分）	无风险（100 分）
Z 分值	0.6 以下	0.6~1.2	1.2~2.3	2.3~2.9	2.9 以上

4）地方政府投融资平台债务风险综合评价

通过层次分析法赋予宏观、中观和微观的权重，结合上述宏观、中观和微观风险评价，由 yaahp 软件进行运算，结果见表 7-8。

表 7-8　投融资平台综合风险指标赋权

综合评价	宏观风险	中观风险	微观风险	Wi
宏观风险	1.000 0	0.500 0	0.750 0	0.230 8
中观风险	2.000 0	1.000 0	1.500 0	0.461 5
微观风险	1.333 3	0.666 7	1.000 0	0.307 7

注：一致性比例：0.000 0；对综合评价的权重：1.000 0；λ_{max}：3.000 0

由此，可以得出地方政府投融资平台债务风险综合评价为

$$平台债务风险评价得分=宏观风险得分\times 0.230\,8+中观风险得分\times 0.461\,5+微观风险得分\times 0.307\,7 \quad (7-5)$$

7.2.2　地方政府投融资平台债务风险评价体系实证研究

7.2.2.1　研究对象概况

选取三家投融资平台作为研究对象，按照省、市、区三个层面的地方政府融资平台，针对性地进行风险债务评价。三家投融资平台分别是四川发展（控股）有限责任公司、绵阳市投资控股（集团）有限公司、内江人和国有资产经营有限责任公司。

1）研究对象：四川发展（控股）有限责任公司

（1）四川发展（控股）有限责任公司概况。四川发展（控股）有限责任公司（简称四川发展）是四川省人民政府出资设立的国有独资企业，于 2009 年 1 月挂牌成立，注册资本为人民币 800 亿元。自成立以来，连续 8 年获得中诚信 AAA 信用评级。2016 年、2017 年均获得惠誉授予的“A-/展望稳定”国际信用评级。根据四川省人民政府〔2016〕237 号文批复四川发展（控股）有限责任公司转型发展总体方案，其基本定位为：以国有资产为基础，以金融服务为要点，打造具有全球竞争力的世界一流企业总目标，形成一个以产业投资为引领、以金融控股为特色的国有资本运营平台。

公司主要业务为投融资、资本运营和资产经营管理，投资重点涵盖康养医疗、

金融及准金融等新兴产业，同时狠抓旅游、农业、环保、交通、能源、矿产、水务等优势资源开发，以及四川省政府授权的其他领域。推动重大项目建设，引领各类资金投向具有战略意义的领域，实现国有资产保值增值，促进四川省经济社会持续快速发展。四川发展旗下共有各类出资企业数十家，其中全资企业 30 家、控股企业 18 家、参股企业 14 家、基金合伙企业 17 家、基金管理公司 13 家。目前拥有成渝高速股份、路桥股份、新华文轩股份、川化股份、硅宝科技股份、新筑股份六家上市公司。

截至 2017 年底，四川发展合并报表资产总额达到 9 061 亿元，所有者权益 2 632 亿元，分别为公司成立之初的 4.57 倍、3.9 倍。其中，四川发展本部资产总额 1 805 亿元，所有者权益 1 059 亿元。未来四川发展将突出资本运营，突出投资引领，以提高质量效益为核心，以做强做优为导向，构建金融、新兴产业、基础设施与地产、优势产业、现代服务业、国际业务等六大板块；在金融、矿业、基础设施与地产、酒业、国际业务等领域，培育五家上市公司。公司愿景是打造具有全球竞争力的世界一流企业，到 2020 年合并资产超过 10 000 亿元，本部新增可控资产 1 000 亿元，金融管理资产超过 10 000 亿元。

（2）四川地区发展形势概况。2017 年四川省经济稳定增长，主要经济指标完成和超额完成，但经济稳定增长的基础还不牢固、稳定增长的难度依然较大、发展不平衡不充分还比较突出。全省实现地区生产总值 36 980.2 亿元，比上年增长 8.1%，增速比全国平均水平高 1.2 个百分点。其中，第一产业产值 4 282.8 亿元，增长 3.8%；第二产业产值 14 294.0 亿元，增长 7.5%；第三产业产值 18 403.4 亿元，增长 9.8%。全省将继续坚持稳中求进工作总基调，按照高质量发展要求，坚持以供给侧结构性改革为主线，坚决打好防范化解重大风险、精准脱贫、污染防治三大攻坚战，统筹推进稳增长、促改革、调结构、惠民生、防风险各项工作，全省经济仍将保持稳定增长。

2017 年四川全省完成财政收入总量 10 694 亿元，支出总量为 10 263.7 亿元，全省结转结余 430.3 亿元，全省总账实现收支平衡。其中，地方一般公共预算收入 3 578 亿元，增长 9.4%；全省一般公共预算支出 8 694.8 亿元，增长 10.9%。

2）研究对象：绵阳市投资控股（集团）有限公司

（1）绵阳市投资控股（集团）有限公司概况。绵阳市新大力资产经营有限公司 1999 年成立，该公司是绵阳市投资控股（集团）有限公司的前身。到 2006 年，绵阳市投资控股（集团）有限公司（简称绵阳投控）在政府进行投融资体制改革的政策环境下，整合优质国有资产、资源，进入快速发展期。公司实施科学转型，加大资产资源和业务整合、产业投资、经营管理力度，包括城市建设、城市运营、文化旅游、教育投资、现代服务业共五大产业板块，主营业务涉及基础设施投融资、建筑施工、土地整理、城市供水、房地产开发、资产管理、商贸物流、酒店运营、影视制作发行、驾驶培训、教育投资等诸多领域。截至 2017 年末，公司总资产达 636 亿元，下属子公司 29 家，员工数量突破 6 000 人，在四川省市级城投公司排名第 3 位，是绵阳市国资委下属唯一一家 AA+主体评级公司。

在绵阳市政府领导下，绵阳投控以“西部领先、全国知名的城市综合服务商”为愿景，不断创新发展，成为四川地级市城投公司的榜样。目前，绵投控股下设绵阳市教育投资发展（集团）有限公司、绵阳市水务（集团）有限公司、绵阳富达资产经营有限责任公司、绵阳市康居房产经营管理有限公司、绵阳文化旅游集团有限公司、四川嘉来建筑工程有限公司、绵阳嘉来资产运营管理有限责任公司、绵阳金控投资管理有限责任公司、四川西津物流有限责任公司、绵阳市汽车实验驾驶技术学校有限公司等 29 家全资及控股公司。

（2）绵阳地区发展形势概况。2017 年，面对复杂多变的宏观经济形势，绵阳市委、市政府把握稳中求进工作总基调，践行新发展理念，推进供给侧结构性改革，全市经济发展取得重大阶段性成就，经济总量迈上 2 000 亿元台阶，在全省多点多极发展战略中率先实现次级突破。2017 年绵阳全市实现地区生产总值 2 074.75 亿元，比上年增长 9.1%，总量居全省第二位。分三次产业看：第一产业产值 291.66 亿元、增长 4.0%，第二产业产值 838.76 亿元、增长 9.2%，第三产业产值 944.33 亿元、增长 10.8%。

2017 年绵阳完成财政收入总量 426.07 亿元，支出总量为 415.55 亿元，全市结转结余 10.52 亿元，全市总账实现收支平衡。其中，地方一般公共预算收入 110.59 亿元，增长 8.02%；全省一般公共预算支出 365.06 亿元，增长 8.96%。

3）研究对象：内江人和国有资产经营有限责任公司

（1）内江人和国有资产经营有限责任公司概况。内江人和国有资产经营有限责任公司（简称内江人和）是内江市东兴区重要的城市开发建设主体和资本运营实体，承担东兴区城市基础设施建设和土地整理开发等职能，在东兴区城市建设领域具有不可替代的地位。截至 2018 年 4 月 30 日，人和国资公司注册资本和实收资本均为 2 亿元，总资产 39.84 亿元，净资产 27.51 亿元，控股股东和实际控制人仍为内江市东兴区财政局。

自成立以来，人和国资公司主要负责内江市东兴区范围内基础设施建设等业务。公司陆续承建了椑木供水及基础设施建设项目、大冲山片区开发建设项目、工业集中发展区项目、椑木污水处理厂工程、旧城改造项目和乡镇公路建设及养护工程、东兴区田家至高桥公路工程、东兴区安置还房一期项目等，并开展了多个土地整理开发项目。

（2）内江市东兴区发展形势概况。2017 年，内江东兴区全年地区生产总值 212 亿元，比上年增长 7.5%。其中，第一产业产值 49.5 亿元，增长 3.7%；第二产业产值 63.3 亿元，增长 7.8%；第三产业产值 99.2 万元，增长 9.2%。

2017 年东兴区完成财政收入总量 42.86 亿元，支出总量为 42.7 亿元，全区结转结余 0.16 亿元。其中，地方一般公共预算收入 6.52 亿元，增长 11.1%；全省一般公共预算支出 34.31 亿元，增长 16.9%。

7.2.2.2 实证研究

1）四川发展有限责任公司债务风险评价体系实证研究

四川发展债务宏观风险指标 2016 年、2017 年数据见表 7-9。

表 7-9 四川发展债务宏观风险指标

宏观风险指标	2016 年		2017 年	
	指标数据	评价得分	指标数据	评价得分
全国 GDP 增长率	6.70%	60	6.90%	60
国内一年期贷款利率	4.35%	80	4.35%	80
纳斯达克指数	5 383	60	6 903	80

根据投融资平台宏观风险评价公式，得

2016 年四川发展债务宏观风险得分

$$=60\times 0.117\,6+60\times 0.352\,9+80\times 0.529\,4=70.582\text{ 分} \tag{7-6}$$

2017 年四川发展债务宏观风险得分

$$=80\times 0.117\,6+60\times 0.352\,9+80\times 0.529\,4=72.934\text{ 分} \tag{7-7}$$

四川发展债务中观风险指标 2016 年、2017 年数据见表 7-10。

表 7-10 四川发展债务中观风险指标

中观风险指标	2016 年		2017 年	
	指标数据	评价得分	指标数据	评价得分
地方生产总值增长率	8.6%	60	13.2%	100
第三产业占比	45.4%	60	49.8%	60
地方政府赤字率	14.1%	40	13.8%	40
本级政府一般预算收入	751.3	100	750.3	100

根据投融资平台中观风险评价公式，得

$$2016\text{ 年四川发展债务中观风险得分}=60\times 0.274\,5+100\times 0.188\,5+60\times 0.137\,2+40\times 0.399\,8=59.544\text{ 分} \tag{7-8}$$

$$2017\text{ 年四川发展债务中观风险得分}=100\times 0.274\,5+100\times 0.188\,5+60\times 0.137\,2+40\times 0.399\,8=70.524\text{ 分} \tag{7-9}$$

四川发展 2016 年、2017 年主要财务指标见表 7-11。

表 7-11　四川发展 2016 年、2017 年主要财务指标　　单位：亿元

指标	2016 年	2017 年
流动资产	1 732.79	2 150.38
流动负债	1 470.38	1 535.17
负债	5 523.50	6 428.56
未分配利润	76.23	65.44
净资产	2 035.27	2 632.36
总资产	7 558.77	9 060.92
营业总收入	1 407.72	1 701.74
利息费用	137.95	134.51
所得税费用	29.68	6.67
利润总额	80.96	40.61
资本公积金	517.16	873.08

资料来源：Wind

根据公司财务数据，计算四川发展的 *Z* 分数模型指标数值，详见表 7-12。

表 7-12　2016 年、2017 年四川发展的 *Z* 分数模型指标数值

指标	2016 年	2017 年
X_1	0.035	0.068
X_2	0.079	0.104
X_3	0.033	0.020
X_4	0.368	0.409
X_5	0.186	0.188
Z 值	0.534	0.558

由此得出 2016 年和 2017 年四川发展债务微观风险得分均为 40 分。

根据投融资平台债务风险综合评价公式，得

$$2016\text{ 年四川发展债务风险评价得分}=70.582\times0.230\,8+59.544\times0.461\,5+40\times0.307\,7=56.07\text{ 分} \tag{7-10}$$

$$2017\text{ 年四川发展债务风险评价得分}=72.934\times0.230\,8+70.524\times0.461\,5+40\times0.307\,7=61.68\text{ 分} \tag{7-11}$$

根据风险评价区间，四川发展在 2016 年债务风险评价为中风险，2017 年的债务风险评价为低风险。

2）绵阳市投资控股有限公司债务风险评价体系实证研究

绵阳投控债务宏观风险指标与四川发展一致，根据投融资平台宏观风险评价

公式，得

2016 年绵阳投控债务宏观风险得分

$$=60\times0.1176+60\times0.3529+80\times0.5294=70.582\text{ 分} \tag{7-12}$$

2017 年绵阳投控债务宏观风险得分

$$=80\times0.1176+60\times0.3529+80\times0.5294=72.934\text{ 分} \tag{7-13}$$

绵阳投控债务中观风险指标 2016 年、2017 年数据见表 7-13。

表 7-13 绵阳投控债务中观风险指标

中观风险指标	2016 年		2017 年	
	指标数据	评价得分	指标数据	评价得分
地方生产总值增长率	7.7%	60	13.4%	100
第三产业占比	35.7%	40	45.5%	60
地方政府赤字率	12.4%	40	12.3%	40
本级政府一般预算收入	34.38	20	36.25	20

根据投融资平台中观风险评价公式，得

$$2016\text{ 年绵阳投控债务中观风险得分}=60\times0.2745+20\times0.1885+40\times0.1372+40\times0.3998=41.72\text{ 分} \tag{7-14}$$

$$2017\text{ 年绵阳投控债务中观风险得分}=100\times0.2745+20\times0.1885+60\times0.1372+40\times0.3998=55.444\text{ 分} \tag{7-15}$$

绵阳投控 2016 年、2017 年主要财务指标见表 7-14。

表 7-14 绵阳投控 2016 年、2017 年主要财务指标 单位：亿元

指标	2016 年	2017 年
流动资产	309.85	335.54
流动负债	50.98	83.58
负债	401.62	429.36
未分配利润	12.83	11.90
净资产	183.33	195.83
总资产	584.95	625.19
营业总收入	43.52	48.67
利息费用	4.50	4.37
所得税费用	0.44	0.58
利润总额	1.66	3.35
资本公积金	145.12	147.69

资料来源：Wind

根据公司财务数据，计算绵阳投控的 Z 分数模型指标数值，详见表 7-15。

表 7-15　2016 年、2017 年绵阳投控的 Z 分数模型指标数值

指标	2016 年	2017 年
X_1	0.443	0.403
X_2	0.270	0.255
X_3	0.011	0.013
X_4	0.456	0.456
X_5	0.074	0.078
Z 值	0.847	0.816

由此得出 2016 年和 2017 年绵阳投控债务微观风险得分均为 40 分。

根据投融资平台债务风险综合评价公式，得

$$2016\text{ 年绵阳投控债务风险评价得分}=70.582\times0.230\,8+41.72\times0.461\,5+40\times0.307\,7=47.85\text{ 分} \quad (7\text{-}16)$$

$$2017\text{ 年绵阳投控债务风险评价得分}=72.934\times0.230\,8+55.44\,4\times0.461\,5+40\times0.307\,7=54.72\text{ 分} \quad (7\text{-}17)$$

根据风险评价区间，绵阳投控在 2016 年债务风险评价为中风险，2017 年的债务风险评价为中风险。

3）内江人和国有资产经营有限责任公司债务风险评价体系实证研究

内江人和债务宏观风险指标与四川发展一致，根据投融资平台宏观风险评价公式，得

2016 年内江人和债务宏观风险得分

$$=60\times0.117\,6+60\times0.352\,9+80\times0.529\,4=70.582\text{ 分} \quad (7\text{-}18)$$

2017 年内江人和债务宏观风险得分

$$=80\times0.117\,6+60\times0.352\,9+80\times0.529\,4=72.934\text{ 分} \quad (7\text{-}19)$$

内江人和债务中观风险指标 2016 年、2017 年数据见表 7-16。

表 7-16　内江人和债务中观风险指标

中观风险指标	2016 年		2017 年	
	指标数据	评价得分	指标数据	评价得分
地方生产总值增长率	7.8%	60	−10.2%	20
第三产业占比	28.5%	20	46.8%	60
地方政府赤字率	5.9%	80	13.1%	40
本级政府一般预算收入	12.5	20	6.52	20

根据投融资平台中观风险评价公式，得

2016 年内江人和债务中观风险得分=60 × 0.274 5 + 20 × 0.188 5 + 20 × 0.137 2 +80 × 0.399 8 =54.968 分 （7-20）

2017 年内江人和债务中观风险得分=20 × 0.274 5 + 20 × 0.188 5 + 60 × 0.137 2 + 40 × 0.399 8 =33.484 分 （7-21）

内江人和 2016 年、2017 年主要财务指标见表 7-17。

表 7-17　内江人和 2016 年、2017 年主要财务指标　　单位：亿元

指标	2016 年	2017 年
流动资产	27.51	28.50
流动负债	3.01	4.98
负债	10.50	12.33
未分配利润	4.21	4.67
净资产	26.66	27.51
总资产	37.16	39.84
营业总收入	2.12	1.81
利息费用	0.13	0.00
所得税费用	0.01	0.03
利润总额	0.74	0.54
资本公积金	21.27	21.64

资料来源：Wind

根据公司财务数据，计算内江人和的 Z 分数模型指标数值，见表 7-18。

表 7-18　2016 年、2017 年内江人和的 Z 分数模型指标数值

指标	2016 年	2017 年
X_1	0.659	0.590
X_2	0.686	0.660
X_3	0.024	0.014
X_4	2.539	2.231
X_5	0.057	0.045
Z 值	2.250	2.010

由此得出 2016 年内江人和债务微观风险得分为 80 分，2017 年内江人和债务微观风险得分为 60 分。

根据投融资平台债务风险综合评价公式，得

2016 年内江人和债务风险评价得分=70.582 × 0.230 8 + 54.968 × 0.461 5 +80 × 0.307 7=66.27 分 （7-22）

$$2017年内江人和债务风险评价得分=72.934 \times 0.230\,8 + 33.484 \times 0.461\,5 + 60 \times 0.307\,7 = 50.74分 \quad (7\text{-}23)$$

根据风险评价区间，内江人和在 2016 年债务风险评价为低风险，2017 年的债务风险评价为中风险。

7.2.3 实证研究结论

从评价结果看：2016 年四川发展、绵阳投控、内江人和的评价结果分别为中风险、中风险和低风险。说明在 2016 年以内江人和为代表的区县级平台整体呈现融资规模小、负债率低、债务风险小的特点，而四川发展、绵阳投控等省、市级平台呈现负债规模较大、有一定风险隐患的特点；2017 年四川发展、绵阳投控、内江人和的评价结果分别为低风险、中风险和中风险。说明在 2017 年以内江人和为代表的区县级平台随着融资规模的上升风险开始加大，出现风险隐患，而四川发展由于省级政府指标持续改善带动风险评价下调到低风险，绵阳投控与上一年相比没有变化。

从评分情况看：2016 年四川发展、绵阳投控、内江人和的评分结果是 56.07 分、47.85 分、66.27 分，2017 年四川发展、绵阳投控、内江人和的评分结果是 61.68 分、54.72 分、50.74 分。可以看出无论在哪一个年度，四川发展都比绵阳投控的评分高，说明省级平台整体抗风险能力要优于市级平台；还能够发现，内江人和 2016 年得分最高、2017 年得分最低，说明该平台债务风险下沉趋势逐步形成。

7.3 基于金融机构视角的地方政府投融资平台债务风险度量模型构建

对于金融机构来说，要想明确判断投融资平台债务风险违约的概率，必须基于 Wind 数据库中关于地方政府投融资平台相关数据，构建 Logistic 模型对其债务风险、违约风险进行度量。在第 5 章风险阐述中提到，投融资平台偿债资金来源除了有企业经营活动净流入资金、外部融资性资金以外，还包括政府救助性资金。与一般的企业债务风险预警模型不同，地方政府投融资平台债务风险评估模型不仅包括投融资平台自身财务指标，还应该考虑地方政府的相关指标。

在建立地方政府投融资平台债务风险度量模型前，需要厘清实证分析对应的样本，寻找合适的自变量和因变量，运用合适的分析工具，最终构建投融资平台债务风险度量模型。

7.3.1 地方政府投融资平台债务风险度量模型构建

7.3.1.1 样本选取和变量设定

介绍实证研究待选的指标变量，主要是 Logistic 模型的自变量和因变量。

1）样本选取

样本范围：选择 200 家在公开市场进行融资的投融资平台作为研究主体。为了提高样本的代表性，所选的 200 家投融资平台分布在中国东西南北不同区域，拥有 AAA、AA+、AA、AA−不同的信用等级，对应的出资人包括省、市、区等不同行政级别国资公司，拟通过选取不同区域、不同信用等级、不同行政级别的样本来提高有效性。其中有六家出现过违约，占比 3%；194 家正常还本付息，占比 97%。

样本指标选取范围：在第 6 章关于投融资平台债务风险指标的分析基础上，考虑到指标数据的有效性及可获得性，样本指标包括投融资平台自身财务指标、地方政府信用指标及其他综合指标，数据来源为 Wind 数据库及公开资料获取。投融资平台财务指标包括总资产、货币资产、净资产、总债务、主营业务收入、主营业务利润、主营业务利润率、净资产回报率、流动比率、资产负债率、流动负债占比、获息倍数等 12 个指标。投融资平台综合指标包括信用评级和所处区域两个指标。地方政府信用指标包括 GDP 总量、GDP 同比增长、第三产业占比、一般公共预算财政收入规模、一般公共预算财政收入同比增长、财政平衡率（一般公共预算财政收入/一般公共预算财政支出）等六个指标。

2）因变量定义

预测出现债务风险概率是债务风险度量模型的主要任务，也是本节研究的根本目的。本节针对债务风险出现的界定是指投融资平台在公开市场上出现信用违约的情况，包括到期不还本、欠息等情况。本节设定平台债务风险出现情况为自变量，记为 y，如果没有出现债务风险则记为 0，如果出现债务风险则记为 1，由此形成一个二分类自变量序列。特别指出的是，为了提高预测债务风险出现概率，在样本选取中尽量多地将出现债务风险的样本纳入研究范围，从样本看债务风险出现比例达到 15%，实际情况中，投融资平台贷款债务风险出现比例远低于该数字。

3）自变量选取

地方政府投融资平台债务风险与一般公司债务风险最大的不同在于，投融资平台偿债资金来源除了有企业经营活动净流入资金、外部融资性资金以外，还包括政府救助性资金。因此，本书认为对投融资平台债务风险的研究不仅要考虑平台自身财务数据，还需要考虑地方政府信用数据。本节实证研究的自变量包括三个方面：反映地方政府信用状况的指标、反映投融资平台自身财务状况的指标及其他综合指标。

（1）地方政府信用评价指标。为了量化地方政府的信用状况，经综合考虑选取了如下 6 个地方政府指标，分别为地方生产总值、GDP 同比、第三产业占比、一般公共财政收入、一般公共财政收入同比、财政平衡率，具体见表 7-19。

表 7-19　地方政府信用评价指标表

指标代码	指标名称	计算方法
C_1	地方生产总值	地方生产总值总量
C_2	GDP 同比	GDP/上年 GDP−1
C_3	第三产业占比	第三产业 GDP/GDP 总量
C_4	一般公共财政收入	一般公共财政收入总量
C_5	一般公共财政收入同比	一般公共财政收入/上年一般公共财政收入−1
C_6	财政平衡率	一般公共财政收入/一般公共财政支出

（2）投融资平台财务指标。为了量化投融资平台的财务状况，经综合考虑选取了如下 12 个投融资平台财务指标，分别为总资产、货币资产、净资产、总债务、主营业务收入、主营业务利润、主营业务利润率、净资产回报率、流动比率、资产负债率、流动负债占比、获息倍数，具体见表 7-20。

表 7-20　投融资平台财务指标表

指标代码	指标名称	计算方法
C_7	总资产	总资产
C_8	货币资产	货币资产
C_9	净资产	净资产
C_{10}	总债务	总债务
C_{11}	主营业务收入	主营业务收入
C_{12}	主营业务利润	主营业务利润
C_{13}	主营业务利润率	主营业务利润/主营业务收入
C_{14}	净资产回报率	税后利润/净资产
C_{15}	流动比率	流动资产/流动负债
C_{16}	资产负债率	总负债/总资产
C_{17}	流动负债占比	流动负债/总负债
C_{18}	获息倍数	息税前利润/利息费用

（3）投融资平台综合指标。为了量化投融资平台的综合状况，选取了信用评级和地区两个指标。其中信用评级记为 C_{19}，AAA 记为 1，AA+记为 2，AA 记为 3，AA−及以下记为 4。地区指标记为 C_{20}，根据平台所处地理位置分为东北、西北、西南、东南、中部地区，分别标记为 1、2、3、4、5。

7.3.1.2 研究主要步骤及方法

在已确定的自变量指标中进行统计检验，筛选出符合要求的指标，构建 Logistic 模型对投融资平台债务风险进行度量。操作层面包括以下三个步骤。

第一，选择指标。投融资平台偿债资金来源除了企业经营活动净流入资金、外部融资性资金以外，还包括政府救助性资金。因此，本节实证研究的指标考查范围包括投融资平台自身财务状况指标、地方政府信用状况指标及其他综合指标。

第二，对选定指标有必要再次筛选，依据来自正常样本组与债务风险出现样本组之间的差异性。对已选定指标进行 Kolmogorov-Smirnov 正态性检验，对于检验结果服从正态分布的指标继续进行独立样本的 T 检验，对于检验结果不服从正态分布的指标则接着进行曼 – 惠特尼 U 检验，最后根据检验结果的显著性来判定是否能有效区分正常样本和债务风险样本。

第三，以平台是否出现债务风险为因变量，各因子序列为自变量进行二元逐步 Logistic 回归，构建债务风险度量模型，对平台是否出现债务风险进行预测。

其中，运用到的分析工具包括 Pearson 相关系数、Kolmogorov-Smirnov 正态性检验、曼−惠特尼 U 检验、Logistic 回归等，具体包括以下三类。

1）相关性分析工具

（1）Pearson 相关系数是用于衡量定距变量是否在一条线上，体现两两自变量之间的线性相关关系，数学定义为

$$r=\frac{\sum_{i=1}^{n}(x_i-\bar{x})(y_i-\bar{y})}{\sqrt{\sum_{i=1}^{n}(x_i-\bar{x})^2\sum_{i=1}^{n}(y_i-\bar{y})^2}},\quad r\in(-1,1) \tag{7-24}$$

假设为两变量（X_1，Y_1）为两变量（X_i，Y_j）正态分布取出的简单随机样本，则样本相关系数 r 为

$$r=\frac{S_{xy}}{\sigma_x\sigma_y} \tag{7-25}$$

通过计算 r 值可以反映出两变量之间的线性关系，详见表 7-21。

表 7-21　*r* 值与变量之间关系表

r 值	两变量之间的关系
r=1	完全正相关
r=−1	完全负相关
r=0	完全无关联关系
r>0.8	高度正相关
r<−0.8	高度负相关

（2）曼–惠特尼 U 检验假设两个样本分别来自除了总体均值以外完全相同的两个总体，以这两个总体均值是否有显著差别为检验目的。如果自变量不符合正态分布，为了能够区分出指标是否具备有效性，需要对其进行均值差异性检验，采用的方法就是曼–惠特尼 U 检验。

检测方法的具体步骤如下：①将两组样本数据混合，并按照数据大小的升序编排等级；②分别计算两组样本的等级之和 W_1 与 W_2，比较两组样本观测值的个数，统计量 U 近似满足正态分布。

$$Z = \frac{U-(n_1n_2/2)}{\sqrt{n_1n_2(n_1+n_2+1)/12}} \tag{7-26}$$

将 Z 统计量的概率 p 值与给定的显著性水平 α 进行比较，若 $p<\alpha$，则认定显著差异，拒绝零假设；若 $p>\alpha$，则认定无显著差异，不拒绝零假设。

2）正态分布检验

正态性检验的原假设为 H_0 和备择假设 H_1，分别指样本指标满足正态分布和不服从正态分布。采用 Kolmogorov-Smirnov 检验方法来对样本指标是否符合正态分布进行检验。该检验属于拟合优度型的检验，假设已知分布函数为 $F_0(x)$，未知总体分布函数为 $F(x)$，$F_n(x)$ 是 $F(x)$ 的较优估计。观测值 $F(x)=F_0(x)$ 时，即样本指标服从已知分布时，$D=\max|F_n(x)-F_0(x)|$，根据观测值 D 的大小，来判断零假设是否成立，指标是否服从正态分布。

3）逻辑回归模型

假设 $P_{a,t}$ 是 t 时间段内 a 公司债务风险出现概率，$Z_{a,t}$ 是 t 时间段内 a 公司的债务风险出现分类值，则 Logistic 回归方程为

$$P_{a,t} = \frac{1}{1+e^{-Z_{a,t}}} \tag{7-27}$$

$$Z_{\partial,1} = \beta_{a,0} + \beta_{a,1}Y_{a,1,t} + \Lambda + \beta_{a,n}Y_{a,n,t} + e_{a,t} \tag{7-28}$$

其中，$Y_{\alpha,1,t}$，$Y_{\alpha,2,t}$，…，$Y_{\alpha,n,t}$ 为 t 时间段内 a 公司债务风险出现的解释变量；$\beta_{\alpha,1}$，$\beta_{\alpha,2}$，…，$\beta_{\alpha,n}$ 为解释变量的 Logistict 系数；$\beta_{\alpha,0}$ 为常数项；$e_{\alpha,t}$ 为误差项。

可以用 Y 来表示投融资平台是否出现债务风险

$$Y=\begin{cases}1(\text{平台出现债务风险})\\0(\text{平台没有出现债务风险})\end{cases}$$

记 P 为投融资平台出现债务风险的概率函数，$P(Y=1)$ 为投融资平台出现债务风险的概率，可以得出 Logistic 方程为

$$\begin{cases}\log\left[\dfrac{P(Y=1)}{1-P(Y=1)}\right]=\beta_0+\beta F\\P(Y=1)=1/[1+\exp(-\beta_0-\beta F)]\end{cases} \tag{7-29}$$

设 n 为样本个数，Y_i 为各样本信用状况的取值，而样本能够取得观测值的概率为 $P(Y_i=1)^{Y_1}[1-P(Y_i=1)]^{1-Y_1}$。对于二元 Logistic 回归，其似然函数为

$$L(\beta_0,\beta)=\prod_{i=1}^{n}P(Y_i=1)^{Y_1}[1-P(Y_i=1)]^{1-Y_1} \tag{7-30}$$

通过对似然函数 $L(\beta_0,\beta)$ 求最大值来计算模型系数 β_0, β。对似然函数取对数，然后分别令其对 β_0，β 偏导数为 0，由此得到极值点，即

$$\frac{\partial\ln L(\beta_0,\ \beta)}{\partial\beta_j}=\sum_{i=1}^{n}F_{i,j}[Y_i-P(Y_1=1)]=0\ ,\ j=0,1,2,\cdots,k \tag{7-31}$$

可以求解出模型的全部自变量系数 β_0，β，最后采用牛顿–拉菲森迭代方法求解。

7.3.2 地方政府投融资平台债务风险度量模型实证研究

7.3.2.1 核心指标筛选

根据指标对于正常投融资平台和出现债务风险投融资平台之间是否表现出差异性，筛选出能够有效反映投融资平台债务风险的指标，成为 Logistic 模型的自变量。

1）正态性检验

在进行指标差异化检验之前，需要对指标进行正态性检验。对于不服从正态分布的指标，我们将采用独立样本的曼–惠特尼 U 检验。采用统计软件 SPSS 对全部 20 个指标进行正态性检验。结果显示，全部 20 个指标中 C_1、C_3、C_4、C_{16}、C_{17} 服从正态分布，其余指标均不服从正态分布，这也意味着后续差异化检验可采用独立样本的曼–惠特尼 U 检验。

2）曼–惠特尼U检验

剔除正态分布的指标后，对剩下的 15 个指标进行曼–惠特尼 U 检验，其结果如表 7-22 所示。可以看出，共有六个指标的双尾渐进显著性水平低于 0.05 的临

界值，表现出在正常投融资平台与出现债务风险投融资平台之间的差异。这六个指标分别是财政平衡率 C_6、总债务 C_{10}、主营业务收入 C_{11}、主营业务利润率 C_{13}、获息倍数 C_{18}、信用评级 C_{19}。

表 7-22　曼–惠特尼U检验

指标	Mann-Whitney U	Wilcoxon W	Z	渐近显著性（双尾）	精确显著性 [2*（单尾显著性）]
C_2	83.5	104.5	−0.703	0.482	0.493[b]
C_5	58	79	−1.667	0.095	0.100[b]
C_6	37.5	58.5	−2.444	0.015	0.012[b]
C_7	60	655	−1.591	0.112	0.118[b]
C_8	78	673	−0.909	0.363	0.383[b]
C_9	59.5	80.5	−1.61	0.107	0.109[b]
C_{10}	41	636	−2.311	0.021	0.019[b]
C_{11}	28.5	623.5	−2.786	0.005	0.003[b]
C_{12}	84	105	−0.686	0.492	0.517[b]
C_{13}	47.5	68.5	−2.067	0.039	0.037[b]
C_{14}	61.5	82.5	−1.552	0.121	0.127[b]
C_{15}	98.5	693.5	−0.137	0.891	0.897[b]
C_{18}	43	64	−2.252	0.024	0.024[b]
C_{19}	37	632	−2.545	0.011	0.012[b]
C_{20}	73	94	−1.157	0.247	0.288[b]

b. 未修正结果

表 7-23 显示这六个指标的描述性统计结果，可以看出各个指标的均值和方差各异，尤其是总债务 C_{10} 的标准差较大，反映出各投融资平台的信息差异较大。

表 7-23　指标描述性统计结果

指标	统计	统计	统计	统计	统计	统计	标准错误
	数字	最小值（M）	最大值（X）	平均值（E）	标准偏差	峰度	
C_6	40	−33.1	0.7	−7.99	8.046 21	3.074	0.733
C_{10}	40	27	1 234	248.503 8	269.067 47	3.763	0.733
C_{11}	40	4	396	56.647	73.228 71	11.31	0.733
C_{13}	40	−165	54	2.6565	30.638 86	23.955	0.733
C_{18}	40	−2	476	18.058	75.099 19	38.11	0.733
C_{19}	40	1	4	2.6	1.127 74	−1.347	0.733

表 7-24 显示指标之间的相关系数矩阵，表明各指标之间存在一定的相关性。

表 7-24 指标相关系数矩阵

指标		C_6	C_{10}	C_{11}	C_{13}	C_{18}	C_{19}
相关系数	C_6	1	0.024	−0.353	0.021	0.07	−0.2
	C_{10}	0.024	1	0.168	0.183	−0.008	−0.426
	C_{11}	−0.353	0.168	1	0.009	−0.134	0.051
	C_{13}	0.021	0.183	0.009	1	0.222	−0.275
	C_{18}	0.07	−0.008	−0.134	0.222	1	−0.108
	C_{19}	−0.2	−0.426	0.051	−0.275	−0.108	1
显著性（单尾）	C_6		0.44	0.013	0.448	0.334	0.108
	C_{10}	0.44		0.15	0.129	0.48	0.003
	C_{11}	0.013	0.15		0.479	0.205	0.377
	C_{13}	0.448	0.129	0.479		0.084	0.043
	C_{18}	0.334	0.48	0.205	0.084		0.253
	C_{19}	0.108	0.003	0.377	0.043	0.253	

7.3.2.2 基于投融资平台财务指标的 Logistic 模型

以 C_{10}、C_{11}、C_{13}、C_{18} 四个投融资平台财务指标为自变量，投融资平台是否出现债务风险 y 为因变量，利用 SPSS 软件进行逐步向后二元 Logistic 回归，可得出模型实证结果，见表 7-25。

表 7-25 平台财务指标的回归结果

是否出现债务风险[a]	B	标准错误	Wald	自由度	显著性	Exp（B）	Exp（B）的 95%置信区间	
							下限	上限
截距	5.895	3.193	3.408	1	0.065			
C_{10}	−0.007	0.004	2.948	1	0.086	0.993	0.986	1.001
C_{11}	−0.049	0.028	3.021	1	0.082	0.952	0.901	1.006
C_{13}	0.023	0.028	0.653	1	0.419	1.023	0.968	1.081
C_{18}	1.212	0.642	3.566	1	0.059	3.36	0.955	11.818

a. 引用类别为：1.00

根据上述的实证结果，如果只考虑投融资平台财务指标，构建地方政府投融资平台公司债务风险评估模型，得

$$\ln\left(\frac{P(y=1)}{1-P(y=1)}\right)=5.895-0.007\times C_{10}-0.049\times C_{11}+0.023\times C_{13}+1.212\times C_{18} \tag{7-32}$$

以 0.5 为默认临界值，模型预测结果见表 7-26。其中，正常样本的预测成功率为 91.75%，而对出现债务风险样本的预测成功率较低，只有 66.7%，综合预测成功率为 91.00%。这说明了仅依靠投融资平台自身财务指标并不能很好地预测其是否出现债务风险。

表 7-26　平台财务指标的模型预测结果

观测值	预测值		
	0	1	正确百分比
0	178	16	91.75%
1	2	4	66.70%
总体百分比	90.00%	10.00%	91.00%

7.3.2.3　基于投融资平台财务指标、政府信用数据及辅助指标的 Logistic 模型

以 C_{10}、C_{11}、C_{13}、C_{18}、C_{16}、C_{19} 为自变量，投融资平台是否出现债务风险 y 为因变量，利用 SPSS 软件逐步向后二元 Logistic 回归，可得结果，见表 7-27。

表 7-27　包含整体指标的回归结果

是否出现债务风险 [a]	B	标准错误	Wald	自由度	显著性	Exp（B）	Exp（B）的 95%置信区间	
							下限	上限
截距	226.664	59 823.712	0	1	0.997			
C_{10}	−0.13	29.323	0	1	0.996	0.878	9.64×10^{-26}	$8.008\ 66\times10^{24}$
C_{11}	−0.311	262.826	0	1	0.999	0.733	1.40×10^{-224}	3.83×10^{223}
C_{13}	0.33	162.6	0	1	0.998	1.391	5.47×10^{-139}	3.53×10^{138}
C_{18}	−0.147	868.37	0	1	1	0.863	0	.[b]
C_6	0.458	446.589	0	1	0.999	1.581	0	.[b]
C_{19}	−46.181	12 066.71	0	1	0.997	8.79×10^{-21}	0	.[b]

a. 引用类别为：1.00；b. 在计算此统计信息时发生了浮点溢出，因此将其值设置为系统缺失

根据上述的实证结果，综合投融资平台财务指标、地方政府信用指标及综合指标，构建地方政府投融资平台公司债务风险评估模型，得

$$\ln\left(\frac{P(y=1)}{1-P(y=1)}\right)=226.664-0.13\times C_{10}-0.311\times C_{11}+0.33\times C_{13}-0.147\times C_{18}+0.458\times C_6-46.181\times C_{19} \tag{7-33}$$

以 0.5 为默认临界值，模型预测结果见表 7-28。其中，正常样本的预测成功率为 98.45%，对出现债务风险样本预测成功率为 100%，综合预测成功率为 98.5%。

表 7-28 包含整体指标的模型预测结果

观测值	预测值		
	0	1	正确百分比
0	191	3	98.45%
1	0	6	100.00%
总体百分比	94.00%	6.00%	98.50%

7.3.3 实证研究结论

1）研究结论

地方政府指标是衡量地方政府投融资平台债务风险的重要指标。经过曼－惠特尼U检验后，本章所选20个原始指标中共有15个变量能够表现出在正常平台与出现债务风险平台之间的差异。

相比仅以地方政府投融资平台财务数据为自变量的模型，增加地方政府相关指标后，有助于提高模型对平台出现债务风险的预测效果。

2）研究存在的不足

样本限制：本章选取的研究样本为在公开市场融资的投融资平台，由于数据采集的困难，样本量限于200个。

数据限制：地方政府投融资平台存在大量建设期长的项目，当前平台的财务数据并不能完全反映其偿债能力；本节研究投融资平台的债务风险只使用单一年度的平台财务数据和地方政府财政数据，缺乏连续性的数据支持。

变量限制：本节自变量选择主要突出了投融资平台自身及地方政府信用风险对其债务风险的影响，而在实务操作中投融资平台是否出现债务风险的影响因素还有很多，由于数据取得的限制，本章实证研究没有考虑其他变量。

7.4 本 章 小 结

本章从中央政府和金融机构视角出发，分别构建了地方政府投融资平台债务风险评价体系及地方政府投融资平台债务风险度量模型。从中央政府视角，本章选取了部分具有代表性的宏观、中观和微观风险指标，运用模糊综合评价法和层次分析法，构建地方政府投融资平台债务风险评价体系，并选取省、市不同级别的平台作为对象进行实证研究，验证了基于中央政府视角的投融资平台债务风险评价体系的可行性。从金融机构视角，运用Logistic回归方法构建投融资平台债务风险度量模型；从两个层次进行实证研究，第一个层次是仅考虑投融资平台财务指标的 Logistic 模型，第二个层次是综合了投融资平台财务指标和地方政府信用指标之后的 Logistic 模型，最后将两个模型的显著性及预测效果进行对比。

8　地方政府投融资平台债务风险管控的对策建议

8.1　中央政府层面

8.1.1　建立健全政府债务管理制度

1）建立健全地方财政重整制度，完善地方政府破产法律体系

目前来看我国地方政府债务风险整体可控，但仍有个别政府寅吃卯粮、盲目举债，随着时间推移爆发债务危机可能性越来越大，破产成为此类政府实现财政重建的唯一出路。鉴于这种情况，国家应该及早建立健全地方财政破产法律体系，保证地方政府爆发债务危机时能够依法处理，稳妥高效地推进其有序破产，防止突然破产加剧市场恐慌，引起债券、股票市场连锁反应，影响金融稳定、扰乱金融秩序。地方政府破产法律包含以下内容。

（1）明确提出破产申请的条件和程序。包括但不限于有资格提出破产的政府级别、申请破产的流程、申请破产的关键指标（如债务水平、财政赤字等指标触发风险的阈值和警戒值），主管上级在破产申请中的责任和义务等。

（2）明确地方政府与债权人的责任划分。地方政府需要为社会公众提供公共服务，这是其基本职责。所以与普通破产不同，在破产重整过程中，需要力保地方政府不关门，在履行基本职能的基础上进行债务重组以保障债权人合法权益。当出现破产情况时，在地方政府和债权人的责任划分上需要更清晰的法律规定。

（3）明确地方国有资产在债务重组中的处置方式和范围。首先，与私人企业不同，政府资产具有国有属性，在涉及国有资产的处置中先解决评估问题，不要因为低评导致国有资产流失，也不要因为高估导致迟迟无法变现。其次，中央政府应明确国有资产清偿的债务范围。再次，应清晰界定哪类资产可以用于清偿债务，建立好纳入清偿范围资产的标准。最后，需要第三方专业机构对债务清偿流

程进行监督并建立问责机制。

2）进一步制定完善新《预算法》配套的实施细则

为控制地方政府债务规模和风险，国务院 2014 年对《预算法》进行修订，2015 年开始执行，2014 年 10 月份发布与之配套的《国务院关于加强地方政府性债务管理的意见》等文件。新《预算法》及 43 号文规定了地方政府可以适度举借债务，同时也明确规定了地方政府债务的承债主体、举债规模、融资方式、债务用途及债务管理，规范了地方政府债务资金的“借、用、还”脱节或管理不规范等相关问题，同时对严格控制政府新增债务规模和降低已有的存量债务风险具有重要现实意义。财政部、中国人民银行、银保监会等部门还需要进一步完善新《预算法》的相关实施细则，建立符合我国实际情况的政府预算管理和约束机制，提高预算的科学性和有效性，逐步消除政府债务的隐性债务，为防范和控制政府债务风险奠定一定的法律基础。

8.1.2 建立健全地方政府债务风险管控工具

1）建立债务可持续性分析模型

债务可持续性分析模型是指根据一系列特定指标，在保证债务可持续性的基础上构建的分析模型。我国要构建债务可持续性分析模型，必须充分考虑政府财政赤字、政府筹资能力和政府偿债能力，重点关注三方面：①未来 20 年外部环境冲击和内部政策改革引发的债务负担预测；②进行持续的外部债务压力的风险评估，根据我国政策与体制环境制定债务负担警戒值；③考虑采取何种方法和举措能够降低债务风险。

在具体模型构建方面，应关注两方面：①从当前政府债务现状出发，构建评估体系的理论架构，开展债务可持续性分析，对指标筛选、权重设置开展定量分析；②用因子分析方法降低不确定因素的影响，测算各种情景中财政可持续性水平，对关键性指标设置预测值大小，减少不确定性对评估结果的干扰，提高预测准确性，增强债务调整针对性。

2）建立债务管理绩效评估系统

通过建立债务管理绩效评估系统，能够规范地方官员举债行为，提高资金使用的精细化管理，从而有效控制地方政府债务过度扩张。持续跟踪地方政府债务治理，及时评估治理效果并纳入地方官员的考核，提高债务治理效果。建议中央政府借鉴国际经验，从协调宏观经济政策、结合战略发展治理、现金流向预测管理、债务记录与操作风险管理等方面构建地方政府的债务管理绩效评估系统框架。

同时考虑我国实际情况，进行适当调整和优化。首先，从经济性、合理性、效率等方面考量债务资金使用,通过建立有效的地方政府债务管理绩效评估系统,进行统一风险判定，控制风险敞口。其次，在地方官员的政务考核中，定期对各级政府债务管理情况进行考核，促进地方官员优化资金使用效率。最后，评估机制既有长期目标，也应有短期机制，长短结合协调一致。可以先在不同地区试点，运作成熟后再全面推广，根据东部、中部、西部各地区经济发展不平衡情况制定专属标准。

3）完善地方政府债务信用风险预警机制

2016年，财政部、各地方省政府先后出台了关于《地方政府债务风险评估和预警》的相关办法,财政部门定期监测并公布地方政府债务预警和风险提示名单,对超过警戒值的债务，将采取严格限制措施。在暂行办法中，重点监测的指标有债务率、新增债务率、逾期债务率、偿债率、综合债务率等。尽管明确了监测指标，并对指标设定监测标准，但当前的预警机制仍存在以下问题。

（1）忽视了对新增债务带来的潜在风险预警，片面侧重于对存量债务偿还风险的预警。要想解决债务风险预警问题，不仅要做好存量债务风险预警，还要注重新增债务风险预警。只管存量不管增量是无法真正做好债务风险预警的，坚持存量增量两手抓才能系统性地解决债务风险预警问题。

（2）现有的预警指标体系相对单一。债务预警指标体系既要包括债务类的指标，还必须包括财政收支、经济发展、制度环境等非债务类指标，只关注债务类指标是不全面的。非债务类指标能够反映地区的经济财税变化，是政府债务未来还款来源的评判依据，有助于预测出现债务风险的可能性。增加非债务类指标，完善现有预警指标体系，显得十分有意义。

4）加快推进权责发生制政府综合财务报告编制

权责发生制政府综合财务报告指政府按照权责发生制提供的反映本级政府某一特定日期财务状况和某一会计期间收支成果的文件，它由政府财务报表、财务报表附注、财政经济状况和财政财务管理情况构成，是一个完整的报告体系。从长远视角看，真实客观反映政府债务风险情况，就必须包含权责发生制政府综合财务报告。

“建立权责发生制的政府综合财务报告制度”是在党的十八届三中全会首次提出的，这也是新一轮财政改革的重要内容。编制以权责发生制为基础的政府综合财务报告是规范地方政府债务管理的前提，这需要把政府负债信息作为核心内容编入，全面反映直接负债、或有负债及隐性债务的内容，有利于中央政府真实掌控地方政府债务规模，评估债务风险，统筹资金予以应对。具体需要从以下四个方面着手。

（1）修订政府会计准则。包括基本准则和具体准则，其中，基本准则用于规范政府会计的目标、主体、信息质量特征、核算基础等原则事项；具体准则以基本准则为依据，主要规范政府发生的具体交易或事项的会计处理。

（2）修订现有政府会计制度。现有政府会计制度应在统一的政府会计准则框架下进行修改，修订后能够全面反映政府财务信息，为评价政府财务状况、防范债务风险提供依据，同时还要满足政府财务和预算的双重会计信息目标。

（3）制定政府财务报告操作指南。简洁的操作指南包含报表项目的填列方法、分析方法等，才能规范、高效地确保编制工作的顺利开展。

（4）扎实推进编制基础工作。编制政府综合财务报告需要合理确定数据来源和计量标准，如固定资产、公共基础设施、土地储备等多头管理数据，需要明确标准统一口径。

8.1.3　推动国家财税体制改革，完善地方官员考核导向

1）通过不断推进国家财政和税收体制的改革，进一步建立健全地方财政收入体系

为了实现中央与地方的财权、事权相匹配，中央政府目前每年把约30%的财税收入，通过相关的支付转移制度返还给各级地方政府。但在实际操作的整个过程中，依然有较严重的结构不平衡现象。经济发达地区和沿海等地的专项转移支付占比较其他地区高很多，进一步加大落后地区与经济发达地区的财政收入差距。而经济落后地区为了缩小差距唯有加快经济发展，又进一步增大债务规模，随着还本付息压力不断上升，地方政府将深陷债务泥潭。所以完善财政转移支付制度在当前形势下意义重大，可通过取消部分税收返还，对经济发达地区政府进行“劫富”，通过增加一般转移支付对经济落后地区政府进行“济贫”，以求平衡财政赤字、缓解经济落后地区的政府债务风险。拟从以下三个方面着手。

（1）地方政府应拥有一定级别的税收管理权，让各项税权进一步下放。建立具有特色的税收政策，全面掌握自身财政情况，让地方政府能够充分发挥税收调控能力。当然，如果要下放税收权利，一定要有一套完善的配套制度，制定操作简单、效果明显的相关体系，推动规范、高效的税收管理。

（2）政府税收返还比例应该按不同地区的经济发展能力实际情况进行动态调整。当前我国的政策导向为中央政府将各地上缴的消费税和增值税按一定比例返还给地方政府，上缴越多的地区返还就越多。财力不足、经济相对落后的地区，应优先实施特殊的税收优惠政策，提高部分税收返还比例，助推其迎头赶上。

（3）增加财产相关的税源，如开征房地产税。当前各地的房价高企造成实体经济经营困难，在此背景下开征房地产税既能开拓税源又能缓和社会矛盾。当然，房地产税的征收必须循序渐进，防止征收过猛引发房价大跌带来的金融风险，以及土地出让金断流的财政风险。

2）改变唯GDP论英雄的考核导向，从根源上有效地抑制地方政府过激的投融资活动

官员追求政绩无可厚非，但不恰当的考核导向将引发执政套利和过度建设。以 GDP 规模或增速作为主要考核指标，从某种程度上在地方政府过度负债问题上起到推波助澜的作用。各级地方官员绞尽脑汁，罔顾财政负担上限大干快上来拉动 GDP 增长，进一步加剧当前投融资平台的债务风险，使情况恶化。所以，只有从根源上改变当前官员唯 GDP 论英雄的考核导向，建立科学合理且可持续发展的综合评价考核体系，才能从源头上实现对投融资平台债务风险的有效管控。即便是同一地区不同部门的官员，也需尽量采用综合经济发展、提高民生、完善公共服务等不同类别的指标进行综合考核，降低地方政府官员的投资冲动，从源头上减轻地方政府负债压力。

8.2　地方政府层面

8.2.1　强化地方政府对投融资平台的监管

1）加强风险管理和控制工作，建立健全投融资平台的风险管理

我国各个地方的投融资平台虽然表面上由国资委、财政部等多个部门监管，而实际执行中由于多头管理、责权划分界线模糊、管理环节薄弱等问题，导致了政策实施的效果不佳。对投融资平台进行统一的监管，建立起有效的管理机制，以加强对其各项融资行为的监管力度，有效控制其负债规模；规范不同平台之间的互相担保，降低爆发区域金融风险的概率；同时也有助于限制地方政府债务总规模，促进地方政府投融资业务可持续开展。

2）进一步提高投融资平台债务透明度，加大信息披露力度

建立统一的政府债务信息披露系统十分有必要，当前地方政府债务披露不透明，存在不披露、少披露、漏披露的现象，必须由地方政府和金融机构统一口径，并及时披露全部债务信息，才能有效促进投融资平台债务信息透明化。主要包括两方面工作：①直接从法律法规层面进行修订，现行法律法规不够全面细致，使投融资平台负债存在违规操作的漏洞，要想堵住漏洞就必须修订相关法律法规；②加强信息披露机制的健全，当前地方债务披露主体（如人民银行、审计署、银保监会、财政部门、投融资平台等）、披露内容（各类信息和数据的主要来源、统计口径、统计标准）缺乏统一标准，容易造成信息披露不一致，及时披露或有负债甚至是隐性债务，才能促进投融资平台债务信息透明化。

8.2.2 加强地方政府债务管理

站在地方政府角度大力发展经济是重中之重，但也要防止由于片面追求经济发展引发区域债务风险。建议地方政府加强以下三个方面的债务管理。

1）推行地方政府债务的相关制度与硬约束

首先，将现有的各类隐性债务，按国家法律法规的相关规定，在地方政府资产负债表内全面、真实地统一上报，务必使得各种隐性债务“显性化”。其次，设置地方政府债务总量控制预警线，当债务触及预警线时，将严格控制增量融资，仅限低息换高息、长期换短期的债务置换，力争不断降低地方政府的债务风险。

2）限制地方政府债务担保行为，并进一步规范其贷款抵押行为

《担保法》中规定，各级地方政府及其所属部门、机构均不得以国有资产、财政性收入等为投融资平台项目提供直接或间接的债务担保。投融资平台是独立法人，因此不允许地方政府以财政兜底的方式进行担保，必须独自承担各类经营风险。而对于投融资平台的抵押贷款方式，根据我国金融机构的相关规定，地方政府的各类行政大楼等均不能作为贷款抵押品，同时严禁把学校、医院、公园等社会公益性资产用来抵押。

3）建立完善的投融资平台债务偿还保障机制

地方政府还需对投融资平台加强日常监管和不定期现场检查，要求平台制定各类投融资项目全面可行的还本付息计划。地方政府就财政收支情况，统筹安排平台债务偿债计划，力争做到未雨绸缪。各级地方政府建立的偿债基金的资金包括：①融资建设项目自身产生的现金流；②地方政府收取的国有土地有偿使用费；③政府专项基金收入；④政府国有资产增值收益；⑤其他一般预算收入。对于公益性项目的债务还款计划，应该从财政经常性收入中特别安排出一部分资金用于偿还。最后，还需加强对其债务资金的监管，严格监控每笔资金的使用情况，保证专款专用，禁止将平台的资金挪用于其他项目或公司。

在投融资平台偿债资金上面，必须重点强化土地出让金收支管理。土地出让收入是地方政府最重要的资金来源之一，因受国家房地产政策调控和经济发展周期影响较大，一直以来就存在代际不公平、稳定性弱、可持续性差等问题。因此，应加强地方政府土地出让金的管理，力求提高土地出让金稳定性。一方面，土地从收储、开发整理、转让、收入入库等环节时间跨度长、不可控因素多，需要财政、国土、土地收储等三个部门通力协作；另一方面，提高土地规划的科学性和合理性，科学合理制订征地计划，积极探索区域土地指标流转拍卖转让制度。

8.2.3 推动地方政府融资行为的市场化

随着我国金融市场和债券市场的发展，应积极拓宽地方政府多元化、多渠道的直接融资，有效减少投融资平台间接负债规模和比例，鼓励直接融资，降低银行表内外贷款规模，降低融资成本及贷款集中度。

1）继续鼓励发行政府债券

在新《预算法》及 43 号文规定允许地方政府通过债券为基础设施建设项目进行融资后，我国地方政府债券开始走进历史舞台，而且发行规模将随着地方经济发展和财力增长加速扩大。地方政府债券融资和投融资平台筹措的资金在投向上不应该产生重复或相互替代的关系，而应分工协作、发挥合力，更好地满足地方政府投资事权范围内的纯公益性、准公益性和准经营性等各类公共工程项目建设需要。截至 2017 年末，地方政府债券余额 14.74 万亿元，约占估算的地方政府债务 42%，未来仍将有进一步提高占比的需求。当然政府债券不能完全替代投融资平台对公益性基础设施建设的贡献和作用，投融资平台作为由政府搭建的特殊融资载体，在未来若干年依然具有很大的生存价值和发展空间。

2）吸引民间资本参与基础设施建设

为了保持经济稳定增长，缓解经济下行的压力，国务院多次强调盘活资源，要求各地应积极采取措施鼓励民间资本参与基础设施建设。国务院、国资委、财政部等国家机关相继出台一系列的文件及指导意见，赋予了民间资本和国有资本同等的地位、待遇，坚决遏制挤兑社会和私人资本投资公共基础设施项目的情况，支持社会和私人资本积极参与并投资公益性、准公益性或有收益的基础设施建设项目，鼓励社会和私人资本与政府的公共资本开展合作，即 PPP 模式，也可采取政府赋予社会资本一定的特许经营权等多种合作方式，吸引社会资本共同开发建设地方基础设施项目，提高当地的经济和社会发展水平。

8.3 地方政府投融资平台层面

8.3.1 建立多元化融资方式

为了应对投融资平台日益增高的负债率和低比例直接融资等问题，地方政府应该根据项目资金规划，选择合适的融资方式，杜绝由投融资平台作为主体统一借款再分配资金的方式。针对投融资项目的不同性质，制定的融资方式也不一样，有意识引导投融资平台从资本市场直接融资。

（1）针对公益类项目，政府应该从财政安排专项资金支持这类项目，如果确实由于财政资金安排问题需要投融资平台先行自筹，则需要投融资平台通过企业债等形式先行募资。目前的投融资平台多数同时承担着两个，甚至更多的公共基础设施项目，这些项目周期长且处于不同建设阶段，资金使用计划不一致，对投融资平台的资金管理形成极大考验，紧张的现金流致使投融资平台容易产生资金流动性风险。因此，对于投融资平台有建设周期较长的项目，鼓励其适时发行企业债券，能更好地避免因缺乏现金流而导致项目逾期或停工等各类损失。

（2）针对拥有收费权的准公益性项目，要求投融资平台自筹资金，引导其运用 BT、BOT、PPP 等方式开展融资。采用这类方式融资，政府仅需承担少量补贴资金用于基础设施建设和维护的费用，却能够在特许经营时限到期后无偿获得优质资产。充分发挥地方政府的引导宣传作用，鼓励支持投融资平台通过 BT、BOT、PPP 开展融资。

（3）鼓励投融资平台开展直接融资，包括但不限于发行企业债券、定向融资工具等方式，还可以通过资产证券化、项目收益债融资、类信托基金融资等多种方式，实现多元化融资渠道在各类平台的发展，最终形成投融资平台直接融资和间接融资合理共存、全面发展的多元化融资结构。

（4）积极推动投融资平台融资行为的市场化。市场化融资使投融资平台的融资行为更加规范（债务约束力度更强），融资效率更高（债务更透明，成本更低）。主要是因为市场化融资需要第三方专业机构的介入，如会计师事务所、律师事务所、证券公司等，中介机构对项目的可行性、现金流进行测算，对融资主体还款能力、还款意愿进行评估，对融资行为进行全方位的公示，大大强化投融资平台融资行为的自我约束机制。因此，建议我国地方政府重视并鼓励投融资平台积极合理开展市场化的融资业务。

8.3.2　完善投融资平台公司治理

政企不分是很多投融资平台现状，尽量减少地方政府对管辖内投融资平台的经营决策干预，逐步实现政企分开。地方政府常常为了获得良好政绩而忽略自身能力，盲目增加融资金额。如果通过行政命令干扰投融资平台正常运营，加大财务杠杆，就会出现罔顾财力盲目建设的融资现象。

1）推进投融资平台独立经营、风险自担，完善其组织架构和管理机制，摆脱地方政府“影子公司”的尴尬地位

投融资平台必须重视自身市场开拓能力和项目营运能力，加大资源整合力度做大规模，加强内部风险控制和成本控制能力做大利润，逐步转向业务独立、自负盈亏的市场化企业。只有这样，才能逐步降低对政府补贴的依赖，最终摆脱政

府对投融资平台经营决策的直接干预。

2）逐渐健全投融资平台内控风险检查机制

首先，避免决策项目中出现“一言堂”，发挥集体决策的优势，充分论证项目运行可行性和收益性，对决策流程进行监督约束，以实现投资决策流程的规范化管理；其次，在绩效考核制度中明确奖惩制度，对于举债行为中出现决策失误引发风险的，坚决予以问责，相关的决策人、参与者都需接受相应处罚；最后，每年进行一次严格的财务审计，并对各投融资平台的重大事件和重大项目进行专项审计。

3）建立健全投融资平台的债务风险预警体系

首先，选取系统、科学、合理的风险预警指标，通过对投融资平台自身盈利情况、偿债能力等相关指标进行量化，考虑政府未来财政赤字、偿债情况，综合各个方面因素制定预警指标，才能更好地保证其科学合理性；其次，随时对贷款项目资金的使用及偿债资金专户进行严格监控，并及时跟踪项目的建设进程，特别要形成书面的阶段性专项风险检查报告；再次，完善应急机制，一旦由于突发事件或者资本市场波动爆发债务危机，能够迅速有序进行遏制，防止债务风险连锁传导进而造成系统性风险；最后，建立投融资平台的信用等级制度，积极探索发展相对独立的第三方信用评级机构，在一定程度上推动当前六大评级机构评级结果互通互认，促进债权人了解平台现状，更好地甄别风险。

8.3.3　促进投融资平台战略转型

地方政府必须既抓资产管理和经营，又抓产业升级和结构转换，做好“两手抓”的工作，才能继续扶持地区支柱产业的建设，提高投融资平台转型速度和质量。投融资平台必须拥有长期发展计划和远大战略意识，必须与时俱进，拥有战略转型决心，全面提升发展经营能力，以期防范财务风险。其中，集团化控股的投融资平台需要转型为投资型公司，获取资本收益。操作路径包括在股票二级市场低迷的时期控股上市公司，随后逐步将所控股的子公司资产装入上市公司，实现资产的变现和资本利得。对于单一业务型的投融资平台需要根据业务性质转型为市场竞争型企业和体制支持型企业。转型为市场竞争型企业，则需大力提升营利能力，将政府的各类资源（包括交通、旅游、医疗、文化资源）充分整合起来，将可以产生大量经营现金流的资产注入平台，提升投融资平台盈利质量及市场竞争力。要积极转变观念，鼓励投融资平台从各渠道开展营利性创收业务，恢复企业现金流的造血机制，降低其债务风险。

8.3.4 管控管理者的道德风险

防范投融资平台债务风险，还应该注重对管理者道德风险的管控。加强道德风险管控需要注意以下四个方面。

1）加大廉洁自律和道德培养的教育宣传

为官德为先，特别是关键岗位的领导干部，要坚守道德底线，提高个人风险意识，防微杜渐，具有风险意识和大局意识。

2）建立科学的用人考核机制

在当前投融资平台或多或少会受到地方政府干预的影响背景之下，正确认识这种特殊关系就需要正确的价值导向和激励考核机制。管理者要为投融资平台的长期发展献计献策，尽量促使平台不因盲目追求扩张而负债累累，从而有效降低平台的债务风险。当然，有奖有罚才能促进管理者大施拳脚，对创收盈利者表彰奖赏，对因主观过失造成国有资产损失的，则要引入处罚机制，不得姑息。

3）提高监督检查

虽然道德风险的管控主要在于提升平台管理者的内在素质上，但也需要进行切实有效的检查监督机制。只有从加强财务审计、强化内部控制、提升监督管理水平等方面入手，才能降低道德风险、促进道德水平提高。

4）提高投融资平台的运营透明度

应加强信息披露，提高广大群众对平台融资项目和债务风险防控的了解和参与，对平台运营进行合理监督，让政府职能部门管理者能随时了解投融资平台项目现状，对潜在风险及时把脉，更利于投融资平台运营的健康、长远发展。

8.4 金融机构层面

8.4.1 商业银行

1）实施统一的地方政府授信管理

众所周知，商业银行是在政府信用支持的基础上，对投融资平台主体进行授信，对市政基础设施项目进行贷款。然而大多数地区平台数量较多，分开授信加大了授信规模；信贷产品种类繁多，独立审批将放大风险敞口。为了防止地区授信规模过高、风险敞口过大的问题，商业银行可以考虑按照对集团大客户进行授信的管理思路，与省级政府签订总的合作资金额度，根据政府的财政赤字水平和偿债能力进行基础授信，约定基础额度，包括省会城市及地、市、县等地方政府的授信额度统一在基础额度里。此外，商业银行对投融资平台贷款、PPP 模式的资金融资，以及投资各类产业基金等项目都给予一定的信贷额度，并纳入基础额度进行统筹管理。而省级政府应统筹安排下辖地市级和县级政府的授信行为，在一定范围上约定上限，有助于对商业银行下属各分支机构与当地政府开展授信业务进行指导。

2）严格贷款审查管理

（1）全口径风险管理：商业银行对地方政府的融资方式多种多样，包括但不限于股东融资、项目融资、贸易融资、产业基金、购买债券等，这些方式所提供的资金必须纳入全口径的风险管理。同时，现代商业银行走集团化的道路，这就要求同一集团下不同牌照的金融子公司针对同一主体的融资必须合并计算风险额度，开展全口径风险管理。

（2）严格授权管理：商业银行为了提高经营效益，普遍采取分级授权制度，授予各分支行一定信贷额度的审批权限。由于商业银行分支机构风险控制能力参差不齐，投资偏好不一致，对投融资平台的项目并不能完全识别风险。而为了与当地政府建立良好政商关系以便开展其他行业的业务，可能出现降低风控标准迎合投融资平台贷款的现象。对此，商业银行理应对投融资平台的各项贷款业务实施更为严格的授权管理，收紧审批权限，从更高层面进行统筹考虑、择优选择项目和贷款。

（3）加强第二还款来源管理：对投融资平台进行贷款，第二还款来源是降低风险的重要保障。平台贷款中长期贷款占多数，但时间越长其还款现金流就越不稳定，爆发风险可能性越大。这要求商业银行在信贷投放前做好增信手段：首先，增加抵押物，特别是具备国土证的土地抵押；其次，探索应收账款质押，如景点门票收费权、停车场收费权等；最后，是极端情况下抵质押权被撤销、限制时，优先处置抵质押物的保障措施。

3）严格执行放款审核及贷后管理

放款审核是商业银行发放贷款的重要环节，务必要严格执行资金监管、放款审核和贷后管理。首先，加强放款审核，对投融资平台的贷款进行形式上和实质上双重审核，形式上注重该笔贷款是否符合法律法规、监管要求，是否满足贷款发放的基本条件；实质上注重审核资金用途、还款来源、担保条款、抵质押物办理抵质押手续。其次，严格监管投放资金，严格按照贷款合同对信贷资金流向进行监控，杜绝资金被挪用、挤占或流失，操作程序上开立专管账户，信贷资金封闭运行，对于投资项目的营运收入和财政补贴也要归集到监管账户。最后，严格执行贷后管理，针对贷款项目的建设进度、资金使用进行定期评估，关注资金的短期和长期使用计划，对于付息及阶段还款资金要提前安排。定期召开贷后管理会议，关注项目建设及运营情况，发现问题第一时间报告，并按相关程序采取有效的措施，及时化解风险。

8.4.2 非银行金融机构

非银行金融机构作为投融资平台重要的资金补充来源，是投融资平台债务风险管控的重要手段。

1）券商

鼓励券商加大资产证券化的推动力度，包括政府收费权的资产证券化、投融资平台信贷资产证券化。政府收费权的资产证券化方面，目前市场上针对政府收费权的资产证券化案例很多，主要集中在水电气供给项目、高速公路收费项目、景区门票交通项目，由于项目现金流持续，收益稳定，受到投资者的认同。政府收费权的资产证券化有利于降低投融资平台负债规模，减少财务成本。通过资产证券将投融资平台的信贷资产统一进行打包出售，以此让投融资平台的信贷资产实现证券化。一方面，将银行表内资金风险转嫁到表外，从而解决银行本身的流动性问题，提高银行资产充足率，并降低加权风险资产总额；另一方面，商业银行通过投融资平台的信贷资产证券化，将贷款存量资金盘活，增加信贷资金规模，为银行进一步扩大信贷规模并创造更高效益奠定了基础。

2）基金

在投融资平台债务风险管控方面，产业基金的大力发展势在必行。由社会资本和政府共同发起设立的政府产业基金，以“政府引导、市场运作、企业管理”的形式运营，主要以股加债、单独股权和债权的形式投资于有关产业，其发展对当前供给侧结构性改革和经济转型升级发挥了积极作用。在产业基金中，投融资平台以股权方式进入，承担有限责任，以承担较小债务风险的代价引入资金支持地方经济建设及推动产业升级。

8.4.3 金融机构监管单位

1）定期进行风险监测、建立健全相关机制

对于金融机构的监管部门，尤其是央行和银保监会，必须以防范系统性金融风险为底线，做好投融资平台债务的监控工作，包括地方政府的财政收支情况、当前债务规模及后续还本付息情况、投融资平台自身偿债能力信息，及时提示风险。对曾有违约现象的投融资平台和所属地方政府，监管单位实施负面清单管理，针对负面清单的主体加强监管，避免风险进一步扩大和蔓延。

2）建立有效的沟通协调机制

银保监会、人民银行和银行业协会应该在银行、政府及投融资平台之间搭建信息沟通桥梁，有效、及时地让三方进行沟通协调和信息交换，及时反馈政府、投融资平台的债务情况，提高政府及投融资平台的债务透明度，防范债务风险。

8.5 化解地方政府投融资平台债务风险的思考

地方政府投融资平台主要承担城市基础设施建设、公用事业投资等重要职能，在履行相关职能的过程中不断产生新的负债，累积债务风险。如何在满足基础设施建设、公用事业投资资金需求的情况下，尽量少增加负债显得尤为重要。因此，建议推动 PPP 项目模式、推动产业基金模式。

8.5.1 推动 PPP 项目模式

PPP 项目模式是指引入市场激励约束和竞争机制，根据一定的方式和程序，促进民间资本参与到城镇化建设或一些公共基础设施建设中，通过明确政府与社会资本双方的权利、义务、风险和收益，发挥双方优势，进一步提高公共产品及服务的质量。随着 2013 年底新《预算法》、43 号、351 号文等重磅文件出台，加上各方的共同努力，PPP 模式将迎来新的机遇与挑战，并不断推进迈上新台阶。截至 2017 年 10 月 31 日，PPP 全国入库项目 6 806 个，总投资额 10.2 万亿元，项目储备库规模不断扩大，表明中国已成为全球最大的 PPP 市场，PPP 落地速度加快，成为新经济领域中最活跃的部分，并取得了实实在在的成效。

PPP 模式里的诸多优势中，缓解政府部门的融资缺口是其重要方面之一。鼓励社会民营企业参与推广 PPP 模式，可以弥补部分地方政府资金缺口，并能有效解决公共设施项目提供不足和管理混乱的问题。在一般的 PPP 项目中，投融资平台出资的股本金在 10%~30%，社会资本股本金占比 70%~90%，考虑到股本金通常是项目总投资的 30%，也就意味着总投资的 70%为金融机构的借款。与传统的投融资平台项目贷款相比，PPP 项目模式投融资平台出资更少，负债比例更低，对于投融资平台债务风险化解有着重要意义。

1）管理模式

PPP 项目的运作流程复杂，管理模式上主要有基金管理人参与运营和不参与运营两种模式。市场上大多数的 PPP 项目基金公司都参与了营运，这是由于基金公司既是管理人，同时也是投资者（一般管理人募集或者引进不低于 50%项目资本金），相互培养关系和市场认知，并对提供技术的团队进行分类考察，从而让多个投资者之间形成一种成本共担的关系，变向降低投资成本。

2）投资对象

PPP 项目模式具有周期长、收益稳定、规模较大的特点，从资产端看适合于基础设施建设的投资，从资金端看适合偏好长期资产配置的投资者。具体来说，城市水电气、景区营运、污废处理、管网建设、停车场等领域都将会运用到 PPP 模式。而鼓励社会资本参与有助于提高公共基础设施的供给和服务质量，又能让企业得到合理的收益回报，所投资的基础设施也可持续运行。

3）退出通道

PPP 模式主要有三种退出方式：①以资产证券化的形式退出；②由政府出面以股权回购或转让方式退出，即对参与 PPP 项目完成相应建设工程的社会资本进行股权回购；③通过 PPP 项目公司清算的方式退出，根据社会资本的投入情况，清算其应获取的收益，完整实现其投资资本的退出。

4）风险防范

从风险防范来看，主要针对地方政府和 PPP 项目公司。针对地方政府，要加强信用约束机制，杜绝地方政府借助 PPP 项目过度融资的行为。主要通过信息公开、中长期财政规划、行政监督、预算绩效管理等手段，将政府信用和相关领导的政绩考评挂钩，强化对政府相关政策透明度和持续性的约束。特别是对 PPP 项目在财政资金方面提前规划，及时付款，保障 PPP 项目现金流稳定。针对 PPP 项目公司，项目方应该规范自身项目营运，做到合法合规阳光运作，保障 PPP 项目正常运作和现金流回收。应健全工作协调机制提高业务财务协同，引入动态融资理念，建立常态管控机制，根据项目进展适时调整融资计划，规划好投融资现金流，提升整体财务运作的效用。

8.5.2 推动产业基金模式

政府产业基金是基于特定目的由政府与社会资本共同发起设立的基金，其主要目的是扶持区域特定产业公司、加快区域经济转型，优化区域产业结构、帮助区域经济持续发展。在产业基金的资金性质中，政府授权投融资平台以有限出资认购劣后级，社会资本、金融机构认购优先级。广义上的产业基金就是由政府设立的政策性基金，而狭义上的产业基金则主要特指政府创业投资引导基金。

1）特点与作用

政府产业基金能够有效引导社会资金集聚，为企业提供股本资金支持，解决中小企业融资难的困难；投资政府产业基金的主体一般是创新型企业，这样也能够以政府的信用吸引社会资本，使资金流向新兴领域，引导并带动民间资本对拥有高新技术的企业进行投资，即优化了资金的配置方向，同时落实国家产业政策推动产业转型升级；政府产业基金具有较强的政策导向，主要宣传“扶植培养极具创新能力的中小型企业”，创新型企业在起步阶段资金问题是最主要的困难，在创投公司普遍步入资金瓶颈的情况下,产业基金很好地引导社会资本进行投入，以期孵化出一批前景好、技术强、产品优的企业；政府产业基金肩负着分流社会资金的作用，通过区域引导，使其投资相对落后的中西部地区，对促进各地区协调发展并缓解经济发展不平衡具有重要作用。因政府产业基金具备以上特点和作用，所以能够在一定范围内替代投融资平台开展项目投资建设的职能，有助于投融资平台化解债务风险。

2）资金来源

政府是产业基金的最大推动者，也是主要的发起者。政府通常授权辖区各类投融资平台（如国资公司、交投公司、能投公司）进行出资，吸引上市公司、大型企业等社会资本，或者银行、证券、信托等金融资本。政府部门一般不会直接参与实际实施的过程。政府投资的出资比例、投资收益率、基金运行期限等一般都是根据合作方式或具体项目详谈后固定的。

3）投资方式

政府产业基金在投资领域和地域方面会受到一定比例的约束和限制，计划投资和实际运作有差异。一般而言，产业基金中会有政府兜底其政治诉求部分，如投入扶持的产业短期内难以盈利但长远来看前景良好，则政府需要承担短期的兜底责任。而对于市场化的项目，其风险收益则需要政府与社会资本共同承担，政府只是提供一些简便税收注册流程等优惠政策。

4）管理模式

产业基金最高投资决策机构是投资决策委员会，一般由地方政府参与成立，对基金行使管理职责和相关的项目决策。管理委员会一般是由地方政府和部分职能部门负责人组成的，而根据支持对象不同，主要分为发改委和科技部两大系统部门进行基金管理。这两个职责部门权力、工作重心各不相同，前者是为了推动本地的创投业发展，而后者则致力于加大中小科技企业的融资，两者都能对产业基金的投资决策和管理模式产生重要影响。

5）风险防范

产业基金通常使用优先—劣后的交易结构设计，通常由银行进行优先端认购，对接银行理财资金；劣后端相对风险更大，则由地方政府的投融资平台主要承担，或是包含投融资平台、施工企业、管理人三方一起共同承担。虽然政府产业基金表面上体现为表外融资，但实际为债权，无形中还是增加了地方政府的隐性债务，需要在操作层面规范融资行为，减少地方政府的隐形兜底。

8.6 本 章 小 结

本章提出投融资平台债务风险管控的对策建议。基于风险管控措施实施主体的视角，从中央政府、地方政府、投融资平台、金融机构四个层面提出投融资平台债务风险管控的对策建议。最后，提出推动 PPP 项目模式和推动产业基金模式是未来投融资平台债务风险化解的有效途径。

9　地方政府投融资平台债务风险延展研究——隐性债务风险研究

我国的地方政府债务不仅规模庞大，结构分散，而且由于缺乏统一的地方政府债务管理机构和科学的管理办法，地方政府债务实际上属于失控状态。这在客观上来说，必须要求各级政府加强对于地方政府债务的监管，近年来，PPP 项目的发展，对于地方政府隐性债务话题的讨论也日益激烈。根据相关人士估测，我国地方政府隐性债务的规模已经到达一种十分庞大的局面，本章从我国地方政府隐性债务的界定和度量出发，以四川省地方政府债务为例，分析其现状，并从不同的角度、用不同的口径对地方政府隐性债务进行度量，结合相关理论，通过分析概括其现状后探究其成因，并在此基础上提出可行的构建设想。

9.1　绪　　论

9.1.1　研究背景

2015 年起，新《预算法》正式实施，地方政府唯一的举债途径是发行地方政府债券，且不得违规担保。政府债务认定清晰化、法定化，监管对象从政府性债务过渡到地方政府债券，即显性债务。而由于地方政府融资动能十足，显性债务仅能解决部分需求，显性债务以外的担保、绕道举债行为仍十分普遍，因此形成政府隐性债务，且风险隐患与日俱增。

2017 年 7 月 24 日，习近平总书记在中共中央政治局会议中指出，要积极稳妥化解累积的地方政府债务风险，有效规范地方政府举债融资，坚决遏制隐性债务增量。2018 年 8 月，中央下发了《中共中央国务院关于防范化解地方政府隐性债务风险的意见》文件，要求各级地方政府积极推动防范化解政府性债务风险工作，大力推进政府性债务管理改革，将防范化解地方政府债务风险作为重大政治责任，坚决守住不发生区域性系统性金融风险底线。2018 年 12 月 27 日，全国财政工作会议将“严格控制地方政府隐性债务，有效防范化解财政金融风险”作为 2019 年重点工作。2019 年 1 月 9 日，李克强总理在国务院常务会议中提出要规范专项债管理，落实偿还责任，严控地方政府隐性债务。2019 年 12 月 27 日，财政部刘昆部长在全国财政工作会议指出 2020 年要继续强化监督问责，从严整治举债乱象，有效遏制隐性债务增量，防范化解地方政府隐性债务风险。2020 年新冠病毒肆虐全球，疫情给全国经济带来极大压力，3 月 27 日习近平总书记在中共中央政治局会议中指出，发行特别国债，增加地方政府专项债券规模，为经济运行托底。需要注意的是，中央政府为经济发展开的是增加显性负债的“药方”，但不排除地方政府借势扩张隐性债务，地方政府隐性债务风险化解任重道远。

随着地方政府隐性债务存量规模的持续攀升，风险逐步通过地方政府蔓延到债权人（主要是金融机构），地方政府隐性债务开始呈现财政风险金融化的趋势。“化解存量、遏制增量”是当前党中央、国务院高度关注的重大问题，是打赢防范化解重大风险攻坚战的主战场，也是守住不发生系统性风险底线的关键防线。

9.1.2 研究意义

自分税制改革至今，事权出现不断下移的情况，基层政府承担着支出重担，以及紧张的财政收入。地方政府希望通过对外举债的方式来弥补经济建设发展过程中的财政资金缺口。如果不能把债务控制在合理规模内，一方面，会制约地方经济良性有序发展；另一方面，也可能诱发经济风暴。目前来看，经济发展速度下降，导致政府隐性债务还款资金紧张，从而进一步导致政府隐性债务风险增加。虽然地方政府隐性债务问题严重，但是目前还没有建立起一个有效的债务管理制度。

修订后的《预算法》明令禁止地方政府对外违规借债，但是在具体融资活动中，地方政府通常采取高杠杆方式运作，从而实现融资目的。有的地方政府在吸引投资中，对基金的参与方做出最低收益的承诺，又增加了地方政府连带兜底的负担。倘若对政府隐性债务风险不加以控制，将会导致风险向金融系统蔓延，进而导致国内经济的恶化。因此，为避免种种不利情况的出现，管控隐性债务风险系数已成为国家迫在眉睫之事。

此外，由于数据的可获取性，审计报告上一般重视全国及省级的债务风险，而对下级政府债务关注度还不够，市县级隐性债务风险较大。全国范围内来看，西部地区是我国地方政府隐性债务最严重的地方，而四川省作为西部重要省份，在城市建设中产生了大量的政府隐性债务。本章通过研究对四川省政府隐性债务的现状进行分析，从隐性债务的规模、成因及防控措施上进行分析研究，最后立足于四川省地方政府隐性债务风险的问题提出一些建议，这将有助于加强并优化我国地方政府隐性债务风险防控和管理方式。

1）理论意义

首先，本章采用实证分析的方法，研究了四川省政府隐性债务风险防控情况，分析了目前四川省政府性债务的风险及风险防控中的不足，进而提出相关的防控建议；其次，新《预算法》没有根据目前具体的实施情况进行完善和补充，所以本章研究能够为实务中隐性债务风险预防与控制提供理论层面的指引和参考。

2）现实意义

随着城镇化建设的不断发展，地方政府隐性债务所带来的问题威胁着国家的经济发展和社会稳定。因此，国家对地方政府债务风险的防控措施和探索也从未停止。

本章通过相关的数据分析，结合四川省地方政府隐性债务的具体情况，提出了风险防控的改进措施，在经济发展的同时也能减少自身的政府隐性债务，将债务风险降低在可控范围内，从而保证当地政治与经济稳定发展。

9.2 文献综述

9.2.1 地方政府隐性债务界定和分类的研究综述

9.2.1.1 地方政府隐性债务界定

清晰界定地方政府隐性债务是治理债务风险的前提和基础，地方政府隐性债务的界定，在学术界、政府、媒体及法律层面有着不同的解读。1992 年，Harvey S.Rosen 首次提出“政府隐性债务”概念，并将财务管理理论运用到政府债务管理上，在其著作《财政学》第三版中，提出政府有形资产和政府隐性债务问题，指出隐性债务是政府承诺未来支付一定数额款项而产生的。

世界银行高级经济学家 Brixi（1998）提出财政风险矩阵模型系统阐述政府隐性债务的理论，认为隐性债务涉及政府的道德义务或预期责任，这种道德义务或预期责任不是通过法律或合同建立起来的，而是基于公众的预期、政治压力，以及社会所理解的政府角色。Schick（2003）认为政府对隐性债务区别对待，通常愿意公布由于汇率原因导致的隐性债务，且愿意在财政预算中提足准备金，而对将来的隐性养老金负债表现出模棱两可的态度，这表明政府不愿让社会知道其真实意图或不愿意承担隐性债务。Reinhart 和 Rogoff（2011）认为隐性债务包含国家的公共债务和随着经济危机发展成为政府公共债务中的私人债务，即政府出于责任及道义而承担的那一部分债务。

我国关于地方政府隐性债务的研究主要沿着从学理到实践的分析探究路线。在学术研究中，隐性债务这一概念并不新鲜（刘尚希，2018），但在管理体制上，新《预算法》实施后隐性债务问题才日趋凸显，并广受关注。《中共中央国务院关于防范化解地方政府隐性债务风险的意见》（中发〔2018〕27 号）首次对隐性债务作了权威界定：地方政府隐性债务是指在法定政府债务限额之外直接或者承诺以财政资金偿还及违法提供担保等方式举借的债务；主要包括：地方国有企事业单位等替政府举借，由政府提供担保或财政资金支持偿还的债务；地方政府在设立政府投资基金、开展 PPP 项目、政府购买服务等过程中，通过约定回购投资本金、承诺保底收益等形式的政府中长期支出事项债务。审计署副司长陈磊认为地方政府隐性债务是指实质上是地方政府承担偿还责任或可能承担偿还责任，但没有纳入地方政府债务管理和统计的债务。赵全厚（2018）认为隐性债务的形成往往是基于道义、明确的法定责任、合同，甚至基于合谋性的规避。首先，不是政府的法定债务，没有明确的法律界定；其次，等到隐性债务突然显性就可能发生“灰犀牛”事件，政府出于防范系统性风险的考虑会承担这部分债务。从法律角度来看，张立承（2018）提出隐性债务是政府基于道义、市场合同的一种政府公共责任。从现实角度考虑，郑洁和昝志涛（2019）提出隐性债务是政府可能承担偿还责任而未纳入债务预算管理体系的债务。马万里（2019）认为中国地方政府的隐性债务本质是地方官员机会主义激励下的卸责举债，是制度与心理交互作用的结果。

9.2.1.2 地方政府隐性债务分类

世界银行高级经济学家 Brixi（1998）建立了财政风险矩阵，从显性与隐性、直接与或有提出四类政府负债，为评估政府债务风险构建了清晰框架。Reinhart 和 Rogoff（2011）认为，隐性债务包括明确担保、隐性担保、中央银行债务、衍生市场交易产生的表外债务等几类。

韩文秀和刘成（2000）认为，政府债务可以划分为两大类，即直接债务和或有债务，不论直接债务还是或有债务都可以划分为显性债务和隐性债务。呼显岗（2004）、刘成（2011）、曲智超（2004）等学者认为政府的隐性债务和或有债务大致可分为三大类型八个种类：一类是直接隐性债务，主要表现为养老金收支缺口；二类是或有显性债务，主要表现为国债项目配套资金、政府担保的国内金融机构贷款、国有粮食流通企业亏损挂账和政府担保的外债等；三类是或有隐性债务，主要表现为国有企业未弥补亏损、地方金融机构不良资产和县乡政府债务。封北麟（2018）将地方政府隐性债务细分，一是地方政府因违法违规变相举债而承担的支出义务为隐性直接负债，为“一类隐性债务”；二是政府出于道义责任、迫于公众预期和对政府角色理解而承担的或有支出义务，主要是地方政府的隐性或有负债，为“二类隐性债务”。刘少波和黄文青（2008）、马进（2010）、陈磊（2017）、赵全厚（2018）等学者对地方政府隐性债务也做出详细分类。其中，赵全厚的划分较为完整，将隐性债务分为：地方政府融资平台的债务，政府购买服务形成的债务，政府与社会资本合作形成的债务 PPP，地方政府设立的资产管理公司、投资建设公司的债务，国有企业的债务，区域内非国有企业的债务，非投资型债务。张旭和成睿（2019）认为我国隐性债务主要包括六种形式：由财政资金偿还的债务，在 PPP 等融资模式中违规承诺最低收益形成的债务，通过政府购买模式为基建融资形成的债务，国有资产变相抵押所形成的债务，未履行土地储备程序注入企业所获得的融资，以及以土地未来出让收益为担保的债务。李丽珍和安秀梅（2019）认为，地方政府隐性债务主要分为：社会保障刚性兑付类隐性债务，公共投资形成的未来资本性与经常性支出责任，预算内支出拖欠，违规承诺兜底或担保、明股实债、变相融资等违规债务及地方政府承担一定救助责任的债务。

回溯相关文献，无论从政府角度还是从学术角度，对于我国政府隐性债务界定并没有达成一个权威的共识，在分类方面从不同的视角更是百花齐放，因此我们认为需要综合考虑学术、实践从政策延续和制度特征方面对隐性债务的界定和分类进一步研究。

9.2.2 地方政府隐性债务现状与成因的研究综述

9.2.2.1 地方政府隐性债务现状

当前我国地方政府债务存在七方面重要事实：地方政府债务与土地等国有资产的紧密捆绑、地方政府举债过程中的政府信用金融化、地方政府债务融资来源和资金投向等呈现区域异质性、地方政府债务具有多重资源配置作用、相关政策实施中遭遇道德风险、地方政府举债冲动与举债恐慌并存、地方政府举债的市场约束逐步增强（毛捷和徐军伟，2019）。曹伟（2014）表示由于隐性债务具有较大不确定性，甚至会带来严重的财政金融风险。张立承（2018）认为目前地方政府隐性债务呈现出财政风险与金融风险相互交织、相互转化、相互融合的趋势。隐性债务脱离了《预算法》监管，财政和金融风险相互交织，若任由隐性债务增长，最终将演变为银行金融体系及中央财政体系的全面性危机（黄黎，2018）。辛晓瑜（2018）认为隐性债务的顽疾隐藏地方政府的真实杠杆水平，导致地方政府的职能无法全面性地发挥出作用，不仅损害债权人的相关利益，更对政府公众信誉度造成影响。王涛等（2019）运用财政非线性反应函数测算地方政府债务上限，发现当前我国地方财政运行中存在财政疲劳现象。

就隐性债务规模而言，2017 年十二届全国人大常委会第三十一次会议上指出，隐性债务规模比较大，集中在市和县两级。辛晓瑜（2018）指出，我国当前有近 40%的县城在其财政方面，基本一直处于赤字的状态。潘晟（2018）按照地方融资平台的债务估算，当前地方政府隐性债务余额或在 30 万~50 万亿元，政府负债率高于国际清算银行设定的 60%警戒线。审计数据显示，2015~2017 年的地方债余额逐年增长，部分地方债务增长较快，违规举债问题依旧突出（马蔡琛，2018）。魏蓉蓉等（2020）通过测算，发现 2017 年和 2018 年我国地方政府 PPP 隐性债务总规模分别约 14 万亿元和 15 万亿元，2017~2019 年全国各地区的 PPP 隐性债务违约率呈逐年下降趋势，但区域异质性明显，西部内陆省份的违约率偏高，个别地区需要引起高度警惕。

也有少数学者提出不同见解，何德旭和王学凯（2020）对 31 个省区市地方政府债务违约风险运用 KMV 模型进行测算，认为地方政府债务整体上几乎不存在违约风险，地方政府债务违约风险没有显著的区域特征。

9.2.2.2 地方政府隐性债务成因

对地方政府债务的成因，国外学者已经进行了详细研究，并形成了丰硕的理论成果。Rodden（2002）认为地方政府由于存在预算软约束，有不断扩大支出的冲动。Benny（2006）表示现有的财政管理制度存在问题，使信息在传递过程中出现不对称，不能对当地政府产生约束而使负债规模增大。IMF 的 Nosbusch（2008）发现政府基础设施建设若采用 PPP 模式筹集资金，会导致政府隐性债务增加并由此导致债务风险的加大。Hildreth 和 Miller（2002）、Mikesell 和 Mullins（2011）均认为地方政府债务与当地经济发展是相辅相成的，经济发展的需要是促使地方政府负债上升的主要原因。Bova 等（2016）详细分析了 2007~2010 年 10 个发达国家政府债务大幅增长的来源，表明与国有企业准财政活动相关的金融部门债务增长占据政府债务增长的五分之一。

对于地方政府隐性债务产生的根本原因，国内学者从不同角度提出自己的见解。从制度与机制设定视角，刘少波和黄文青（2008）、冯树健（2010）、蒋米娜等（2012）、傅笑文和傅允生（2018）、吉富星（2019）等学者认为分税制带来的财权事权不对等，城市建设扩张会助长违规融资，成为地方政府隐性债务的主要来源。财政分权及晋升压力迫使地方政府不断举债的症结难以解决（贾俊雪等，2017；沈丽等，2019；夏诗园，2019）；预算软约束助涨了地方政府的过度负债行为（王永钦等，2016；李升，2019）；地方政府隐性债务的快速膨胀，是经济发展过程中地方政府“自上而下”激励过度与“自下而上”约束不足协同作用的结果，成为隐性举债难以忽略的制度因素（马万里，2019）。纵向财力配置下地方政府被动负债、地方政府在政绩锦标赛的激励作用下主动负债及风险管控措施难以精准调控地方政府融资行为等（李升和樊珮琪，2019）。从政府自身视角，马进（2010）、黄黎（2018）、叶祝颐（2018）等学者认为政府债务风险的责任意识极度缺乏，同时地方为了 GDP 政绩考核，大肆举债，加之债务监管及责任追究机制的不健全，导致有法不依，甚至借助金融创新规避法律。陈磊（2017）提出隐性债务的成因包括中央政府对地方政府债务规模、举债方式、担保能力进行限制，地方政府的事权和财权不匹配，金融机构违规操作等；潘晟（2018）认为隐性债务的形成，缘于政府“有形之手”过度干预市场，扭曲了金融体系，同时金融工具创新导致金融风险财政化的途径多样化、隐性化，政府债务监管的难度不断增加。李升等（2019）对2012~2016年的省级面板数据进行实证分析，发现为了追求经济增长或地方官员为了获得晋升，地方政府倾向于发行超额的隐性债务。从负债来源视角，梁颖和葛新权（2010）、蒋米娜等（2012）认为城投债和银政信产品的发展带来隐性债务，同时巨额地方投融资平台贷款将产生大量隐性债务风险；目前地方政府隐性债务来源主要体现在三个方面：一是伪PPP；二是地方投融资平台；三是政府产业引导基金（刘源隆，2018）。从地方政府隐性债务与财政金融风险的关系视角看，地方政府“借道”融资平台、土地抵押、影子银行、PPP “新马甲”等途径实现隐性债务扩张，在金融、财政、政治主体间的传导形成触发系统性金融风险的隐患（马万里和张敏，2020）。也有权威学者从隐性债务分类视角分析成因，提出区分一类、二类隐性债务成因，一类隐性债务是由于地方政府投融资体制不完善、债务融资供需矛盾突出产生；二类隐性债务是由于地方政府社会保险隐性债务持续扩大产生（封北麟，2018）。从直接隐性债务来看，养老保险隐性债务的形成是由于政府在社会保障制度中的职能和社会保障制度不完善造成的；从或有隐性债务来看，形成机制既与国有制经济制度有关，也与政府的政策选择有关（温来成和李婷，2019）。从心理逻辑来看，地方政府隐性债务是地方决策者在心理账户、损失厌恶、禀赋效应、安于现状偏差等情感因素影响下的认知偏差与行为“异象”（马万里，2019）。从时间和空间两个维度上分析：从空间的维度看，地方政府的隐性债务是在我国相关法律制度不健全、国家治理体系不完善的背景下产生的；从时间维度看，隐性债务是在公共风险治理模式发生重大变化的条件下产生的（刘尚希，2018）。

回溯相关文献，地方隐性债务的形成机制较为复杂，是金融、财政、政治主体间在不同空间和时间下进行利益纠缠的结果，学者的研究比较集中在制度、政府等方面，但是对隐性债务风险与金融系统性风险可能存在的相互演化缺乏深入的研究。

9.2.3 地方政府隐性债务测度的研究综述

政府各主管部门对地方政府隐性债务的统计测算方法也不尽相同。在43号文件出台后，国务院将地方政府债务统一界定为地方政府债券（包括一般债券和专项债券）及经清理甄别认定的存量债务，但2015年下半年以来，借助非标准业务等方式快速增加的隐性债务不包含其中。审计署2018年已全面开展地方政府隐性债务审计工作，财政部亦下发《地方政府隐性债务统计监测方案》《财政部地方全口径债务清查统计填报说明》《政府隐性债务认定细则》，上线地方全口径债务监测系统，但目前仍未有权威的测定结果。

刘尚希（2005）较早地根据财政风险矩阵估算了中国隐性及或有债务的规模。毛振华等（2018）从我国地方债务演化过程出发，以不同口径对我国地方政府隐性债务进行测算。张立承（2018）认为摸清地方政府隐性债务规模的底数是一个技术难题，从不同的视角衡量、用不同的方法计算，得出的结果可能会有很大差距。封北麟（2018）对地方政府隐性债务规模进行了初步预判，提出了优化新增地方政府债务限额分配测算办法。王柏杰（2018）以七个资源型省份为例，构建地方政府资产负债表，分别以 0.3、0.6 和 0.8 为压力系数，估算了包含或有负债的债务规模及中央—地方“父子关系”下的债务规模。从地方政府筹资方式的角度，通过广义债务余额减去狭义债务余额等方法测算（郑洁和昝志涛 2019）。李丽珍和安秀梅（2019）通过设定债务风险系数、或有债务转化率、政府负担比例指标，分类估算出 2017 年地方政府隐性债务规模为 9 万~15 万亿元。除此之外，地方政府隐性债务数据还可采用直接法和间接法两种方法进行测算（李升和樊珮琪，2019）。温来成和李婷（2019）根据七个地区公开的数据估算隐性债务规模是显性债务规模的 30%~360% ，隐性债务的规模有望逐渐清晰。

回溯相关文献，不难发现虽然有大量学者和机构对政府隐性债务规模从不同视角进行估量，但结果都是区间模糊数，规模估算差异较大，目前没有形成共识性的研究范式和计量方法，其测算方法和精确度都有待优化。

9.2.4 地方政府债务风险预警和防范的研究综述

在地方政府隐性债务预警方法上，Mehl 和 Reynaud（2010）采用了新兴市场的国家数据，发现政府债务风险受到财政的健康程度、国家的经济规模和通胀等因素影响。Chen 等（2016）对多个国家政府债务水平进行实证检验，认为政府债务水平以 GDP 占比为基准较为合理。洪源和刘兴琳（2012）运用 BP 神经网络作为预警方法来构建预警体系，该体系包含经济财政运行风险、结构风险和债务规模风险等指标。廖家勤和伍红芳（2015）选取十个指标对地方政府债务风险进行度量，并依托因子分析法得出债务规模风险、偿债风险和支出风险这三大公共因子。

在地方政府隐性债务防范化解上，中国人民银行研究局局长徐忠建议探索地方政府财政破产制度，对地方政府行为形成硬约束。具体隐性债务防范化解手段包括：一要立好法，陈惊天（2018）提出地方政府举债的问题首先要通过立法加以规制，完善立法是根本途径。短期措施包括深化改革财权与事权分配机制、完善政府官员考核机制、规范地方政府融资渠道和方式、推进地方财政透明度建设及建立地方政府债务风险预警体系等（周亮和刘宜鸿，2020）；长期内可探索国库券的随发制度，丰富不同期限结构的国库券品种，增强财政资金的流动性水平（王涛和高珂，2019）。二要做好账，龙俊桃等（2018）提出，要加强资产负债表附注的编制，全面反映地方政府债务状况。三要管好人，辛晓瑜（2018）提出政府应提高风险方面的意识，建立地方政府债务风险内部早期预警机制；加强管理地方政府的融资来源；整合地方城投公司的转型经营；打造开放式的市政债券市场。马万里（2019）提出当前的行政治理转向以“现实的具体的人”——地方官员为政策出发点的行为治理模式，强调助推等“软”治理手段的有效性，应兼顾地方官员的心理建设，实施“助推”，引导地方官员做出理性的决策行为，从而实现由心而治。邓晓兰和陈晋（2019）提出完善政府官员考核机制，加入债务风险评价指标降低激励扭曲；规范地方政府债务融资渠道与融资方式，增强行政管控力与市场约束力。四要完善制度，黄黎（2018）指出隐性债务风险化解，既涉及财税体制、行政考核制度、预算管理机制等宏观问题，也涉及债权担保有效性等具体问题；规范地方政府举债行为进而守住不发生系统性金融风险的底线，应基于“财政-金融-政治”的三维视角，确保财政金融政治改革的动态联动（马万里和张敏，2020）。推进养老金全国统筹制度、制定合理的风险共担机制、优化债务主体治理结构、提升财政资金统筹规划能力、落实行政问责制等具体的分类治理路径（李丽珍和安秀梅，2019）。沈雨婷（2019）认为应将任期间债务融资规模及风险指标纳入指标体系，并且建立长期的追责制度，使得高风险债务能够追溯责任源头，从而降低地方官员的举债冲动。五要加强监控，刘源隆（2018）提出“终身问责、倒查责任”债务问责机制可以打破地方政府和国有企业的各种预算软约束，消除刚性兑付的预期，最大限度地减少公共风险。马万里和张敏（2020）提出应建立微观和宏观双层审慎监管机制，实现不同层级金融稳定协调机制的相互配合。六要促进投资主体多元化，马蔡琛（2018）提出尝试推行结构性预算平衡准则，促进经济繁荣期的财政盈余积累。统筹地方隐性债务的监管还要从优化新增地方政府债务限额分配测算办法、以资本预算统筹地方政府投融资、强化金融监管统筹协调、加快推进税收递延型商业养老保险发展等多方面完善隐性债务管理（封北麟，2018）。此外，还要提高地方政府债务管理的透明度（温来成和马昀，2019）。

回溯相关文献，学者针对政府债务风险预警体系有了较好的研究，而对专门针对隐性债务风险预警的研究相对较少，在隐性债务风险化解方面相对集中在政府本身，且针对全部债务风险化解研究较多，对隐性债务其他主体防控手段有较大的研究空间。

9.3　地方政府隐性债务的界定

9.3.1　政府层面的地方政府隐性债务界定

中央对地方政府相关债务所采取的一系列政策，从 1950 年到 1994 年《预算法》颁布，再到新《预算法》颁布至今皆未休止。中央当局对地方债的监管一直在社会主义宏观经济市场中不曾间断，并不断根据实际国情与风险防控的需要，调整官方界定口径。我国历年来有大量与地方政府债务相关的政策，所以综合考虑文献搜集客观操作难度与报告篇幅所限，在不影响对本章的研究对象“地方政府隐性债务”这一名词的形成过程进行追溯探讨的前提下，此处仅汇总部分相对而言更重要、更具有代表性与权威性的政策信息。

通过对官方新闻、官方工作报告、会议报告的收集梳理得知，我国中央对“地方政府隐性债务”的名词描述方式历经了：从“政府性债务”（2014 年前）到“地方政府债券”（2015 年）再到“隐性债务”（2017 年 7 月至今）的演变。这种演变也从客观上揭示了我国地方政府显性、隐性债务管理系统上的结构变化和规范化过程。

1）阶段一：政府性债务

在官方提及政府隐性债务的报道中，我们发现 2014 年以前涉及这一概念的官方说法为“政府性债务”。例如，在比较有代表性的第四次全国金融工作会议（2012 年 1 月 6 日—7 日）上，温家宝总理提出：“预防和减轻地方政府性债务风险”。而在 2013 年于北京召开的中央经济工作会议（2013 年 12 月 10 日）上，“政府性债务”又再次被提及。这一阶段中所界定的“政府性债务”将政府的显性债务和或有债务都涵盖入内。

显性债务部分包括了：①明确以地方政府的财政收入来偿还的债务；②直接偿还义务由政府承担的债务。而或有债务部分则主要涵盖了：①地方政府以其法人名义进行直接或间接担保所应负责的债务；②由于其可能负有的某些救援义务所承担的债务。

2014 年之前，根据于 1995 年 1 月 1 日起正式施行的《预算法》，国家强制性规定了不允许地方政府向外借债，而地方当局在长期以来对基础建设进行一轮又一轮投资的背景下，其资金压力不容小觑。所以在这一期间，地方当局纷纷以其指定的融资平台为媒介，向公众进行债款筹集。当然，中共中央为缓解地方当局的资金压力，于 2009 年发行了地方债，起初（2009~2010 年）以这种方式发行的地方债全权由国务院财政部代理发行，自 2011 年起，国务院财政部又陆续开放部分试点，授予这些省市地方政府独立发债的权利，但下放权限仅为允许独立发债，其所发行的债券仍然由国务院财政部还本付息，某些地方省市就是采用此种方法来筹款的。

在这一时期，我国尚未系统地按一定标准或原则将所有地方债务进行权威性划分，债务体系还未形成，而政府性债务就于这种特殊历史背景下应运而生，这一系列的债务皆直接关系到地方，但这些债务又并不完全由地方政府来承担。

2）阶段二：地方政府债券

2014 年 8 月 31 日《预算法》第一次全面修订，并于 2015 年 1 月 1 日正式施行，自 2015 年以来，通过对存量债务的筛选鉴别，一些政府债务已经包括在预算管理范畴之内。此阶段，法律规定地方政府可以以自身未来税收数额作为担保，发行一定数额的债券，并以这种方式作为法律允许范围内进行借债的唯一正当渠道，所发行的债券则称为“地方政府债券”。

在这一时期，由于债务体系的逐渐明晰，“政府性债务”这种说法逐渐被“地方政府债券”替代。

3）阶段三：隐性债务

直到 2017 年的政治局会议上，“隐性债务”才被官方正式提及：“我们必须积极稳定地解决地方政府债务的累积风险，有效监管地方政府以发债方式进行的筹资融资，坚决遏制地方政府隐性债务的增加”。而在同年的第 5 届全国金融工作会议（2017 年 7 月 14 日—15 日）上又指出：“各级地方党委和政府要树立正确政绩观，严控地方政府债务增量，终身问责，倒查责任。”政治局会议是对金融工作会议严控地方政府债务增量这一精神的落实。事实上在 2014 年修订的《预算法》于 2015 年颁布之后，直至 2017 年这将近三年间，以政府信用作为平台借债担保的融资行为在各地都屡见不鲜，产生了许多违规或者不合法的政府支出。虽然这些债务属于违规范畴，但由于其需要凭借政府财政收入进行偿付的特殊性，势必会给政府带来财政上的巨大负担。正是在此背景下，“隐性债务”这种说法的产生才水到渠成。

综上所述，关于地方政府隐性债务在官方当局的界定概括如下：政府隐性债务是指政府在法定政府债务限额之外直接或者承诺以财政资金偿还及违法提供担保等方式举借的债务。

9.3.2 学术层面的地方政府隐性债务界定

地方政府隐性债务从字面来看，是地方政府债务和隐性债务的交集。为了更好地理解地方政府隐性债务的界定，首先从地方政府债务和隐性债务全方位地解释。

地方政府债务，是指在一个时点上，地方政府及政府其他部门以往的支出大于收入所形成的赤字之和，地方政府作为债务人，有责任向债权人到期还本付息。细化来看，地方政府债务包括站在法律法规的立场并存在有效合同的显性债务和站在政府道义的立场具有还本付息责任的隐性债务。显性债务和隐性债务分别是地方政府债务的组成部分。显性债务，是指在某一法律或合同基础之上，地方政府向债权人筹借的债务，一般都会规定限额，当债务到期时，地方政府有义务偿还；隐性债务，是指那些未进入政府债务限额管理，并不受相关法律法规约束的债务。显性债务与隐性债务的区别，主要是对政府约束力及条款的说明程度不同。显性债务对政府约束力很强，是基本的保证，到期后必须进行偿还；隐性债务在法律意义上，并不是实际的负债，所以对政府的约束力是弱的。在条款说明中，显性债务比起隐性债务，要明确债务的数额、偿还方式、偿还期限及违约责任。

衡量我国地方政府隐性债务，可以从隐性债务来源来看，一般分为两类，分别是直接隐性债务和间接隐性债务。直接隐性债务指的是由于违反法律和规定，造成地方政府变相举债所承担的债务。直接隐性债务的产生，是为了地方政府维持地方经济向前发展采用的一种手段。这种手段通常来说运用大量金融工具致使债权人和债务人的关系变得复杂难懂，以避免国家使用法律法规的限制和约束，隐藏地方政府变相举债行为，最终达到融资的目标。直接隐性债务通常包括以下几种类型：第一种是违反国家法律规定去担保融资；第二种是地方政府利用其身份对国家单位或国有企业融资；第三种是地方政府通过租赁进行融资的行为。以上三种违反规定的融资行为，通常是地方政府对法律法规解读的不正确性、需求很大但融资能力欠缺的情况，是地方政府以自己的信誉为担保。由于这些债务不能有效地得到解决，很多问题都暴露出来，再加上地方政府刻意隐藏自己的债务和复杂难懂的债权债务关系，最终造成巨大的财政风险和金融风险。间接隐性债务通常包括以下几种形式：第一种是对国企因经营不善而导致的亏损进行补助与补贴；第二种是对于没有参加社保的人员所产生的资金缺口进行补助；第三种是对于没有购买保险的且无法预测的不能控制的自然灾害进行补助；第四种是对于发生金融问题且超过保险额度的金融机构进行的政府救助等。以上四种类型作为或有债务存在于地方政府隐性债务中。但是在我国出台颁布的法律文件中并未明确指出强制要求地方政府无条件承担以上救助义务，然而，考虑到如果发生这类事件，一定会威胁社会的正常秩序，甚至最终会批评政府的无能从而造成政府名声受损，故政府不得不第一时间采取措施给予救助，这就成为政府的一项债务。

地方政府债务风险的体现，一般包括显性债务和隐性债务。从 2018 年的数据来看，当时我国显性负债政府余额为 33.35 亿元。其中，中央财政国债余额为 14.96 亿元，剩余的就是地方政府债务余额，金额为 18.39 亿元。尽管 2018 年我国的 GDP 总金额为 90.03 亿元，但是实际上地方政府的负债风险远远大于公众认知，因为地方政府的负债风险中，有 80%都是隐性债务的风险，隐性债务又具有复杂多变、隐藏性等特点，以致公众难以察觉。

从表现形式上来说，政府隐性债务风险通常有以下四种情况：第一种为政府隐性债务风险一般规模巨大、结构分散且局部风险明显。地方政府巨大的债务与他的偿债能力不匹配，从而造成到期时无法偿还的现象。第二种为地方政府隐性债务不透明而造成财政、金融等风险。国家并没有明确地指出地方政府隐性债务的界定范围，再加上其不透明、不规范的特点，使中央政府无法掌握地方政府隐性债务的情况，甚至连地方政府本身也难以把握其规模和风险的程度。除此之外，地方政府隐性债务还会从财政链条和金融链条两个角度去影响国家金融体系，使国家无法保证自身的经济安全。第三种是由于存在不完善的债务管理和债务预警，一些地方政府为了自身的形象和声誉，在不确定自身偿债能力的情况下，实施大量违反规定的融资举债，造成地方政府隐性债务不断增长，最终超出地方政府的偿债范围，致使整个社会的经济受到不利影响。第四种是部分地方政府进行过度举债后，使融资的债务无法获得更高的收益，无法弥补债务，增加债务违约的可能。地方政府也可能通过增加税收等方式弥补债务风险，但会使某些其他的项目停滞不前，而且会增加不稳定的社会风险。

9.4 四川省地方政府债务的规模

本节对债务规模问题进行讨论所选取的样本为：2017~2018 年国内各地方的政府负债存量。通过对比分析的方式，对四川省现有的债务数量进行分析，从而确定其规模，得出 2018 年各地方政府的债务存量，相对于 2017 年均有增长。2018 年，江苏、山东、浙江债务规模超过 10 000 亿元，广东、四川、贵州、湖南、辽宁债务规模在 8 000 亿元到 10 000 亿元之间，河北、云南、安徽、湖北、河南、内蒙古债务规模在 6 000 亿元到 8 000 亿元之间，福建、陕西、广西、上海、重庆、北京在 4 000 亿元到 6 000 亿元之间。剩下的省份余额均低于 4 000 亿元，西南、西北、东南及我国北部的部分省级地方的负债存量存在少于 2 100 亿元的情况。就全国范围而言，四川省债务余额较大，增速也较快，但是近年来四川经济增速也较快。

四川省是位于我国西南部的第一大省，素来被外界一致认为是我国各省中能源较为丰富、经济体量较大、人口众多的大省。四川省依托其自身特有的自然资源、人才方面的优势，以及目前西部大开发的战略布局，承接产业战略转移。就当前的情况而言，四川省有七个占据了主导地位的行业，分别是：电子工业，设备制造，饮品行业与食品行业，石油和天然气加工，能源和电力，钒、钛、稀土行业及汽车制造业，最近几年呈现出高速的成长并有效服务于四川省的整体经济增长，凸显出越来越显著的推动影响。2018 年，四川省各市县乡总体产值共为 4.90 万亿元，其整体经济实力处在我国各省中的第六名；并且经济增速高于我国整体经济增速的平均值，并在此基础上多了 1.2 个百分点。2018 年 6 月，四川省在七个占据了主导地位行业基础上，更进一步地提出了五大“万亿级别”的主导产业。

就现阶段而言，各市的发展相差是十分大的，成都的发展较其他遥遥领先。四川所辖范围内各自治州、地级市在经济、社会、人文领域的发展都存在着非常大的差距，而其省会城市——成都的经济发展活力非常之强，甚至被戏称“成都省”，成都的地区生产总值十分的高，已经超过全省比重的三分之一，全省地区生产总值概况如表 9-1 所示，可以清晰看出其中悬殊的差距。

表 9-1　四川省各市、自治州 2017 年地区生产总值

地区	地区生产总值/亿元	增长率	人均地区生产总值/（万元/人）
成都市	13 889.4	8.10%	8.7
绵阳市	2 074.8	9.10%	4.3
德阳市	1 960.6	9.00%	5.6
宜宾市	1 847.2	8.80%	4.1
南充市	1 827.9	8.50%	2.9
泸州市	1 596.2	9.10%	3.7
达州市	1 583.9	8.20%	2.8
乐山市	1 507.8	8.20%	4.6
凉山彝族自治州	1 480.9	5.30%	3.1
内江市	1 332.1	7.10%	3.6
自贡市	1 312.1	8.30%	4.6
眉山市	1 183.4	5.30%	4
广安市	1 173.8	8.10%	3.6
攀枝花市	1 144.3	7.40%	9.3
遂宁市	1 138.1	8.30%	3.5
资阳市	1 022.2	7.80%	4
广元市	732.1	8.10%	2.8
雅安市	602.8	8.00%	3.9
巴中市	601.4	8.10%	1.8

续表

地区	地区生产总值/亿元	增长率	人均地区生产总值/（万元/人）
阿坝藏族羌族自治州	295.2	4.00%	3.1
甘孜藏族自治州	261.5	9.10%	2.2

资料来源：Wind，各市州国民经济和社会发展统计公报

在2017年，还有广元、巴中、雅安、甘孜和阿坝这五个州市的地区生产总值没有超过千亿元，排名为全省后五名。而在地方政府债务余额中，巴中的债务余额高达418.8亿元，在全省排名第四，偿债压力巨大。2017年四川省各市、自治州地方政府债务情况如表9-2所示。

表9-2　四川省各市、自治州地方政府2017年债务概况

地区	地方政府债务余额/亿元	存量城投债/亿元	经调整债务率
成都市	2 330.2	1 003.5	261.4%
南充市	656.5	94.2	727.0%
达州市	423.0	34.0	503.6%
巴中市	418.8	80.1	1095.7%
绵阳市	376.9	323.4	633.3%
泸州市	371.3	242.8	420.5%
宜宾市	343.0	17.0	259.3%
内江市	342.6	135.3	851.9%
眉山市	315.0	123.6	470.8%
资阳市	302.5	40.9	689.9%
乐山市	297.9	29.6	330.1%
德阳市	278.0	12.2	273.4%
遂宁市	265.7	119.4	639.9%
广元市	260.4	59.6	727.5%
广安市	246.8	56.8	426.1%
自贡市	242.1	61.0	569.5%
攀枝花市	182.2	24.7	341.4%
凉山彝族自治州	181.1	63.0	181.4%
雅安市	98.6	47.6	419.6%
甘孜藏族自治州	61.7	0.0	225.3%
阿坝藏族羌族自治州	44.8	0.0	167.0%

资料来源：Wind，各市州国民经济和社会发展统计公报

2018 年底，四川省各州市的政府债务余额都没有突破限额。其中，巴中和攀枝花两个市的举债空间较小。从政府的偿债能力角度来看，2018 年底南充、巴中、内江、资阳、广元和达州的政府偿债压力较大，这五个市的政府债务余额分别为公共预算的 634.3%、918.1%、611.5%、591.0%和 463.0%。

巴中、内江、广元、达州、南充近三年的公共预算收入合计是无法覆盖其一般性债务余额的，在一定程度上面临压力。专项债务主要是资阳偿债压力的来源。近三年来，资阳、德阳、南充、攀枝花的政府基金预算超过其政府专项债务。除此之外，需要考虑政府性基金受土地市场活跃度是否景气的影响，近年来，存在较大波动的是土地市场，除以上的四个州市外，面临比较严重的专项偿债压力的还有自贡、泸州。成都由于其发展最快，政府债务规模也较快。虽然成都市 2018 年底的政府债务规模为 2 330 亿元，但是成都市的财政实力较为雄厚，政府债务偿付的压力相对较小。

9.5　四川省地方政府隐性债务的度量

9.5.1　四川省地方政府隐性债务度量——直接法

通过宏观数据收集和研究报告整理的方法，形成隐性债务测算模式，建立量化模型，并基于四川省的数据进行实证分析，选用该地区 2015~2017 年地方政府债务相关数据作为样本，根据直接法主要有三种口径。

口径一：四川省地方政府融资平台公司贷款+四川省地方政府融资平台公司存量债券+四川省地方政府融资平台非标融资额+四川省地方政府付费型政府–社会合作投资落地+四川省抵押补充贷款存量–直接纳入四川省政府性债务的数额。其中，四川省地方政府付费型政府–社会合作投资落地一项中，假设与融资平台不重合。

口径二：四川省地方政府债务融资平台的有息债务+四川省地方政府付费型政府–社会合作投资相关项目+四川省抵押补充贷款存量–直接纳入四川省政府性债务的数额。其中，四川省地方政府债务融资平台的有息债务一项中，仅发债口径；四川省地方政府付费型政府–社会合作投资项目一项中，假设与融资平台不重合。

口径三：四川省地方政府纯平台有息债务+四川省地方政府准平台其他应收款项+四川省地方政府付费型政府–社会合作投资相关投资落地额+四川省抵押补

充贷款存量–直接纳入四川省政府性债务的数额。其中，四川省地方政府纯平台有息债务一项中，仅发债口径；四川省地方政府准平台其他应收款项一项中，仅发债口径。

根据前文关于地方政府隐性债务的界定，本章借鉴一般主流观点，认为地方政府的隐性债务主要包括了准公共部分发行的债券（包括政策性银行、铁路总公司发行的债券）、地方政府负债（包括政府担保类和救助类负债）、国有金融机构的不良资产（以不良资产转化形式存在的或有负债、国有商业银行新产生的不良资产）、非地方政府担保等内容。在实践中，我们注意到尽管地方政府的风险投资基金规模持续扩张，根据其披露筹集规模截至 2018 年 7 月共达 36 961 亿元，对比 2014 年的 3 031.35 亿元，上涨了 33 929.65 亿元，涨幅巨大，但基于此种基金中政府应承担份额的不确定性，三个口径模型都不将地方政府的风险投资基金纳入测算范围。综上所述，将地方政府隐性债务通过以上三个口径进行考虑的缺点在于：由于没有包含政府的风险投资基金及样本口径等因素，该测算方案计算结果小于实际存在的地方隐性债务的存量。

根据上述直接法的方案对地方政府隐性债务进行估算，我国全国范围内地方政府隐性债务的规模介于 26.4 万亿~36.1 万亿元之间，是显性债务的 1.7~2.3 倍。以直接法的不同口径所测算的全国各省市地方政府隐性债务都维持在以大于 20%的增长速度水平的扩张。依据三种地方政府隐性债务的直接计算口径，2017 年我国地方政府隐性债务规模分别为 34.5 万亿元、36.1 万亿元、26.4 万亿元，分别较上一年增长了 27%、22%、26%，均保持了较快增长。从内部构成来讲，口径一中，四川省地方政府融资平台公司贷款、四川省地方政府融资平台非标融资额占比最高，分别占 48%和 24%；口径二中，四川省地方政府债务融资平台的有息债务、四川省地方政府付费型政府–社会合作投资相关项目、四川省抵押补充贷款存量分别占比 88%、7%和 5%；从口径三来看，四川省地方政府纯平台有息债务、四川省地方政府准平台其他应收款项、四川省地方政府付费型政府–社会合作投资相关投资落地额、四川省地方政府抵押补充贷款存量产生的债务分别占隐性债务的 75%、9%、10%和 6%。

本章在前期计划对这三种口径进行优化，以得出适合四川省的测量方案，并进行差异分析，最后根据测算，得出四川省地方政府隐性债务规模区间，以及其与显性债务的倍数关系。但由于地方政府财政数据的可获得性问题，以城投债的数据为对象，对四川省地方政府隐性债务进行大概估计。2014~2017 年四川省发行的城投债金额为 3 649 亿元，只考虑 2015~2017 年，发行金额为 2 906 亿元，基本情况如图 9-1 所示。

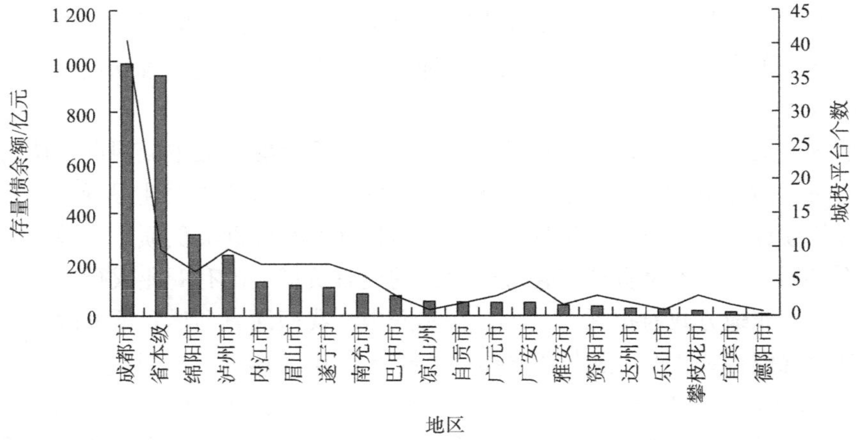

图 9-1　四川省城投存量余额及平台个数

资料来源：Wind

尽管以直接法来对地方政府隐性债务进行计算从原理上来说易于理解，计算方法也较为简单，但从实际操作性层面来说，这种方案涉及的主体和问题较多，不仅数据比较繁杂、很容易因为操作主体主观上的疏忽大意导致漏算过失，而且还容易因为口径划分技术上的不足出现重复计算。例如，对于四川省地方政府的银行长期、短期贷款的具体数额我们尚且不能确定；PPP 项目有关的债款与融资平台贷款、存量债券、非标等数据事实上是存在重合部分的，而两者之间具体在哪些部分有交叉重合目前无法得到确定，只能假设两者之间不存在交叉关系，这一点是不合理、不准确的，所以数据只能通过比较粗泛的估计；再者，在全国范围内的地方政府融资平台所形成的负债中，地方政府负债的占比具体究竟有多少，由于没有公开数据目前都尚未得知；而对于地方政府融资平台名单的确定，目前由审计署、银监会等权威机构公布的数目相互之间存在差异，如 2018 年据审计署公布的地方政府融资平台名单中，平台数目为 8 576 家，而银监会公布的融资平台数目为 11 737 家，平台数量差距悬殊，同时，根据这两种名单估测出来的地方政府融资平台负债的规模也大相径庭，并不具有较强的说服能力。再加上近年间时常进行的债务置换，一些平台公司不再具备政府融资平台的职能进而退出了监管，而相对地也同样存在一些地方政府再成立新的地方政府融资平台的情况。因此，从四川省地方政府隐性债务实际研究的角度出发，考虑到数据的公开程度、获得难度及口径划分的客观技术性问题等情况，在项目后期改用间接法对地方政府隐性债务进行测量。

9.5.2　对四川省地方政府隐性债务的计算——间接法

1）从固定资产投资角度测算

从固定资产投资角度测算：四川省政府资金支出=四川省 PPE 投资额−四川省

的 PPE 投资额（中央项目）；四川省政府收入=四川省 PPE 投资中国预算家内资金+四川省 PPE 投资收益+四川省地方债务。

由于政府资金支出=政府资金收入，故四川省政府债务增量=四川省隐性债务=四川省地方总债务−显性债务=四川省政府收入−四川省 PPE 投资中国预算家内资金−四川省 PPE 投资收益−[四川省 PPE 投资额−四川省的 PPE 投资额（中央项目）]=四川省政府收入−四川省 PPE 投资中国预算家内资金−四川省 PPE 投资收益−四川省 PPE 投资额+四川省的 PPE 投资额（中央项目）。

在研究过程中，经过分析从固定资产投资角度测算有两个误差需考虑：

PPE 投资额的计算对象是所有行业的 PPE 投资额，存在误差。

PPE 投资收益计算时，使用国家平均的税息折旧及摊前利润（earnings before interest，taxes，depreciation and amortization，EBITDA），仅为粗略估计，可能存在误差。

2）从基础建设投资角度测算

从基础建设的角度测算：四川省政府资金支出=基础建设固定资产投资额−基础建设在中央项目下的投资额；四川省政府资金收入=基础建设投资收益+四川省地方政府债务+国家预算内基础建设行业的投资资金。

由于政府资金支出=政府资金收入，故四川省政府债务增量=政府资金支出−基础建设行业投资收益−国家预算内投资资金。四川省地方政府债务=四川省地方政府显性债务+四川省地方政府隐性债务=四川省政府发债额+四川省地方政府隐性债务。需要说明的是，四川省基础建设的预算资金=四川省基础建设投资额/四川省固定资产投资额×四川省固定资产投资额的预算资金。在计算基础建设收益的过程中，由于电力行业中电力生产业、电力供应业的 EBITDA 值不一样，我们选择电力生产业和电力供应业的加权平均值；电力燃气和水的供应业是电力燃气和水行业的简单加权平均值；用市政公共业的 EBITDA 率替换缺失的环境、水利和公共设施管理业的 EBITDA。综上所述，四川省地方政府隐性债务增量=基础建设固定资产投资额−基础建设在中央项目下的投资额−基础建设投资收益−国家预算内基础建设投资资金−四川省政府发债额。

从基础建设口径来估测，2016~2018 年，四川省新增的地方政府隐性债务统计如表 9-3 所示。

表 9-3　2016~2018 年四川省新增地方政府隐性债务统计　单位：亿元

项目	2018 年	2017 年	2016 年
基础建设行业的固定资产投资额	20 468.43	16 828.38	13 595.40
基础建设行业在中央项目下的投资额	762.08	701.90	671.06

续表

项目	2018 年	2017 年	2016 年
基础建设行业的投资收益	2 087.37	1 532.41	1 028.84
国家预算内基础建设行业的投资资金	2 109.46	1 798.68	1 189.14
四川省政府发债额	3 465.84	2 914.14	2 568.35
四川省地方政府隐性债务增量	12 043.68	9 881.25	8 138.01

资料来源：Wind 数据库，四川省统计局

从基础建设口径来估测，2016~2018 年，四川省新增的地方政府隐性债务分别为 8 138.01 亿元、9 881.25 亿元、12 043.68 亿元。按照同样方法计算，2016~2018 年全国新增地方政府隐性债务合计约为 36.67 万亿元。上述数据与官方数据相似，所以本章采用基础建设口径对四川省地方政府隐性债务进行测算。

9.6 四川省地方政府隐性债务的成因

1）地方政府违规举借债务

地方经济建设的需要。对四川省来说，基础设施建设和项目投资已经成为主要的投资方式。对资本的旺盛需求造成的直接结果就是债务像雪球一样越滚越多，隐性债务持续膨胀。此外，部分地方行政长官对政绩与晋升的认知存在问题，为政绩好看超额借债或者为基建盲目随意举债。项目建设注重眼前利益，缺乏长远考虑，只考虑举债完成建设，至于还债以后再说。

中央政府拥有财政权且财政收入占比较大，而地方政府拥有促进当地经济发展和提高社会保障体系的职能，导致财政支出占比较大。例如，2016 年地方收入和支出的比例分别为 54.5%和 85.4%。资金短缺的问题促使地方政府不断扩大融资规模从而出现大量违规融资的情况。此外，由于中央财政资源需要地方政府相互竞争得到，于是出现很多地方政府争先向中央申请相关的经济资源和债务额度，通过这样的方式来发展当地的经济，但是如此以往会导致地方政府出现违规举债的情况，进而提高了地方政府隐性债务的规模。

2）地方政府违规使用资金

四川省地方政府在早期批准了融资项目，并对项目进行了轻监管。若需对外借贷或承诺担保，则要履行严格审批流程。然而，项目获得融资后，对资金的使用及其效果缺乏有效的监督，导致资金使用中存在一些违规行为。部分政府融资

平台的管理运营在规范化、标准化上还有很长一段路要走。首先，融资程序不够规范，若之前签署了贷款合同，尚需人大批准；其次，一些融资项目未经过专业评估，自筹资金不足，给项目建设带来更多不确定风险；最后，部分项目储备不充分，对重点项目支持不够，临时拼凑情况较为明显。

目前多地政府尚未出台相关贯彻落实意见，难以开展整改工作。因多数基础设施无法通过自身获得收益或获得收益不足，无法提供其他还款资金来源，而项目公司多具备“短融长投”的特征，期限错配严重。若依新规将协议期限缩短到五年，则地方政府尤其是县级对应的短期偿债负担倍增。

3）地方政府偿还债务困难

经济面临下行压力，财政收支不平衡加剧，导致政府偿还债务的压力大增，同时在世界经济衰退的大背景下，四川经济发展步伐变慢。受经济建设和民生事业的影响，财政收支矛盾进一步深化，财政收支差距逐年扩大。其经济总量在全国名列前茅，但内部经济发展与财力不协调。成都的经济实力和财力雄厚，其余地区的经济发展水平和财力与成都大不相同。成都的经济发展比较好，城市建设比较成熟，隐性债务比较大。在经济并不发达的地区，城建尚未解冻，还债负担重，绵阳、内江等城市就是证明，其中绵阳城投债务最高，同时，税金、土地出售价格收入、公共企业经营收入等的增加幅度较小，再加上房地产调控政策变动，商场变动、杠杆、库存清除活动频繁，土地出售价格收入在2018年比2013年减少了36.5%。财政收入的增加放缓在一定程度上也增加了地方政府偿还债务的压力。

4）隐性债务预警机制欠缺

首先，未能健全信息交流共享制度，各部门单兵作战，协作难。按照职责分工，政府债务管理领导小组成员单位负责统计所管辖或监管机构的业务规模，履行各自职责，防范和控制政府债务风险。但成员单位彼此间未建立健全信息交流共享制度，缺乏专门的数据信息共享处理平台，这些都为联合作战增加了难度。

其次，政府信息对外公开程度不够，精准发现风险难。在地方盘根错节的融资方同地方政府之间有一定关系，未达到市场化要求，存在权属利益划分不明确、资金重复多头使用等情况，而且地方政府对于信用评价机构的确定上掌握着绝对的话语权，外部监督力度不够，缺乏整体性，金融机构只能借助于公开途径得到信息，精准发现项目风险难，增大了调查与监管的难度。

四川省目前未明确专门的、统一的专职机构来监督和管理地方政府隐性债务。从县级情况来看，确定的监管机构包括国资委、政府金融办、国家发改委、金融、纪委等部门。地方政府隐性债务的管理方法和相关制度较为笼统，再加上目前没有建立行之有效的隐性风险防控指标体系、预警体系，县级政府在进行融资行为前几乎不会做规范专业科学的风险评估，缺乏对资金需要、风险系数、债务偿还来源和可行性的充分论证。通过粗略地计算大量账户，感知经验决策的情况相对常见。四川省的一些市县政府拥有多个融资平台，每个平台属于不同的领导和部门、部门与部门之间也很少主动沟通协调，导致非法担保融资的发生。因此，政府更难充分把握形势，无法协调预防与管控风险防范工作，影响资本运营、资源的合理有效配置，进而导致地方隐性债务的扩大。

9.7　地方政府隐性债务风险防控措施

9.7.1　启示

地方政府隐性债务的治理途径总结如图 9-2 所示。

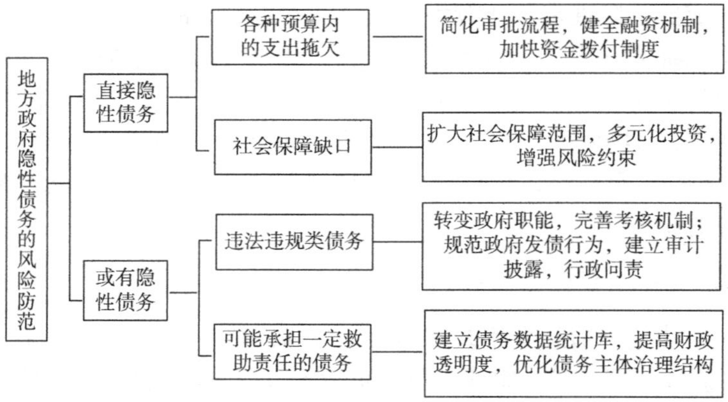

图 9-2　地方政府隐性债务治理途径

近几年，中央政府采用一系列的政策，通过向社会公开政府性债务、融资项目及相关项目的投资进展等措施来加快推动地方债务融资领域信息的透明化和公开化，我国地方性财政透明度建设成果显著。在地方政府自身信息公开化和社会公众的监督下，地方政府的预算内债务融资也开始面临巨大的监督压力，而这也使得地方政府有更多的理由使用预算外的城投债融资，并且我们可以知道：在财政分权程度越高的地方，该区域内财政透明度建设越发达，城投债发债的规模就越大，同时，该区域的城投债券也会随着地区财政透明度的提升而获得更高的信用评级，而优良的、真实的信用评级则会给投资者提供更有价值的投资导向。一个国家或地区的财政透明度建设越完善，地方政府自身和社会大众的群众监督力量就越能够有效地对政府财政融资和债务扩张形成监督，进而抑制其过度扩张，此外，拥有健康高效的财务透明度的国家或地区信用评级更加真实、有参考价值，它可以为投资者在分析政府发行的债券是否存在风险时提供一套明确的衡量标准，一方面，帮助投资者规避高风险的政府债券；另一方面，也有利于对融资成本高于地方政府承担能力的债券发行产生抑制作用，避免政府做出过度发券、违规发券的行为，缩小政府债务规模、降低政府赤字率。

9.7.2 相关建议

1）加强隐性债务制度约束

强化制度约束，严控隐性债务增量。地方政府应当参考国际做法与经验，将中央和地方财政分开管理，设立独立机构承担监管地方债务的职能。在重大风险表现出苗头性倾向时，中央出面牵头，由财政、金融监管等专家教授组成地方政府性债务风险管理委员会，以有效及时的方式应对突发风险，实现长期风险的稳定有效把控。四川政府不应再有依赖中央的思想，消除地方政府隐性债务会由中央财政兜底的财政幻觉，主动发现问题和解决问题，而不是被动地等中央政府查处问责时再进行整改。

积极落实国家相关的法律法规，地方政府应该建立适合本地区的隐性债务防控制度，将举债主体落实到个人，明确责任和主体，这样出现问题方便处理。同时加强政府债务监管，建立相关的制度体系，实行省市政府分管领导联督制，坚决制止违规违法举债行为，确保地方政府隐性债务规模不断减少。一方面，地方政府应该全面整理隐性债务及确定好目前当地隐性债务规模，最好逐笔核实地方政府隐性债务情况，然后连同专家小组对地方政府隐性债务提出相对保险的化解方案。另一方面，地方政府官员应当坚决制止违法违规举债，严审经由政府出资、PPP 模式变相借债项目，避免出现新的隐性债务。最后，政府在审核项目之前应当做好调查，对申请单位资质、资金来源和用途进行严格审查，建立相关的制度措施，对没有合规资金来源，同时可能存在违法举债融资的项目一概否决，如有违反者应当用惩戒制度加以约束。

2）全面摸清隐性债务底数

全面摸清“底数”，狠抓财政风险防控。地方政府应该对本地区的隐性债务规模进行清查，应当甄别核实由政府承担责任的债务是否符合国家规定，对政府中长期财政支出项目也进行相应的核查工作。总的而言，地方应结合实际，坚持求真务实、精准完整的原则，详细了解隐性债务多寡、借债时间、偿债期限等问题，才能通盘考量为防控解决隐性债务风险系数打下坚实的基础。

健全评估债务管理责任体系，妥善处理债务存量，将债务管控在规定限额范围内，规范财政收支管理，尤其是市县两级，加强防控债务及其风险，禁止违法和违规债务融资担保，严格遏制变相举债融资的财政承诺，坚决抵制隐性债务增加。

针对当前单兵作战、各自为政的情况，地方政府应当将地方债务管控责任落实到位：财政部门承担管理职能，审计部门与金融监管部门承担监督职能。建议协调各部门，建立监管问责协商制度，集中针对问题进行定性，确定处罚标准，依据分工严肃问责，从严从重监管，充分发挥震慑作用。

3）强化隐性债务监测管控

多措并举化存量，强化隐性债务监测与管控。中央政策越来越多地以加强风险预防和控制为特征，在管理地方政府债务时开大门堵侧门。建议协调各相关部门，健全债务监管体系，针对经济发展、偿债能力展开全方位监测，并搭建信息交流与共享系统，进行风险评估并及时预警，充分掌握地方债务状况，强化监测，填补风险监管空白。现阶段上级政府对下级政府和官员政绩考核的标准过于单一，年度 GDP 及基础设施数量规模在政绩考核指标中占比过大。地方政府官员有时会为政绩不惜借贷去做“面子工程”，如在高速公路出入口以城市绿化为借口进行造景工程、以美化环境为由在贫困村路边修建高档农房等。无意义的财政支出不但影响地方政府及官员政绩考核体系，还会降低人民的幸福感、获得感和满意度。建立地方隐性债务监测体系刻不容缓。

4）强化隐性债务偿还机制

强化债务偿还机制，加强资金整合与监管。地方政府应该对本地区的一般公共预算及政府基金预算进行合理合法安排，努力通过债券再融资的方式解决地方政府隐性债务。同时，对地方政府债务限额有一个合理的评估，坚决制止触碰其限额底线，严格控制地方政府发债规模，对在建存量政府投资项目及未按规定审批的项目负责人进行严格的惩罚措施。地方政府应当成立专门的主管小组，对政府投资项目的资金来源和用途进行严格审查，此外还应审查其项目有无制定融资平衡方案或者有无违法乱纪的情况发生，对违规项目不予批准立项。另外，地方政府可以通过协调组织财政收入和合理规划财政支出的方式提高当地政府偿还债务的能力，减轻偿债压力。

关于如何防范地方政府隐性债务风险，中央政府对地方政府隐性债务的态度总体上是“打开前门，堵住后门”。打开前门是合理安排地方政府的积极性；堵住后门是要严格履行地方政府的保管限度管理，健全警报和应急处理机制，提高调查和问责力度。

在解决地方政府隐性债务风险的问题上，地方政府应当有良好的心理准备去打这场“硬仗”，因为这将是一个漫长而艰难的过程。隐性债务问题很难解决，仓促行动解决债务是不合适的。省级政府作为债务管理的主体，应加大对现有隐性债务的清理力度，严格控制非法债务的发生。政府应拟定可操作性强的减债计划，借助于减债、延期、停建等多种措施在合理的时间内（如 5~10 年或适当的时间）妥善解决债务风险。

9.8　本章小结

本章针对地方政府隐性债务风险管控进行延展研究，从我国地方政府隐性债务的界定和度量出发，以四川省地方政府债务为例，分析其现状，并从不同的角度和不同的口径对地方政府隐性债务进行度量，结合相关理论，通过分析概括其现状后探究其成因，并在此基础上提出可行的构建设想。

10　地方政府投融资平台债务风险延展研究——PPP 项目研究

10.1　PPP 项目资产证券化风险评价体系

10.1.1　研究背景与意义

PPP 项目作为解决我国地方政府债务融资的新模式，从 2014 年系列文件出台以来，在我国不断推进与规范。但在实际运行 PPP 项目时由于存在项目落地率较低，项目融资难，投资周期长等问题，民间投资对此的参与积极性一直不高。在此背景下，国家发改委和证监会联合印发了《关于进一步推进政府与社会资本合作（PPP）项目资产证券化业务的通知》，指引出 PPP 项目融资的新方向即通过推进 PPP 项目资产证券化来完成，该方式解决了 PPP 项目长期以来存在的融资难问题，并对 PPP 项目的加速落地起到助力推动作用。在 PPP 资产证券化推进这一阶段，客观、科学、可量化的 PPP 项目资产证券化风险评价体系尤为重要，既能够对地方政府 PPP 项目的规范运作形成有效约束，又能够推动优质项目公司开展 PPP 资产证券化的相关业务，同时又能吸引更多的资本市场投资者参与到 PPP 项目资产证券化交易中。

我国 PPP 项目风险和资产证券化风险研究领域里，较早的资产证券化风险问题主要针对商业银行的不良资产，利用层次分析法对风险进行分析，风险指标也大多考虑银行利益相关者的信用环境和制度风险（李鹏雁和刘刚，2007）。在此基础上杨斌和董玲（2013）基于灰色系统理论对资产证券化进行了较为全面的定量的风险评价，但把资产证券化引入 PPP 项目后，相应的证券化风险实质和相关指标发生了显著变化。张璞等（2016）和尹航等（2016）分别用相对风险模型和云模型构建 PPP 项目的风险评价体系，陆晓琴等（2017）提出运用神经网络智能评价模型来解决 PPP 项目的风险评价问题，但他们的研究也仅针对 PPP 项目本身，未考虑 PPP 资产证券化的特征。综上，在 PPP 资产证券化风险的研究领域中，较多学者对 PPP 项目自身风险的识别和管控进行了研究，但少有学者针对 PPP 项目资产证券化的特征构建风险评价体系。

本章基于此，结合 PPP 项目和资产证券化的特点，将层次分析和模糊评价引入 PPP 项目资产证券化，构建了一套专门针对 PPP 项目、可量化的资产证券化风险评价体系。该风险评价体系有别于传统仅考虑单项风险（如信用风险）的评价方法，较为完整地考虑了系统性和非系统性风险的综合影响。在此基础上，以“新水源 PPP 资产支持专项计划”实例对该风险评价体系的科学合理性进行验证，以期为市场上 PPP 项目有关资产证券化业务的利益相关者提供决策依据。

10.1.2 PPP 项目资产证券化风险评价体系构建

10.1.2.1 PPP 项目资产证券化风险评价指标体系构建

传统的资产证券化的风险主要包括系统风险和非系统风险，其中，系统风险是指环境风险，而非系统风险主要包括信用风险、技术风险和操作风险。但是 PPP 项目本身具有很多固有的特点，因此结合 PPP 项目自身及资产证券化的特点，将 PPP 项目资产证券化风险分为以下几个方面。

（1）环境风险：传统资产证券化环境风险包括经济、法律、政治和自然环境风险，而 PPP 项目为政府主导鼓励实施的项目，其资产证券化法律风险、政治风险较小，主要集中在经济风险和自然环境风险。为了能够建立可量化的评价体系，选取衡量当地经济发展水平的指标尤为重要，地区生产总值增长率和第三产业占比分别反映了当地经济增长速度和质量，因此选取这两个指标作为衡量 PPP 项目资产证券化环境风险的主要指标。

（2）信用风险：又称违约风险，主要包括发起人信用风险和债务人信用风险。在 PPP 项目中，地方政府往往是项目的直接债务人或者是项目运营补贴方，因此选取发起人负债率作为发起人信用风险的评价指标，选取本级政府一般预算收入规模和地方政府赤字率作为债务人信用风险评价指标。

（3）技术风险：PPP 项目的技术风险主要包括资产池构建、信用增级和产品定价风险。资产池构建风险是指基础资产的质量风险，信用增级风险是指避免资产支持证券与基础担保品相联系的风险，产品定价风险是指评级机构采用不同的定价方法及证券化所具有的创新性和复杂性而引起的风险。由于目前能够发行资产证券化的 PPP 项目均在国家发改委及财政部的项目库中，基础资产质量有了保证，故 PPP 项目资产证券化评价体系中重点考虑信用增级和产品定价风险，选取劣后级资金占比、内部信用增级情况和外部信用增级情况作为技术风险评价指标。

（4）操作风险：操作风险指因交易主体过失、交易过程缺陷、信息系统或内部控制的缺陷而导致的难以预料的损失可能性。由于 PPP 项目涉及操作风险的变量很多且不便量化，故选取项目营运时间作为衡量操作风险的评价指标。

根据上述的分析，构建 PPP 项目资产证券化风险评价指标图，如图 10-1 所示。

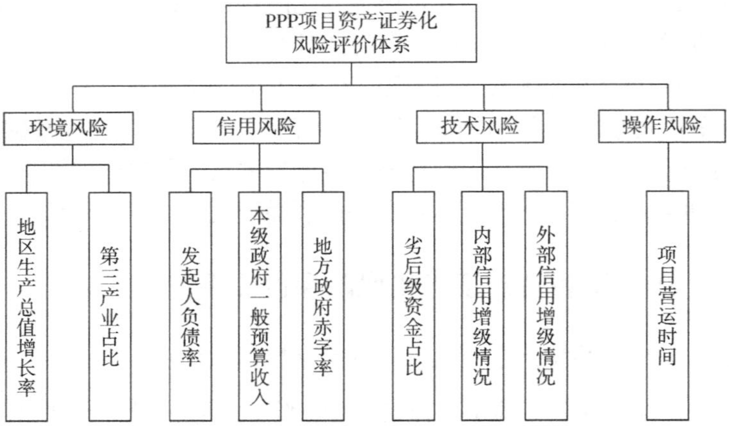

图 10-1 PPP 项目资产证券化风险评价指标图

10.1.2.2 PPP 项目资产证券化风险评价步骤

PPP 项目资产证券化风险评价具有综合性、整体性、复杂性等特点，其风险因素受到环境、信用、技术和操作等各种复杂因素的影响，其风险变量变化具有随机性和模糊性的特征。基于上述原因，PPP 项目资产证券化风险评价的过程是一个多因素综合判断的过程，采用模糊数学的方法进行分析，将定性评价转变成定量评价，采用模糊综合评价法有效地将各种风险因素进行量化，采用主、客观相结合的方法系统、全面、真实地诠释各类风险形成的因素，从而做出系统、全面、客观地评价。具体按照以下的步骤来进行操作：确定评价对象的因素集、确定评价集、单因素模糊评判、权重的确定、综合评价。

1）确定评价对象的因素集

在 PPP 项目资产证券化风险评价过程中，必须要对相关因素进行分层定义。其中，第一级评价因素集用 $S=(S_1, S_2, S_3, S_4)$ =（环境风险，信用风险，技术风险，操作风险）表示。

2）确定评价集

对于 PPP 项目资产证券化风险的评价，必须使评价集包括风险的分项评价，还要对风险进行具体的描述。风险评价集用 $V=(V_1, V_2, V_3, V_4, V_5)$ =（重度风险，高风险，中风险，低风险，无风险）=（0~20，20~40，40~60，60~80，80~100）表示。

3）单因素模糊评判

单因素模糊判断仅仅是针对对象中的一个因素进行评价，从而确定对评判集元素的隶属度。对因素集 S 第 k 个因素 S_k 进行评价，对评判集第 m 个元素的隶属度可以表示为 r_{km}，可以得到模糊判断结果集合 $R_k=（r_{k1}，r_{k2}，\cdots，r_{km}）$。将各个单因素评价集的隶属度组成矩阵后，就得到了评价矩阵。

4）权重的确定

层次分析法是目前赋权方法中应用较广的一种方法，需要将相关因素进行分解，最终划分成目标、准则等层次。在进行分层的基础上，结合定性和定量分析，进而做出综合的判断。层次分析法需要通过定性指标模糊量化方法算出层次单排序和总排序，以作为目标优化决策。

5）综合评价

在确定各因素的影响权重后，就可以作综合评价。如果评判矩阵是 B，权重集为 W，则可以构建如下的模糊综合评价模型：$U=W \cdot B$，其中 B 代表的是评判矩阵；U 代表的是最终评价得分；W 代表的是权重集。

10.1.2.3 PPP 项目资产证券化风险评价体系构建

1）环境风险评价

指标评价标准方面，采用等级评价方法，确立｛重度风险，高风险，中风险，低风险，无风险｝的评价集，并对应｛20，40，60，80，100｝的分值，见表 10-1。

表 10-1 环境风险指标评价标准表

评价指标	重度风险（20 分）	高风险（40 分）	中风险（60 分）	低风险（80 分）	无风险（100 分）
地区生产总值增长率	3%以下	3%~5%	5%~7%	7%~10%	10%以上
第三产业占比	30%以下	30%~40%	40%~50%	50%~60%	60%以上

指标赋权方面，采用层次分析法确定，按照选取的指标，对 10 名专家进行问卷调查，通过专家问卷调查结果确定各个指标两两之间的重要程度，将重要程度数值代入 yaahp 软件进行运算，结果见表 10-2。

表 10-2 环境风险指标赋权表

环境风险	地区生产总值增长率	第三产业占比	Wi
地区生产总值增长率	1.000 0	2.000 0	0.666 7
第三产业占比	0.500 0	1.000 0	0.333 3

注：一致性比例：0.000 0；对信用风险的权重：1.000 0；λ_{max}：2.000 0

综合得到PPP项目资产证券化环境风险评价的具体公式为

环境风险得分=地区生产总值增长率得分×0.666 7+第三产业占比得分×0.333 3

2）信用风险评价

按照模糊综合评价法，可以得出信用风险指标评价标准表（表10-3）和信用风险指标赋权表（表10-4）。

表10-3 信用风险指标评价标准表

评价指标	重度风险（20分）	高风险（40分）	中风险（60分）	低风险（80分）	无风险（100分）
发起人负债率	90%以上	70%~90%	50%~70%	30%~50%	30%以下
本级政府一般预算收入	10亿元以下	10亿~20亿元	20亿~50亿元	50亿~100亿元	100亿元以上
地方政府赤字率	15%以上	11%~15%	7%~11%	3%~7%	3%以下

表10-4 信用风险指标赋权表

信用风险	发起人负债率	本级政府一般预算收入	地方政府赤字率	Wi
发起人负债率	1.000 0	2.000 0	1.000 0	0.400 0
本级政府一般预算收入	0.500 0	1.000 0	0.500 0	0.200 0
地方政府赤字率	1.000 0	2.000 0	1.000 0	0.400 0

注：一致性比例：0.000 0；对信用风险的权重：1.000 0；λ_{max}：3.000 0

综合得到PPP项目资产证券化信用风险评价的具体公式为

信用风险得分=发起人负债率得分×0.4+本级政府一般预算收入得分×0.2+地方政府赤字率得分×0.4

3）技术风险评价

按照模糊综合评价法，可以得出技术风险指标评价标准表（表10-5）和技术风险指标赋权表（表10-6）。

表10-5 技术风险指标评价标准表

评价指标	重度风险（20分）	高风险（40分）	中风险（60分）	低风险（80分）	无风险（100分）
劣后级资金占比	0	0~4%	4%~8%	8%~15%	15%以上
内部信用增级情况	无增信	项目公司股权质押	主体评级AA企业增信	主体评级AA+企业增信	主体评级AAA企业增信
外部信用增级情况	无增信	外部增加抵押物	主体评级AA企业增信	主体评级AA+企业增信	主体评级AAA企业增信

表 10-6 技术风险指标赋权表

技术风险	劣后级资金占比	内部信用增级情况	外部信用增级情况	Wi
劣后级资金占比	1.000 0	0.500 0	0.500 0	0.200 0
内部信用增级情况	2.000 0	1.000 0	1.000 0	0.400 0
外部信用增级情况	2.000 0	1.000 0	1.000 0	0.400 0

注：一致性比例：0.000 0；对技术风险的权重：1.000 0；λ_{max}：3.000 0

综合得到 PPP 项目资产证券化技术风险评价的具体公式为

技术风险得分=劣后级资金占比得分×0.2+内部信用增级情况得分×0.4
+外部信用增级情况得分×0.4

4）操作风险评价

按照模糊综合评价法，可以得出操作风险指标评价标准表（表 10-7）。

表 10-7 操作风险指标评价标准表

评价指标	重度风险（20 分）	高风险（40 分）	中风险（60 分）	低风险（80 分）	无风险（100 分）
项目营运时间	1 年以内	1~2 年	2~3 年	3~5 年	5 年以上

综合得到 PPP 项目资产证券化操作风险评价的具体公式为

操作风险得分=项目营运时间得分×100%

5）综合风险评价

按照模糊综合评价法，可以得出综合风险指标赋权表（表 10-8）。

表 10-8 综合风险指标赋权表

风险评价	环境风险	信用风险	技术风险	操作风险	Wi
环境风险	1.000 0	0.333 3	0.500 0	2.000 0	0.149 7
信用风险	3.000 0	1.000 0	2.000 0	7.000 0	0.500 2
技术风险	2.000 0	0.500 0	1.000 0	4.000 0	0.278 3
操作风险	0.500 0	0.142 9	0.250 0	1.000 0	0.071 8

注：一致性比例：0.002 9；对风险评价的权重：1.000 0；λ_{max}：4.007 8

综合得到 PPP 项目资产证券化风险评价的具体公式为

PPP 项目资产证券化风险得分=环境风险得分×0.149 7+信用风险得分
×0.500 2+技术风险得分×0.278 3
+操作风险得分×0.071 8

根据 PPP 项目资产证券化风险评价得分，对应设置四个评价区间，完成对 PPP 项目资产证券化风险综合评价，评价区间见表 10-9。

表 10-9　PPP 项目资产证券化风险评价区间

评价区间	重度风险	高风险	中风险	低风险	无风险
评价得分	0~30 分	30~50 分	50~70 分	70~90 分	90~100 分

10.1.3　基于“新水源 PPP 资产支持专项计划”风险评价体系的案例研究

10.1.3.1　研究对象

新疆昆仑新水源科技股份有限公司（简称新水源公司）是 2015 年 12 月由乌鲁木齐昆仑环保集团（简称昆仑环保集团）和北京碧水源科技股份有限公司（简称碧水源公司）共同成立的项目公司，其中昆仑环保集团持股 51%，碧水源公司持股 49%。作为乌鲁木齐市首批实施 PPP 的企业，项目总投资 28.5 亿元，污水处理总规模为每天 37.5 万立方米。该 PPP 项目涉及河东、河西、甘泉堡工业园区和虹桥等六座污水处理厂及配套再生水管线建设共计 11 个单体项目，规模、处理工艺和出水标准在国内属于较高标准。截至 2016 年 9 月 30 日，新水源公司资产总额 16.84 亿元，净资产 3.71 亿元，负债率 78%[①]。

新水源 PPP 专项计划的发行总规模为 8.4 亿元，其中优先级为 10 个档次，合计 8 亿元；次级为 0.4 亿元。在该项计划中，发起人兼特定原始权益人为新水源公司，拥有在特许经营期内向付款方乌鲁木齐市水务局收取污水处理服务费和其他款项的收益权。同时，新水源公司要履行为该项计划提供差额补足的义务，并为回售和赎回款项等支付义务提供质押担保，并且这些担保义务均不可撤销。此外，合作方昆仑环保集团（乌鲁木齐市国资委控股）和碧水源公司都要为该项计划提供无条件的连带担保责任。

甘泉堡工业园区污水处理 PPP 项目已经进入国家 PPP 项目库，且该项目隶属于昆仑环保集团 PPP 项目。甘泉堡工业园区污水处理 PPP 项目以财政部发布的有关 PPP 模式操作指南作为指引，严格执行了从项目识别、准备、采购、执行到移交的所有流程，在 2016 年 1 月 8 日正式开始了运营，该项目的特许经营期从项目通过验收日起算持续 28 年。

本次 PPP 项目资产证券化基础资产付款方为乌鲁木齐市水务局，需要进一步了解乌鲁木齐的经济发展、财政收入情况。乌鲁木齐作为我国西北地区的中心城市之一，不仅肩负新疆维吾尔自治区首府的责任，更是背负着面向中西亚国际商贸中心的使命。2016 年实现地方生产总值 9 617 亿元，同比增长 7.6%，第三产业占比 57.3%。2016 年乌鲁木齐市本级政府一般预算收入 110 亿元，全市一般公共

---

① 资料来源：Wind 资讯，北京碧水源科技股份有限公司关于为新疆昆仑新水源科技股份有限公司提供担保的公告（2016-08-02）。

预算收入 368 亿元，一般公共预算支出 446 亿元，赤字率 0.8%。

10.1.3.2　案例检验

将上述数据代入 PPP 项目资产证券化风险评价体系中进行验证，结果如表 10-10 所示。

表 10-10　新水源 PPP 资产支持专项计划风险评价区间表

评价指标		指标数据	评价得分
环境风险	地方 GDP 增长率	7.6%	80
	第三产业占比	57.3%	80
信用风险	发起人负债率	78.0%	40
	本级政府一般预算收入	110 亿元	100
	地方政府赤字率	0.8%	100
技术风险	劣后级资金占比	4.8%	60
	内部信用增级情况	昆仑环保集团担保（AA+）	80
	外部信用增级情况	碧水源担保（AA）	60
操作风险	项目营运时间	1.1 年	40

按照 PPP 项目资产证券化风险评价模型进行测算，得

新水源 PPP 资产支持专项计划环境风险得分=80 × 0.666 7+80 × 0.333 3=80 分

新水源 PPP 资产支持专项计划信用风险得分=40 × 0.4+100 × 0.2+100 × 0.4=76 分

新水源 PPP 资产支持专项计划技术风险得分=60 × 0.2+80 × 0.4+60 × 0.4=68 分

新水源 PPP 资产支持专项计划操作风险得分=40 分

新水源 PPP 资产支持专项计划风险得分=80 × 0.149 7+76 × 0.500 2+68 × 0.278 3+40 × 0.071 8=71.787 6 分

按照上述评价模型的测算结果，新水源 PPP 资产支持专项计划的风险得分为 71.787 6 分，根据风险评价区间表，该专项计划风险评级区间属于低风险。目前资本市场给予新水源 PPP 资产支持专项计划优先级的信用评级为 AA+，与 PPP 项目资产证券化风险评价结果基本相符。

10.1.4　结论及政策建议

1）结论

在探索 PPP 项目风险评价体系及方法中，结合 PPP 项目资产证券化特征的代

表性模型较为罕见，本书通过层次分析、模糊评价等方法构建了具有 PPP 项目资产证券化特色的风险评价体系，具体通过对各项风险指标进行区间打分，再由具体到类别层层赋权，最终得出综合评分，该风险评价体系在新水源案例中也得到检验，评价结果较为合理和科学。该方法所构建的 PPP 资产证券化风险评价体系可操作性强，选取的指标也具有代表性，因而在评价和防范 PPP 资产证券化风险时，可以以 PPP 资产证券化风险评价体系的各项指标和权重为参考，有的放矢地进行借鉴和规范。

2）政策建议

（1）针对监管部门：首先，完善相关法律法规、具体操作指南和细则，推动 PPP 项目资产证券化在风险可控的基础上健康发展。其次，有关证券交易所和协会等应建立专门的绿色通道对相关业务进行受理、审核和备案，设定岗位职责各司其职，提高工作人员对 PPP 项目相关资产证券化产品的审核、挂牌和备案效率。最后，证监会、国家发改委、财政部等主管部门应完善沟通协作机制，明确工作流程，进一步拓宽能够实施 PPP 项目资产证券化的场所，积极引入多元化投资者，激活 PPP 项目库的存量资产，保障 PPP 项目持续健康发展。

（2）针对地方政府：要加强地方政府信用约束机制，杜绝地方政府借助资产证券化进行“过度融资”，防范 PPP 项目进行资产证券化时存在项目资产风险。通过规划中长期财政、增加信息透明度、管理预算相关绩效或是行政督查等手段，将政府信用维持与其负责领导的政绩相挂钩，从而加强政府政策的连续性和透明度。特别是对拟开展资产证券化的 PPP 项目在财政资金方面应提前规划，及时付款，保障项目的现金流稳定。

（3）针对 PPP 项目方：首先，PPP 项目方应该充分认识资产证券化的风险，提前对项目的资产证券化风险进行评价，在充分考虑项目本身现金流造血能力和营运水平的基础上，开展资产证券化业务；其次，PPP 项目方应充分考虑其项目的运营周期与有关证券化产品存在不适配的矛盾，在资产证券化产品的期限上有所突破，同时做好差额补足和外部增信等措施；最后，应健全工作协调机制提高业务财务协同，建立常态管控机制，规划好投融资现金流，提升整体财务运作的效用。

（4）针对资本市场投资者：一方面，应该培育做大合格投资者，特别是吸引中长期的机构投资者包括社保、养老、住房公积金、保险等领域的资金进入 PPP 项目资产证券化产品领域；另一方面，增加 PPP 资产证券化产品流动性，吸引部分中短期投资者。

10.2　PPP 项目资产证券化定价影响因素研究

10.2.1　绪论

10.2.1.1　研究背景

自 2013 年以来，国家通过推动允许政府与社会资本合作的 PPP 模式，促使全国基础设施建设项目及许多公共设施项目得到足够资金运营，此后中国的 PPP 项目得到了迅猛发展，项目数量及投资总额呈现快速增长，各政府部委、各级监管机构及证券交易所和商业银行等市场参与者均抱以期待。但由于 PPP 项目自身一般具有资金需求规模大、回报周期长于其他类产品的特点，传统融资模式难以满足 PPP 项目融资要求。为摆脱此种困境，资产证券化被提上重要应对措施之列并得到社会各界普遍认可。2016 年被称为是中国 PPP 项目证券化的元年，政府相关部门联合出台推进 PPP 发展的相关文件，文件中强调“PPP 项目资产证券化是保障 PPP 持续健康发展的重要机制，大力支持 PPP 项目资产证券化在各中介机构遵守相关文件规定的前提下有序开展。”随后，其他相关部门接连发布文件，规范和鼓励 PPP 项目资产证券化。

近年来 PPP 模式在我国的蓬勃发展有效地促进了我国公共基础设施建设，有效地减轻了地方政府因负债所带来的压力，同时又有效地促进了政府为人民群众服务的质量和效率的提高。但由于 PPP 项目本身拥有明显的公共属性，政府对其产品发行及价格监管必然严格，投资方在较短时间内能够收回本金的可能性较小，足额的预期收益更是难以获得。因此，许多投资方对 PPP 项目投资持观望态度，项目本身难以吸引到充足的投资资金。另外，资产证券化这一结构化融资方式可以极大地盘活流动性较差的资产，有效提升其流动能力，提高投资方对 PPP 项目的认可程度，从而促使大量社会资本的流入。资产证券化是指以流动性较差资产所产生的现金流为担保，采用一定方式提高产品信用等级，基于上述操作之后将资产证券化产品在二级市场上发行的一种业务活动。我国 PPP 项目资产证券化出现时间不长，发展进程仍处于初始阶段，但有赖于国家支持政策的接连出台，目前我国的 PPP 项目资产证券化未来总体向好。隶属于资产证券化门类分支的 PPP 资产证券化项目（PPP-ABS），现金流的产生方式与其他类型产品差异较大，此类项目主要是将公共服务类设施未来有望产生的现金流进行预估并作为标的，基于此，本章将着重关注 PPP-ABS 类产品定价过程中发挥关键作用的因素。

10.2.1.2 研究意义

近年来，“一带一路”建设的伟大构想在无数中国人民的不懈努力下逐步推进，在此大背景之下，作为“一带一路”建设的核心——基础设施建设，新形式的PPP项目便顺理成章地成为关注热点，但是由于PPP项目本身存在的诸多问题，国内PPP项目发展进程较为缓慢，于是PPP项目的相关问题研究也就成为国内学者关注的重点。

1）理论意义

至今，PPP项目资产证券化的相关研究在中国的开展进程还较为缓慢，尤其是关于定量方向的研究还比较欠缺，国内相关研究多是对美国、欧洲等发达地区相关研究成果进行总结归纳，或者是对于国外资产证券化问题的定性研究。PPP项目凭借自身特点，对各个市场交易主体产生了有益影响，既降低了项目融资成本，又有效地拓宽了融资渠道。而对于资产证券化最核心的影响因素就是资产的价格，资产证券化产品的价格确定越合理，对于投资双方交易的流动性和市场的稳定越有助益。

2）现实意义

国内方面，随着中国经济增长速度的逐渐放缓，中国经济增长模式由高速度向高质量发展模式转变，在中央去杠杆、降成本和盘活存量资产的大方针下，如何将具有中国特色的PPP项目资产证券化进程加快，PPP-ABS项目如何给广大人民群众带来切实益处成为迫切需要解决的问题。一方面，我国地方政府普遍存在隐性债务问题，在基础设施建设方面余力不足，并且存在对市场竞争的干预问题；另一方面，自我国大力发展市场经济以来，社会资本的合理引导，市场活力的有效激发，无一不成为政府工作的重点。PPP项目这种新的融资参考模式，使得广大基础设施建设项目得以依托证券交易市场支持获得充足的建设及后续运营资金。但项目普遍存在建设周期长、资本回收速度慢等问题，社会资本投资者关注点集中在融资成本是否能降低及资金回收速度能否加快上，而PPP-ABS模式的出现则为停滞不前的发展现状提供了转机。

国际方面，在世界经济全球化的大背景下，2008年席卷全球的美国次贷危机给世界各国的经济都造成了不同程度的影响，欧美市场更是受到重创。国外资产证券化进程随之走向低迷，仅存的项目也多为直接涉及生活的领域，如信用贷款和汽车贷款等，大多与基础设施项目无关，因此国外学术界对涉及公共基础设施建设证券化的相关研究缺乏有效关注，欧美地区的基础设施项目则主要借助于担保债券或者是发行政府债券的形式来进行。但资产证券化在中国的发展则要晚于发达地区许多，如何使其发展保持在平稳较快水平的同时与中国经济发展现状相契合成为众多学者关注的重点。

10.2.2 文献综述

PPP 模式是近年来国家为盘活资产，降低地方政府负债率并有效引入社会资本参与基础设施建设的一种模式创新。而 PPP 资产证券化则是为了解决 PPP 项目周期过长、资金回流速度缓慢等缺点的一种尝试。国外，特别是欧美地区对 PPP 项目资产证券化的研究已经趋于成熟，但国内由于起步较晚，相关法律法规还在陆续完善中，专门对 PPP-ABS 项目进行研究的情况还较少，对 PPP 模式的定性研究占现有研究成果的半数以上，定量研究特别是对 PPP-ABS 产品定价的定量研究还较为欠缺。为了更好地进行契合主题的研究，本章主要选择国内外对资产证券化、PPP 模式及利差定价相关的文献进行整理。本章依次介绍了 PPP 模式、资产证券化及利差定价的相关文献。

10.2.2.1 PPP 模式相关文献回顾

PPP 模式即政府与社会资本合作模式起源于欧美，起初国外研究主要集中于风险与收益的分配之上。Quiggin（2005）对 PPP 模式融资时的投资方、筹资方风险和责任进行划分，并对处理方式进行明确规定。Kim 等（2015）认为，PPP 项目融资同时汲取了投资方与被投资方风险规避的优势，未达成双赢的目标，权责分配应当合理。后研究方向向拓展 PPP 项目融资方式转变，理论与实践研究逐步推进，关注重点又转到对其建设经营过程中的问题及潜在风险的研究上。Yaziji 和 Doh（2009）指出，政府对基础设施投入资金明显不足，单纯依靠政府资金进行建设，不利于其建成及长线运营，建议融资时引入社会资本。Georgellis 等（2011）认为在 PPP 项目中引入市场资本将惠及投融资双方。Burke（2016）研究了如何将 PPP 项目运作过程中利益关联方存在的风险和收益进行合理划分。

国内方面，2013 年 PPP 项目开始引进，2016 年第一批项目开始入库，2017 年正式落地，由于起步较晚，国内相关研究主要是对欧美地区研究成果的总结和经验分享。尹龙（1999）从法律层面介绍国外经验，并指出存在问题。王旭颖（2017）指出资产管理盛行的大背景下，资产证券化的鼎盛发展将会在券商的推动下来临。星焱（2017）提出阻碍 PPP-ABS 产品推广过程中的三个主要问题：PPP 建设运营时长与现有 ABS 产品存在错配问题，基础资产难以用同等标准进行要求，多数存在信息透明度不高的情况，潜在危险不容小觑。司铁英（2018）认为，PPP 模式在革新现有金融方式的情况下，相关条例的出台落后于具体实际，导致整体发展环境受到影响，应该尽快加快相关法律法规的完善。马恩涛和李鑫（2019），利用 APH 层次分析法将各因素对 PPP 项目实际落成比例的影响进行了权重赋值，发现外部环境因素对落地率的影响程度较项目自身因素更为显著，提出优化外部环境的建议。汪立鑫等（2019）采用多起双重差分法、双重差分倾向得分匹配法对 PPP 项目产出效率进行评估，结果发现其总体上未大幅度提升规模效率，也未优化纯技术效率，项目实施效果具有明显滞后性。高震男等（2019）采用定量的方法研究 PPP-ABS 对宏观经济产生的影响，发现 GDP 的上升和居民消费水平提高与 PPP 项目流转率关联紧密。

10.2.2.2　资产证券化相关文献回顾

国外学者对资产证券化研究起步较早，研究成果丰富且涉猎范围较广。为贴合研究主题,本节主要选取了与资产证券化概念和发展趋势相关的文献进行介绍。

20 世纪 70 年代，资产证券化首次作为一种金融工具被 Rannieri 提出，但未进行明确定义。直到 70 年代末给定明确定义，详细解释了资产证券化的本质与特性。在此基础上，部分发展较快的发达国家学者对其进行理论研究并且发掘其实践优势。Horner-Devine 等（2003）研究发现，资产证券化通过提高信用级别和减少查找范围，同时降低了融资方和投资方的成本。

国内方面，姜建清和李勇（2004）认为国内资产证券化结构相对简单，与美国等发达地区相比，链条比较短，政府干预色彩浓，二级市场交易不够活跃，存在大量银行互持现象。王元璋和涂晓兵（2011）对我国资产证券化的发展进行分析并提出相关建议，指出政策制度与市场需求的结合不佳，希望通过建立科学完善的法律体系，协调相关监管，明确受托人职责并提高准入要求。张明等（2013）肯定了资产证券化对中国经济结构调整和金融改革的积极影响，认为其有助于银行盘活存量资产，加速资金周转。

10.2.2.3　利差定价相关文献回顾

国内方面，能否有效地进行高质量的利差定价预测，如何切实提高预测的精准度成为多数学者关注的问题，由此，从实证角度研究对利差定价产生重要影响的因素成为学术界的风潮。王安兴等（2012）将能够影响利差的各个因素的关联度进行分析，微观层面如债券剩余到期时限、评估机构给定的信用评级结果、发行方自身资产结构等，宏观层面则包括交易市场波动情况、无风险利率等。方红星等（2013）发现违约风险与利差呈现显著的正相关关系，这意味着产权信心、信息质量都将成为定价的重要影响因素，这也就意味着持有信用贷较高的产权如国有产权，将有效减少当融资方无法偿付时投资方受到的损失，基于此，融资方公开透明的内部鉴证信息及较高的信用评级将有效降低债券利差。赵静和方兆本（2011）发现对利差具有显著性影响的因素，既包括发债公司历史波动率这种微观层面的指标，同时也与诸多宏观信息如行业发展大背景、二级交易市场状况及债券自身的可流动水平高低相关，但公司自身的资本结构的优劣和股票波动水平的高低，相较于发达地区，影响程度未达到预期标准。陈超和李镕伊（2014）将发行方成功发行债券所需的资金总量与双方一致同意签订条款的设计水平之间的关系进行研究，实践证明发行方在条款中对投资方保护力度越高，相应地发行融资成本将越低，并且发行规模将显著负向影响融资成本，到期期限产生的影响则恰好相反。郭宁和安起光（2017）将静态现金流量报酬率法（static cash flow yield, SCFY）、静态利差法（static spread, SS）和期权调整利差法（option adjusted spread, OAS）进行类比，得出与 PPP-ABS 更加契合的定价方式为 OAS 法，在此基础上提出模型构建思路。邱冬阳等（2018）基于无风险套利的 PPP 资产证券化定价模型进行实证分析，结果表明宏观环境、基础资产质量和担保是影响其定价的主要因素。

国际方面，学术界对于利差定价的相关理论类研究众多，但能够作为主流的定价模型被各位学者所采纳的只有两个，分别为结构模型和简约模型。前者由 Merton（1974）提出，将一个公司资产总额的欧式看跌期权作为参照，依托于此假设创建了关于债券定价的理论骨架，但在该理论基础上进行的实践结果假设却往往低于实际值。简约模型由 Jarrow 和 Turmnbull（1995）提出，用泊松过程具象化违约强度，他们认为市场所能取得的信息极为有限，诸多外部因素都会影响违约概率的高低。

10.2.2.4 文献述评

综上所述，国内外学者对于 PPP-ABS 的研究已经取得了相应的成果。大部分研究都是从发展趋势、定价与风险的角度进行探讨。但由于我国 PPP 模式起步较晚，实践经验还较为欠缺，将实际案例数据相结合进行研究的情况比较少，具有普适性的研究成果仍不足，可以继续挖掘的空间较大。我国异于西方发达国家的经济体制和制度模式，使得理论研究、实践研究都将带有自身特色。但如若在借鉴西方国家先进经验的前提下，将其融入我国国情，必然会有效推动 PPP 项目资产证券化在我国的发展进程。

基于以上结论，对 PPP-ABS 产品的定价进行研究，探寻影响债券定价的因素利差，通过对利差影响因素的分解及将各因素影响程度进行量化，针对投融资双方提出相关建议。本书的创新之处在于从定量的角度出发，并尝试引入隐含信用评级为指标，通过建立多元线性回归模型进行各因素对产品定价影响程度的研究。

10.2.3 理论基础与影响因素识别

10.2.3.1 理论基础

PPP 项目由于自身利率固定的特点，归属于固定利率资产支持证券，该类证券定价原理与其他类型的证券大同小异，都是对项目未来可获得资金的时间价值进行衡量，主要是通过经验或定价模型估算折现率，对未来现金流的现值进行测算，经过相应修正之后将其代入定价模型以求资产支持证券的定价。但资产支持证券相较于其他证券而言，其定价中还包含因原始权益人提前偿付所带来的期权价值。所以对 PPP 模式资产证券化定价的研究焦点集中于折现率的确定和鉴别出其中嵌套的早期偿债价值。

由此，现有使用比例较高的定价方式有静态现金、静态利差法、期权调整利差法。

1）静态现金流量报酬率法

作为最早问世的定价方法，SCFY 法用于计算现金流到期收益时，需要考虑是否满足资产支持证券存续期内利率不变的假设，并且排除利率的影响。该方法只考虑如何得到未来现金流的折现价值，因此计算最为简单，但没有考虑到折现率会受到影响而变化，所以准确性有所欠缺。基本公式如下：

$$\mathrm{PV}=\sum_{i=1}^{n}\frac{\mathrm{CF}_i}{(1+r)^i} \tag{10-1}$$

其中，PV 为未来现金流净现值；CF_i 为预计第 i 期预期流入现金流；r 表示静态现金流折现率。

SCFY 法操作简单，但没有考虑到时间变动对利率的影响，对于长期融资特别是 PPP 模式的长期融资模式，误差产生的风险较高。

2）静态利差法

SS 法在考虑国债到期收益曲线的前提下，对 SCFY 法关于到期日内利率的估算进行了优化调整，但仍然没有将资产支持产品中内含的期权价值和利率因素的波动加入考量，只以固定利率进行代替，同样会造成对资产支持证券化产品价值的高估。基本公式如下：

$$\mathrm{PV}=\sum_{i=1}^{n}\frac{\mathrm{CF}_i}{(1+r_i+\mathrm{SS})^i} \tag{10-2}$$

其中，PV 为未来现金流净现值；CF_i 为预计第 i 期预期流入现金流；r 表示不同期限国债收益率；SS 为特定信用等级债券收益率与国债收益率之差。

SS 法虽然增加了对国债溢价的折算，一定程度上反映了宏观经济存在的风险，但仍未考虑到未来利率的波动，与现实情况仍存在差异。

3）期权调整利差法

OAS 法是现有资产证券化定价方法中最为完善的一种，同时考量到利率的期权结构与波动性，得到众多学者的肯定，由此作为标准方法使用。OAS 法通常采用二叉树法或是蒙特卡洛法对期权利差进行调整，将利率的运动轨迹进行大量模拟，尽可能多地覆盖所有利率路径。这使得 OAS 法能在极大程度上反映最真实的利率变化情况，成为目前最优的测算方法。但由于影响利率变化的因素众多，学术界还未将所有影响因素挖掘出来，且 OAS 法计算过程十分繁杂，实际上的利差计算结果还是与真实利差存在差异。基本公式如下：

$$\mathrm{PV}=\sum_{t=1}^{T}\frac{C_t}{(1+r_t+\mathrm{OAS})^t} \tag{10-3}$$

其中，PV 为未来现金流净现值；OAS 表示期权调整利差；r_t表示第 t 期的国债利率；T 表示到期时间。

通过对几种常用定价方法的研究（表 10-11），我们可以发现，利差是影响资产证券化产品定价的根本因素，后两种方法都是在第一种方法的基础上对利差进行符合变化的调整。由此，对 PPP 项目资产证券化产品定价的研究，便可转化为对利差的研究，特别是对利差产生显著影响的因素进行研究。

表 10-11 三种定价模型特点总结

方法	静态现金流量报酬率法	静态利差法	期权调整利差法
贴现率	单一路径	单一路径	多元路径
利率期限结构	未考虑	未考虑	考虑
期权价值	未计算	未计算	计算
计算难度	简单	中等	较难
定价策略	成本导向型	成本导向型	成本或风险导向型

10.2.3.2 影响因素识别

通过对以往研究成果的总结，PPP 项目资产证券化过程中需要考虑的风险众多，本章主要选取便于量化的风险进行简要介绍，包括宏观经济风险、流动性风险、违约风险、信用评级机制风险及其他风险。

1）宏观经济风险

PPP 项目作为政府带头实施的重点项目之一，在盘活社会资本的同时自然也与国家经济环境的发展状况密不可分。宏观经济的变化会影响到全行业的发展方向和营利能力。本章选取 GDP 增长率为指标进行衡量。一般而言，宏观经济环境越稳定，企业面临的经营风险越小，行业发展前景越佳，经营活动所产生的现金流越稳定，出现资金周转不灵的情况越少，偿债能力随之上升，不易导致资产支持证券价格上涨；反之，则可能导致溢价。

2）流动性风险

PPP-ABS 产品的流动性风险主要在产品是否能够在发行市场和二级市场顺利流通。PPP 项目资产证券化出现之初便在很大程度上解决了盘活资产的问题，此类资产支持证券产品的流动性通常受到产品规模和存续期长短的影响。一般而言，发行规模越大，可供投资者进行交易的数量越大，流动性也随之上升，而资产证券化产品流动性与融资成本往往呈负相关，也就意味着融资成本随着流动性的上升而降低。同样地，如果证券的持有到期时间增加，将会带来持有风险的上升，增加流动性不确定的风险，提高融资成本。

3）违约风险

为了更好地展示次级债券对优先级债券的风险补偿程度，需要对违约风险进行指标量化。由于 PPP 项目资产支持债券自身准入严格的特点，满足要求的投资者人数较少，而市场上现有的 PPP-ABS 产品的平均发行规模已超越 1.04 亿元，这将使得单个投资者承担更大的资金周转压力，从而阻碍项目资金的募集。为了更好地吸引投资者，提高募资规模，SPV 公司会将一个项目拆分为不同存续期、不同增信水平的资产支持债券项目，以满足投资人不同的风险偏好。目前，我国绝大部分违约风险的承担者都是持有自身次级债券的 PPP 项目资产支持证券发行方。

4）信用评级机制风险

信用评级通常由评级机构的评估报告结果确定，它与违约风险的区别在于，前者是对企业信用的考察，而后者是评级机构评估水平的检验。一般而言，信用评级越低，违约风险越高，持有风险越高，而高风险必然意味着持有者要求更高的收益率。但现实生活中，评级结果具有相当高的时效性，并且将随着内部增信和外部增信活动的发生实时变化。所以考虑采用时效性更优的指标衡量信用评级机制的风险水平。

5）其他风险

PPP 项目大多是涉及基础设施建设和公共服务的大型项目，将伴随一定程度的施工风险，此类风险专业性要求较高，本章不作考虑；法律政策的影响不便于直接量化，加之中国目前涉及 PPP-ABS 的法律法规还在完善当中，短时间内对利差的影响程度不高，所以不多做探究。

10.2.4 研究设计

10.2.4.1 样本来源及选择

本章的研究样本为 2016~2019 年 Wind 数据库中隶属于资产支持证券板块的 PPP 项目的 133 只债券，剔除其中票面利率为累进利率和浮动利率及信用评级信息缺失的 60 只债券，得到 73 只债券样本作为实证研究样本。

10.2.4.2 变量选择

本章研究量化对 PPP-ABS 产品定价中对利差产生显著性影响的因素，基于前文对利差影响因素的分析，进而构建对应的定价模型，以下是对因变量和自变量的定义介绍及影响假设。

1）利差（Spread）

由前文分析可知，PPP-ABS 产品利差=PPP-ABS 产品实际利率−无风险利率。本章涉及的样本为资产支持板块以固定利率发行的 PPP 项目资产证券化类产品，默认均采用平价发行的方式，票面利率即为产品实际利率；而无风险利率则选取同期可比的国债到期收益率代替，二者之差即所求利差。相关数据来自 Wind 数据库。

2）存续期（Maturity）

存续期是指债券持有者从取得债券到获得偿付的间隔，债券到期投资者即可取得相应回报。一般而言，持有时长与持有风险呈正相关变动，即持有时间越长风险越高。但 PPP 项目的情况与一般情况不同，项目周期远长于一般项目，PPP 项目存续期越长，越能够与项目周期相符，减少因时间错配带来的额外风险。

3）次级债券比例（R_{SD}）

又称附属比例，根据不同的偿付顺序划分为优先级和次级。一般而言，次级证券是由债券发行方自行掌握，通过提高次级债券占证券整体的比例，对投资者面临的持有风险进行补偿。因此，次级比例与定价利差呈反向变动。

4）隐含信用评级（Credit 隐含）

一般而言，信用评级是运用复杂模型的专业机构参考过去经验评定，评价等级越高，违约风险越低。本章采用 Wind 数据库对隐含信用评级的量化标准，对不同信用评级的主体违约风险赋值，AAA=0，AA+=0.19（%）。数值越高，风险越大。

5）发行规模（Size）

发行规模一般影响投资人对债券持有风险的预估，PPP 项目自身投资周期长于其他产品，一般默认为发行规模越大，发行机构对未来流入现金流数量的预估水平越高，项目整体风险越低，利差越小。

6）GDP 增长率（R_{GDP}）

GDP 作为重要的经济指标，其变化程度能够对国家宏观经济的发展情况进行有效的动态反馈，并且绝大多数企业的发展将受到持续影响，债券市场流动性和信用评级的确定也不例外。本章选取债券发行当年对应的 GDP 增长率作为参考指标衡量其对利差的影响程度。根据中国宏观经济数据网的统计，2017~2019 年，我国 GDP 增长率分别为 6.9%、6.6%和 6.2%，反映我国经济发展由高速度增长模式向高质量发展模式的转变。

10.2.4.3　模型构建

基于上文的利差影响因素分析，排除不便量化和专业性过高的风险，通过对资产支持证券板块 PPP 项目的数据收集，本章将从存续期、次级债券比例、隐含信用评级和 GDP 增长率等多个方面对以上变量和债券利差之间的关系进行分析，构建相应的多元线性回归方程，以求各个因素对利差的影响程度。模型构建如下：

$$\text{Spread} = \alpha_0 + \alpha_1 \text{Maturity} + \alpha_2 R_{\text{SD}} + \alpha_3 \text{Credit}_{\text{隐含}} + \alpha_4 \text{Size} + \alpha_5 R_{\text{GDP}} + \varepsilon \quad (10\text{-}4)$$

其中，$\alpha_1 \sim \alpha_5$ 为回归方程自变量对应系数；ε 为随机变量。

模型变量定义及预期结果说明见表 10-12。

表 10-12　变量描述及回归预期结果

变量类型	变量名称	变量符号	变量描述	预期结果
因变量	利差	Spread	债券票面利率与同期可比国债到期收益率之差，单位为%	—
自变量	存续期	Maturity	债券发行至到期的时间间隔，单位为年	负相关
	次级债权比例	R_{SD}	资产证券化产品中次级债券的占比，单位为%	负相关
	隐含信用评级	$\text{Credit}_{\text{隐含}}$	根据中债信用评级给定的违约概率，单位为%	正相关
	发行规模	Size	发行债券总金额，单位为亿元	负相关
	GDP 增长率	R_{GDP}	中国 GDP 年度增长率，单位为%	负相关

10.2.5　实证结果及分析

10.2.5.1　描述性统计

本章对从 Wind 数据库中选取的符合条件的 73 个样本进行利差计算，对样本进行数据的描述性统计，分析结果见表 10-13。

分析表 10-13 可知，我国资产证券化板块的 PPP 项目整体信用评级普遍较高，违约比例最小值为 0，最大值为 0.19%，平均值仅为 0.052 1%，说明国家对 PPP 项目资产证券化的市场准入标准相当严格，研究样本中只有 AA+及以上评级的产品。一方面，PPP 项目大多为公共服务类、关系国计民生的行业，不允许过低信用评级债券的进入破坏市场秩序；另一方面，项目评级过低代表投资者将承担更高的持有风险，不利于吸引社会资本投资。次级债券比例最小值为 4.76%，最大值为 30.88%，平均值为 6.784 7%，整体次债比例较低，参考前面对信用评级的分析，可以认为在整体信用评级水平高的前提下，发行方需要通过大量增加次债比例吸引投资者的需求并不强烈。PPP 资产证券化产品发行规模相差较大，总金额从 0.16 亿元到 7 亿元不等，但平均发行总金额仅为 1.040 8

亿元。通过对样本的观察可知，利差的平均利差随着发行规模的增加而减小，这是由于投资者一般认为发行规模越大意味着项目拥有越为充足的使用资金，资金链出现断裂的概率越低，债券的持有风险越低。存续期最小值为 0.73 年，最大值为 18.03 年，平均值为 5.813 6 年，虽然平均存续期通常较其他种类债券长，但是 PPP 产品的建设运营周期普遍较长，多为 20~30 年，现有债券存续期与其匹配度仍较差。存续期愈接近 PPP 项目周期的债券，发行方对兑现收益承诺愈有保障，主体违约的风险愈低。

表 10-13 描述性统计结果

变量	个案数	最小值	最大值	平均值	标准差
利差	73	0.302 5	3.875 8	1.792 984	0.795 1889
隐含信用评级	73	0.00	0.19	0.052 1	0.085 33
次级债券比例	73	4.76	30.88	6.784 7	4.355 48
存续期	73	0.31	18.03	5.813 6	4.754 79
发行规模/亿元	73	0.16	7.00	1.040 8	1.577 19
GDP 增长率	73	6.20	6.90	6.772 6	0.23 936
有效个案数（成列）	73				

10.2.5.2 相关性分析及回归结果分析

1）相关性分析

本章使用 SPSS23 对被解释变量和解释变量分别进行了双变量间的皮尔逊相关性分析，结果如表 10-14 所示。相关性分析结果表明变量之间存在多组显著相关的变量。从被解释变量上看，利差与隐含信用评级呈现显著正相关关系，相关系数 0.274；利差与存续期呈现显著负相关关系，相关系数为–0.471；利差与发行规模呈现显著负相关关系，相关系数为–0.251；利差与 GDP 增长率呈显著负相关关系，相关系数为–0.25。但利差与次级债券比例的负相关关系并不显著，并且负相关系数较小。这说明 PPP 项目资产证券化产品存续期越短信用评级越低、发行规模越小、宏观经济发展状况越差，风险越高，利差越大，定价越低。

表 10-14 各变量相关性分析

		利差	隐含信用评级	次级债券比例	存续期	发行规模/亿元	GDP 增长率
利差	皮尔逊相关性	1	0.274*	–0.057	–0.471**	–0.251*	–0.250*
	显著性（双尾）		0.019	0.633	0.000	0.032	0.033
	个案数	73	73	73	73	73	73

续表

		利差	隐含信用评级	次级债券比例	存续期	发行规模/亿元	GDP 增长率
隐含信用评级	皮尔逊相关性	0.274*	1	0.307**	−0.187	−0.262*	0.329**
	显著性（双尾）	0.019		0.008	0.112	0.025	0.004
	个案数	73	73	73	73	73	73
次级债券比例	皮尔逊相关性	−0.057	0.307**	1	−0.210	0.001	−0.019
	显著性（双尾）	0.633	0.008		0.075	0.994	0.870
	个案数	73	73	73	73	73	73
存续期	皮尔逊相关性	−0.471**	−0.187	−0.210	1	−0.026	0.336**
	显著性（双尾）	0.000	0.112	0.075		0.829	0.004
	个案数	73	73	73	73	73	73
发行规模/亿元	皮尔逊相关性	−0.251*	−0.262*	0.001	−0.026	1	0.009
	显著性（双尾）	0.032	0.025	0.994	0.829		0.942
	个案数	73	73	73	73	73	73
GDP 增长率	皮尔逊相关性	−0.250*	0.329**	−0.019	0.336**	0.009	1
	显著性（双尾）	0.033	0.004	0.870	0.004	0.942	
	个案数	73	73	73	73	73	73

*在 0.05 级别（双尾），相关性显著；**在 0.01 级别（双尾），相关性显著

2）回归结果分析

本章研究对 PPP-ABS 产品定价产生影响的因素，选择对其定价核心因素利差进行研究，将对 PPP-ABS 产品定价的研究转变为对利差影响因素的研究。选取利差作为因变量进行多元线性回归，分析五个自变量存续期、次级债权比例、发行规模、隐含信用评级和 GDP 增长率对利差的影响情况。详细回归结果如表 10-15 所示。模型中 DW 检验结果为 1.68，接近 2 但有轻微偏差，说明样本之间存在轻微自相关，判断是由于数个样本同为一个公司同时期发行的子债券，样本之间存在一定的自相关关系，F 检验中 $Sig < 0.05$，通过显著性检验，拟合优度为 66.8%，可以较好地解释变量之间的关系。随机变量 ε 在选定样本中服从正态分布，见图 10-2，表明样本数据拟合度较高。综上，该模型具备进行实证分析的准确性。

回归结果表明，自变量中，违约比例、存续期、发行规模、GDP 增长率均通过了显著性检验，并且 VIF 均小于 5，不存在共线性。但次债比例未通过显著性检验。总结回归分析结果可知因变量与各自变量之间的关系如下。

利差与违约比例即隐含信用评级呈现正相关，相关系数为 4.291；与债券存续

期呈显著负相关，系数为–0.051；与发行规模呈显著负相关，系数为–0.185；与 GDP 增长率显著负相关，系数为–1.015。

表 10-15　回归结果及相应的统计检验结果

模型	未标准化系数		标准化系数	t	显著性	共线性统计	
	B	标准误差	Beta			容差	VIF
常量	8.739	2.413		3.621	0.001		
违约比例	4.291	1.064	0.460	4.034	0.000	0.654	1.530
次级债券比例	–0.028	0.018	–0.155	–1.564	0.122	0.870	1.149
存续期	–0.051	0.018	–0.305	–2.891	0.005	0.764	1.309
发行规模/亿元	–0.185	0.049	0.366	–3.759	0.000	0.897	1.115
GDP 增长率	–1.015	0.365	–0.305	–2.780	0.007	0.705	1.418

注：因变量：利差 R^2=0.668，DW=1.68，sig=0.000

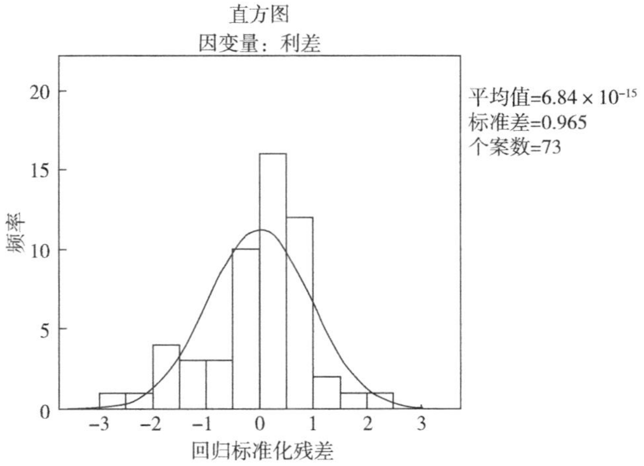

图 10-2　随机变量残差图

10.2.6　研究结论与政策建议

10.2.6.1　研究结论

根据回归结果可以得出以下回归方程

$$\text{Spread} = 8.739 - 0.185\text{Maturity} - 0.028R_{\text{SD}} + 4.291\text{Credit}_{\text{隐含}} - 0.185\text{Size} - 1.015R_{\text{GDP}} \tag{10-5}$$

实际回归结果见表 10-16，将预期结果与实际回归结果对比，得出以下结论。

表 10-16　回归结果汇总表

变量类型	变量名称	变量符号	预期结果	实际结果	是否符合预期
因变量	利差	Spread	—	—	—
自变量	隐含信用评级	$\text{Credit}_{\text{隐含}}$	正相关	正相关	相符
	存续期	Maturity	负相关	负相关	相符
	次级债券比例	R_{SD}	负相关	负相关	相符
	发行规模	Size	负相关	负相关	相符
	GDP 增长率	R_{GDP}	负相关	负相关	相符

（1）PPP 模式资产支持证券化产品价格与存续期、发行规模呈正相关，即产品规模越大、存续期越长，利差越小，产品定价越高。这是由于 PPP 项目本身具有运行周期长、资金规模大的特点，意味着越长的存续期和越大的资金规模更能与 PPP 项目契合，减少因为错位带来的额外风险。

（2）评级机构的信用评价结果将显著正向影响利差，违约比例越高，产品定价越低。

（3）我国宏观经济的发展状况也会显著影响 PPP 项目的融资资金量，GDP 增长率越高，利差越小，定价越高。

（4）对次级债券规模的分析则有别于其他因素，虽然提高次债比例是一种对 PPP 项目优先级债券持有者增信的手段，但是根据实证结果来看，次债比例对利差的影响程度还达不到显著的水平。近年来，随着我国 PPP 项目各个领域相关规范的陆续出台，PPP 项目管理逐渐趋于完善，发行方只能通过增持自身项目次级债券来吸引投资者的情况逐步减少，投资者对项目的总体信心水平提高，投资者对次级比例关注程度随之下降。但次债水平仍然会对定价产生反向影响，发行方仍然可以通过控制次债水平影响产品定价，次债水平越高，风险越低，定价越高。

10.2.6.2　政策建议

基于前文对利差影响因素的分析，分别针对融资方、投资方和政府监管部门三方提出以下建议。

1）对融资方的建议

（1）在兼顾风险与投资者偏好的情况下推出存续期和发行规模多样化的产品。存续期和发行规模都对 PPP 项目证券化产品的定价产生显著影响，但发行规模本身受到产品未来预计现金流入量限制，需要与项目存续资金相匹配，否则就会产生额外的风险。因此融资方需要对产品风险进行精准把控，在此基础上，合理规划项目存续期和发行规模，确保符合投资者偏好。

（2）保证信用评级维持在稳定高水平。PPP-ABS 产品对信用评级的显著反应，表明投资者对于评级结果关注度相当高。因此，当融资方采取足够的手段确保信用评级的稳定，产品定价也会随之稳定。这就要求公司进行规范有效的企业管理、严格的内控制度，同时审慎选择发行担保人，确保产品发行前后和存续期内产品评级、公司评级及担保人评级保持稳定。

（3）合理确定次债比例。目前绝大部分次级债券都由SPV公司持有，这种持有方式实际上变为内部增信的一种重要方式，过高或过低的次债比例都不利于自身发展。一方面，过低的次债比例不利于更好地吸引投资；另一方面，过高的次债比例会给融资方带来极大的偿付压力，因此需要将次债比例确定在一个合理的范围之内。

（4）结合宏观经济变动情况和预期调整定价策略。尽管宏观经济是企业难以把控的风险要素，但在产品定价的过程中仍需要将其纳入考虑范围。通过密切关注有关专家学者和可靠评估机构对GDP增长率的预测，估算宏观经济变动会对产品定价产生影响的程度，避免因宏观经济下行导致发行方对PPP-ABS产品偿还能力的下降。如若债券产品必然遭受宏观经济产生的不利影响，融资方可以通过调节上述其他属性，如发行规模、存续期等维持产品价格稳定。

2）对投资方的建议

（1）进行投资时考虑自身能力和风险偏好。通常发行规模较大的PPP项目证券化产品对发行人数有严格把控，导致单个投资所需资金较大，加上相较于其他债券而言更长的存续期，不建议纯粹追求高收益但资金状况不佳、要求高流动性的投资者进行购买。

（2）审慎考虑信用评级对产品价格的影响。一般而言，社会资本持有者选择项目的信用评级作为违约风险考量指标，但是由于信用评级时效性较强，并且除了SPV公司之外，原始权益人和担保方的信用评级必须同时纳入投资者考虑范围，防止因对产品定价有误造成的损失。

（3）可以将次级债券比例作为关键投资考量因素，但不能过于依赖。次债比例和其持有者的信用水平都是投资人需要纳入考量范围的因素，以此避免融资方为保证证券价格强行提高次债水平的情况，次债比例较高可能使发行方面临过高的利息压力，影响其经营状况。

3）对政府监管部门的建议

现有涉及PPP-ABS的相关条例基本都是对其证券化过程进行监督，主要涉及审批条件、优先级和主体规范等角度，还未出台关于定价方面的指导文件。虽然我国近年来鼓励市场引导价格的发展模式，但在PPP项目资产证券化发展初期，一致的定价模式尚未出现的情况下，政府应该加以引导促进PPP-ABS产品定价机制的逐步规范。

10.3 地方官员变动与地方政府行为对民营企业 PPP 项目参与度研究

10.3.1 研究背景与意义

1）研究背景

我国一直是基建大国，各级政府都极其重视基础设施建设，2014 年为了缓解政府（特别是地方政府）的财政支出压力，增加基建项目的投融资渠道，开始全国推广 PPP 模式，引起了社会热潮。而后十八届三中全会提出，在供给侧结构性改革中，PPP 模式是公共产品供给领域改革的一种具体体现形式，该模式可以助力企业转型升级，这一结论再次引起了社会热潮。在 2014~2017 年短短几年间，PPP 项目呈现快速推广态势，各个地区政府引入大量 PPP 项目，社会资本也大量涌入 PPP 市场，但后期由于制度不明晰、操作粗糙、监管缺失等原因，PPP 项目参与度大幅度降低。

PPP 模式十分缺乏活力，而民营企业是我国资本活力的主要来源，因此政府和社会各界也广泛认同扩大 PPP 模式关键之处在于提升民企参与的积极性。财政部在 2017 年对投标中更加强势的央企进行限制，对其参与的项目实行总量控制，给其他社会资本留出参与的机会；2018 年又对国企提高门槛，通过降低其负债率，限制其参与数量，并且发文支持民间资本参与 PPP 项目，鼓励民企成为项目的主力军；2019 年《政府工作报告》中希望各级政府要主动吸引民资，鼓励民企加入重点领域的基础设施项目。同时也下达相关政策通知，提出对于基础设施建设 PPP 项目，如若满足回报机制明确、收益可靠、风险可控这三点要求，可以适当下调项目最低资本金，但不超过 5%。政府试图通过这一系列文件政策降低民企参与 PPP 项目的门槛，鼓励民间资本注入，但民企参与度在 2019 年依然不高。在外部环境上 PPP 市场整体遇冷、在内部经营中民企融资困难，加之不少参与 PPP 项目的民企出问题，这些信息挫伤了民间资本参与 PPP 项目的信心。

截至 2020 年 2 月，全国 PPP 项目的累计成交规模达 127 050.2 亿元，其中，民企成交金额 26 168 亿元，占 20.60%，成交数量 3 121 个，占 38.65%；国企成交金额 96 999.4 亿元，占 76.36%，成交数量 4 624 个，占 57.27%。可以看出，在整个 PPP 业务市场上，无论是成交规模还是成交数量，民企均不具优势。“公公合作”的实际占比和未来合作倾向都远远超过“公私合作”。民营企业并没有在 PPP 市场上展现出私人资本强大活力的特性，这说明 PPP 模式没能成功吸引民资的加入。

2）研究意义

PPP 项目的优势在于，在其运作模式下，以公共设施或服务的稳定收益和优惠政策吸引活力更强的社会资本加入，降低政府财政风险的同时提高公共设施建设的质量和效率，政府与私人部门形成一种“风险分担、利益共享、合作发展”的合作形式。20 世纪欧美发达国家便开始运营 PPP 模式，从他们的经验中总结，PPP 模式有利于利用企业现有资产、深化改革政府职能、提升公共服务效率和质量。社会各界一致认可 PPP 的价值，但政府和市场对 PPP 的实践现状非常苦恼。如何利用好这个优秀的工具？在如今国务院财政部积极把控、建立更为完善规范的 PPP 政策环境的情形下，如何激励民营企业的参与度是当下关注的重点。

（1）理论意义。相较于和政府更为“亲密”的国有企业而言，民营企业和政府组织间有先天的信息隔阂，民企决策者无法有效且快速获取政府相关信息，这会增大他对合作风险的判断。同时在公私合作中，民企相较于政府方处于弱势地位，许多有实力的民营企业对于政府的非制度性问题十分忧虑，如政府领导人更替和契约风险导致的政府承诺不确定性、政社之间的信任危机等。官员变动和政府行为是否会影响民营企业参与度变化？是否会抵消政策倾向民企时产生的激励效果？本章将地方官员变更、地方政府行为与民营企业参与度结合分析，丰富了民营企业 PPP 参与度影响因素的相关文献，为研究激励社会资本参与度提供新的视角，对增强我国 PPP 政策效力具有重要理论意义。

（2）现实意义。在 PPP 制度中，已经出现地方政府方衔接不当导致项目被中途叫停的情况，不同于体量大、沟通快的国企，属于民营企业的社会资本方在和政府谈判中更加弱势，加之 PPP 项目有周期长、资金回收慢等特性，更需要考虑基层政府部门信息公开程度和领导人变更这些非制度因素对民营企业的影响。本章从区县级政府层次进行研究，更真实考虑民营企业直接接触的基层政府行为，基于 2014~2019 年民营企业参与实际数据，研究地方政府不同行为和干部调动对民营企业参与度的影响，对于地方政府是否能够通过调整自身行为来吸引民营资本具有重要的现实意义。

10.3.2 文献综述

本章旨在探究 PPP 项目中官员变更、政府行为对于民营企业参与积极性的影响，在研究视角上有所创新，需要分别就以下三方面进行文献回顾。

10.3.2.1 PPP 制度相关文献回顾

PPP 模式又称为政企合作，是指政府方和企业方在公共事业方面建立起来的长期合作，一般通过正式的契约来划分收益和风险。PPP 模式最早由英国政府在 1982 年提出，他们期望该模式通过积极引入民间资本，发挥民企在专业、管理、技术和创新等方面的优势，提供质量更好、效率更高的公共产品或服务，为政府解决传统公共产品供给困境提出新的解决方法，后来被西方国家广泛学习使用。陈琤和李丹（2017）提到我国不同于欧美国家，以企业形式成立但全部或部分所有权归属于政府的央企、国企的存在，导致“公资”和“私资”之间不能完全分离，资本参与方不仅仅是私人资本，进而扩大为社会资本。因此在我国的实际情况中，国企既可作为政府方实施项目，也可作为社会资本方投资运营项目。

国内外有众多学者和机构对 PPP 进行理论研究。柯永建等（2008）、周兰萍（2016）等学者结合国内实际和国外经验，总结 PPP 的定义、背景，研究该模式的优势和缺陷，推测能够在我国实际应用的可能范围。从 2014 年起 PPP 模式已经在我国实践了整整五年。在这期间各路学者研究发现 PPP 项目的特征极其复杂：项目时间长，利益相关者众多，领域广泛，涉及的学科领域多。王晓彦等（2019）通过风险博弈分析发现由于相关利益主体不同，风险认知也不同；由于先动优势，同一项目中政府的风险低于民营部门风险。梅建明和张宽（2019）认为在实践中，政府部门占有话语权和主动权的优势，应该健全 PPP 模式地监管机制并制定相关法律。黄志雄和张颖（2020）认为国有资本与地方政府之间具有关联性，存在挤出民间资本倾向。

10.3.2.2　民营企业参与 PPP 的影响因素相关文献回顾

历年数据显示，在 PPP 项目中，民营企业参与项目不论从数量还是规模都远低于国资企业。相关学者就民企参与度不高的原因从各个角度进行研究探讨。本章从政府、企业、项目这三个层面进行文献整理总结。

首先，政府层面，影响因素有地方政府管制能力、信息公开、政策扶持力度和地方政府选择倾向等。向鹏成和王碧（2019）认为缺乏上级政府监督约束会使民营企业的投资情绪消极。张敏等（2010）发现地方政府的信息公开程度越大可以增加民企的投资信心，政治关联可以帮助民企从政府手中获取更多的优惠政策和支持，使其获得更多的投资机会和增强投资能力。薛菁（2020）通过数据调研发现政府对于民企政策扶持不足，导致民营企业融资困难大、参与项目机会少，参与热情低。王雨辰和胡轶俊（2019）认为地方政府为降低成本和规避风险更愿意与国资背景实力强大的国企、央企进行合作。

其次，企业层面，大多数研究认为民营企业自身能力不足是导致民企参与 PPP 模式项目缺少优势的重要原因。就资金能力来看，蔡东方和孔淑红（2017）认为不同所有制歧视导致的融资难、融资成本高在很大程度上削减了民营资本的盈利空间，打击了民企投资 PPP 的积极性。田丰沛（2020）研究发现开工率低、行业分化显著、融资难导致民企参与 PPP 项目困难。

最后，项目层面，主要是 PPP 模式的特性和利益分配不均导致参与热情低迷。段艺璇和郭敏（2020）收集数据发现大量 PPP 项目投资期在 11~20 年，较长的资金回收期和较差的盈利导致社会资本参与热情度不高。曾莉和罗双双（2020）研究发现投资期长短、项目类别和付费方式对民企参与有显著影响，项目设计改变可以转变民资企业参与倾向。

10.3.2.3 官员变动、政府行为与企业投资相关文献回顾

在实际生活中，经济政策对于私人投资的影响显而易见，政府可以通过不同的政策调节民资投资的规模与方向，而政府领导人是政策的直接制定者，领导人的更替必然导致当地经济政策出现变化。曹春方（2013）研究发现，地方官员发生变更引起政治的不确定性与经济增长显著负相关。杨海生等（2010）认为地方官员的变更会重新分配原本政治资源，政策的不确定性与不稳定性增大企业风险。周黎安（2007）认为领导人变更对企业来说是一件无法预料也无法干预的外生事件，会增加企业风险。杨海生等（2015）发现政府领导人出现变更时会增加政府承诺的不确定性，进而增加项目风险导致民企参与信心降低。

政府行为是政府决策的实际表现，其行为各式各样，学者普遍认为政府可以通过其行为对民间资本投资欲望进行干预。甘炜等（2015）认为支持性政府行为对民间资本企业投资者的投资意愿有显著影响。管敏和刘长生（2019）认为国企投资在基础设施领域对民间投资有较大“挤出效应”，政府可以通过抑制国企投资来提升民营投资。陈楚（2019）认为增强政府补贴力度并注重有效性可以有效提升民营资本投资倾向。

10.3.2.4 文献评述

通过文献回顾，可以得出以下结论：首先，中国的 PPP 定义不同于欧美国家，我国的 PPP 模式中社会资本方使用广义的社会资本方定义包括国有企业、民营企业、外资企业与混合所有制企业等，可见，我国的 PPP 模式既包含西方“公私伙伴关系”又包括中国特色的“公公伙伴关系”。其次，国内外学者公认 PPP 模式是拥有巨大潜力的政策工具，可以由政府联合社会资本转型，提供优良的公共产品和服务，但是施行 PPP 又必须面对该模式复杂的特性。PPP 活力很大程度来源于民营资本的参与，因此国内外学者对民营企业 PPP 项目参与的影响因素研究较为全面，并且论述了政府领导人更替、契约风险、政治经济环境造成的市场不稳定等非制度因素容易对 PPP 项目产生影响，但是具体影响未有数据研究。地方政府是 PPP 项目最直接的参与者和政策实施者，其行为对民营企业参与有着重大影响，地方领导人更是其中最重要的人物，不同领导人之间差异极大，必须考虑他们作为非理性人的实质，考虑变更行为会带来管辖区内政府政策的非连续性和政府资源的不同分配方式，这些因素会对民营企业参与度造成影响。国内外学者研

究了官员变更和政治稳定对当地经济和私人投资的影响，认为地方政府可以对社会资本进行有效激励或者抑制。但是没有直接研究地方官员变更与当地民营企业PPP参与度关系，也未识别政府的具体行为对民企是否起到正向激励或负向抑制效果。

10.3.3 理论分析与研究假设

10.3.3.1 地方官员变动对民企影响的动因分析

从文献综述部分我们可以明显看出PPP项目有项目时间长的特征。而地方政府官员任期时间较短，一般1~5年，两者时间不匹配。大量研究也表明，地方官员由于较短的任期更倾向于在任期内的短期事务，进而提升自己的政绩，对于周期较长的项目支持力度和关注度不足。从上一任官员角度，当面临自身岗位调动时，很可能出现减少与民营企业交流的现象，不再促进民企参与当地PPP项目。造成对于PPP项目的推广和宣传下降，相关政策的制定减少。对于新上任的领导人，特别是异地调入的领导，政治重心会有所改变，对上任领导时期开展的PPP项目可能出现忽视、认识偏差或遗漏等情况，加之与民营企业沟通存在困难，造成接任后PPP项目运营出现问题。

从民营企业角度，地方官员变动可能带来政府决策重心转变进而引起政策变动，新领导人对于上任领导人所发起的PPP项目可能会造成各种不连贯问题，这些不确定性会增大PPP项目风险,而合作中更加弱势的民营企业由于政府方这些问题将遭受重大打击，出于规避风险考虑，民企很可能出现观望或推迟参与的情况。

基于以上分析，提出假设：

H1：地方官员变更和民营企业PPP项目参与度呈现负相关关系，对民营企业参与性有抑制作用。

10.3.3.2 不同政府行为对民企影响的动因分析

大量研究表明，政府和企业之间信任程度是PPP项目成功的关键因素之一。由于民企与政府的关联度远远低于国企与政府，民企和政府间的信息壁垒很高。而政府公开信息是民营企业了解政府决策和PPP项目支持度最重要的途径，也是引起民企产生参与倾向的重要影响因素。研究表明，信息公开程度越高可以提升民营企业的参与信心。本章研究重心主要是民企选择参与项目时间点，也就是项目合作前，从政府门户网站公开信息入手，简化政府行为，假设信息数量可以反映政府对PPP项目关注程度，政府关注度越高，民企信心随之增加。

基于以上分析，提出假设：

H2：政府信息公开程度会调解民营企业参与PPP项目的积极性，信息公开程度越高，民企参与越积极。

10.3.3.3　不同政府信息对民企影响的动因分析

考虑政府信息携带内容不同，不同公开信息的影响程度也并不一致，由于不同承载内容信息的影响未有明确研究。本章从人们内心认识出发，认为不同内容传达信号不同，对民企而言造成影响也不同。本章初步划分信息类别，将信息细分为政府支持型信息、政府保护型信息、政府服务型信息和项目退库型四类信息。根据一般心理分析，政府支持型信息、政府保护型信息、政府服务型信息会增大民企投资者参与信心，而项目退库型信息会降低民企投资预期。

基于以上分析，提出假设：

H3：政府支持型信息、政府保护型信息和政府服务型信息会对民营企业 PPP 项目参与度产生积极影响，而项目退库型信息可能会对民营企业 PPP 项目参与度产生消极影响。

10.3.4　研究设计

本章以 2014~2019 年 337 个区县的民营企业 PPP 项目为样本，采用实证研究的方法分析地方官员变动对民企参与度的影响，地方政府行为对民企参与度的调节效应。数据分为两部分获得：第一部分与 PPP 项目相关数据源自“明树数据”，依据财政部 PPP 综合信息平台在库数据口径，收集 2014~2019 年 337 个区县执行和移交阶段 PPP 项目；第二部分与政府相关数据来自各地方政府门户网站，自行收集整理。所有数据导入 Excel 软件进行筛选和汇总，最后将有效样本通过 SPSS 软件对数处理，最后进行多元回归分析。在实证分析部分，通过描述性统计与多元线性回归分析相结合的方式，对两大问题研究，对照三大假设分析总结。

删除 PPP 项目数据中异常值和残缺值项目，将项目数据和政府数据依照区县地区和时间不同进行汇总。原因是：①区县级政府是九成以上 PPP 项目的直接参与者和领导方；②PPP 项目受到社会氛围影响极大，不同年份的民营企业参与度差异极大，为了消除影响需要按时间划分，同时官员变更情况也与时间相关。研究变量见表 10-17。

表 10-17　研究变量定义表

变量	变量名称	测量指标
因变量	民企参与度	项目数量
自变量	地方官员变动	项目成交当年所在地方官员变动次数
	政府支持型信息	项目成交所在年政府公布支持型信息量
	政府保护型信息	项目成交所在年政府公布保护型信息量

续表

变量	变量名称	测量指标
自变量	政府服务型信息	项目成交所在年政府公布服务型信息量
	项目退库型信息	项目成交所在年政府公布项目退库信息量
控制变量	省份	省份名称
	参与时间	参与年份

因变量为民企参与度，考虑到很多项目融资规模未公布，这里采用民营企业参与数量作为指标表示。根据上一部分的研究假设分析，自变量为政府关注度和地方官员变动。政府关注度由政府门户网站的公开信息数量表示，细分为政府支持型信息、政府保护型信息、政府服务型信息和项目退库型信息四类。这四类公共信息划分标准主要是关键词划分，政府支持型信息主要包含鼓励、支持、加快推进 PPP 项目等关键词和优惠政策性文件，主要呈现政府支持参与 PPP 项目的号召；政府保护型信息主要指对现有已经开展的 PPP 项目的相关文件和报道；政府服务型信息是指与 PPP 相关，但是不属于其他三类的信息。项目退库型信息主要包含 PPP 项目退库、清库等关键词，内容告知公众一些负面信息；另一个自变量——地方官员变动的测量指标，由项目成交当年所在区县的政府领导人变更次数表示。

10.3.5　实证结果及分析

从明树数据和地方政府门户网站收集信息，经过整理汇总，将其中非有效信息与残缺信息剔除最终得到 337 个区县的 657 条民企参与项目信息，通过描述性分析和相关性分析两部分探讨地方官员变动、政府支持型信息、政府保护型信息、政府服务型信息和项目退库型信息对当地民营企业参与度影响。

10.3.5.1　描述性统计

依据已收集的 657 条民企 PPP 项目的所属区县和参与项目年份划分，最终得到 443 条数据，整理数据后得到不同变量描述统计结果，如表 10-18 所示。

表 10-18　各变量描述性统计

变量	最小值	最大值	平均值	标准偏差
政府支持型信息	0	700	66.388 26	51.298 83
政府保护型信息	1	329	46.239 28	37.362 56

续表

变量	最小值	最大值	平均值	标准偏差
政府服务型信息	2	4 211	683.907 45	704.019 13
项目退库型信息	0	35	2.268 62	3.416 94
民企参与度	1	5	1.374 72	0.558 27

注：信息数据来源于各地方政府门户网站，民企参与度来源于明树数据

表 10-18 数据显示，不同地方政府的公开信息数量差距极大，有些地方公开信息量仅三十条，而另一些地区公开信息量在五千条以上，这说明不同地区对于 PPP 项目关注度差异巨大，有部分基层政府重视程度太低。四类细分的公开信息中政府服务型信息相对较多，但是平均值仅为 684 条，标准偏差达到 704，进一步证明不同区县间的信息量差异大。政府支持型信息与政府保护类信息数量较少，甚至有些区县一条相关信息都未发布。项目退库型信息在四类信息中占比最低，最大值 35 条，但平均值仅 2.26，这说明绝大多数地区对于退库信息推送度低，有意降低退库信息出现频率，特别是在民企较为活跃的山东省平均退库型信息仅为 2 条（表 10-19），可能是为了降低其负面影响。在不同年份不同区县域的民营企业参与度数据中，最大值仅为 5，平均值仅 1.37，可以明显感觉到我国 PPP 实践中民企参与热情极低。

为了更加直接反映民营企业参与 PPP 项目情况与所属地区的关系，将相同的民企 PPP 项目依照所属省级地区进行划分，收集 2014~2019 年各省级政府门户网站发布相关公开信息数据并计算平均信息数量，最终依据样本统计出九个省级地区的不同变量描述性统计结果，如表 10-19 所示。

表 10-19　省级层次下各变量描述性统计

省份	民企项目数	支持型信息	保护型信息	服务型信息	退库型信息
北京	13	77	117	1 878	24
广东	107	33	13	126	3
内蒙古	130	72	28	213	0.02
青海	15	10	6	235	0.4
山东	293	67	46	1 202	2
四川	88	61	81	810	1.4
天津	5	93	78	288	2
新疆	2	1	1	2	0
重庆	3	43	28	208	0

注：信息数据来源于各地方政府门户网站，民企参与度来源于明树数据

通过表 10-19 的数据可以得出不同省份民营企业参与 PPP 数量差异较大，除去信息公布程度较高的北京市，其他省份呈现出公开信息数量越多，民营企业参与度越高的趋势。可以判断政府信息公开程度对于民间资本参与有正向促进作用。其中，山东省、内蒙古、广东省和四川省民企参与项目数量较多，这也是近几年大力建设发展的几大省市区域，初步推断省市大力发展的前景和政府支持基础建设的政策导向为民营企业参与 PPP 模式创造了较活跃的氛围。

通过表 10-20 可以看出，民营企业参与数量受到时间因素的影响很大，2017 年达到最高峰。而 2015~2017 年都是 PPP 热潮时期。其中，对比 2016 年与 2017 两年，2017 年的地方官员变动占比明显低于 2016 年数值，可以推测在地方官员较为稳定的时期民企参与倾向增加。2014~2019 年地方官员变动占比为 37.52%，该数据表明还是有大约四成的项目会在官员变更时发生，说明地方官员变动会对民企积极性造成一定程度负面影响，但是程度不高，民企信心主要还是受市场环境氛围影响较大，而官员变动的负面影响可以通过政府其他正向行为抵消或者减轻。

表 10-20　不同时间下民企参与数量与地方官员变动

参与时间	民企参与数量	地方官员变动占比
2014	28	64.29%
2015	179	30.73%
2016	180	48.89%
2017	235	30.21%
2018	28	42.86%
2019	3	33.33%

注：地方官员变动比=发生地方官员变动时民企 PPP 项目数/当年全部民企参与 PPP 项目数

10.3.5.2　相关性分析及回归结果分析

通过上述描述性分析，可以初步验证官员变动、政府行为对于民营企业参与度存在相关关系。为了更加准确地验证提出的三个假说，构建如下的回归模型：

$$PE = \alpha_0 + \alpha_1 OC + \alpha_2 GSt + \alpha_3 GSe + \alpha_4 GP + \alpha_3 PR \qquad (10\text{-}6)$$

其中，自变量为 PE 代表民企参与 PPP 项目数量；因变量 OC 代表官员变动情况；GSt 表示政府支持型信息数量；GSe 表示政府服务型信息数量；GP 表示政府保护型信息数量；PR 表示项目退库型信息数量。本模型旨在研究官员变动和四类信息对于民企参与程度的相关关系。

为了展示各因素对于民企参与度的影响，在 SPSS 软件中运用多重线性回归模型进行测试分析，分析结果如表 10-21 所示。

表 10-21　民营企业参与度回归分析结果

变量	缩写	系数	标准差	T 值	P 值	标准化系数
（常数）		1.34	0.053	25.224	0	
地方官员变更	OC	−0.128	0.069	−1.843	0.066	−0.084
政府支持型信息	GSt	0.001	0	3.3	0.001	0.164
政府服务型信息	GSe	0	0	5.515	0	0.278
政府保护型信息	GP	−0.002	0.001	−3.305	0.001	−0.179
项目退库型信息	PR	−0.016	0.006	−2.691	0.007	−0.128

注：数据来源于样本数据导入 SPSS 22.0 软件进行多重线性回归分析结果

回归模型的摘要信息显示 Durbin-Watson 检验值为 1.961，验明研究观测变量之间相互独立。回归容忍度均大于 0.1 不具有多重共线性。剔除异常值后，模型解释性增加。P 值<0.001，说明因变量和自变量之间存在线性相关，具有统计学意义。研究中通过绘制部分回归散点图、残差与预测值的散点图，判断自变量和因变量存在线性关系。

由表 10-21 可知，地方官员变动的回归系数−0.128 < 0，P 值=0.066>0.01，虽然没有呈现出显著影响，但是系数为负，与描述性分析相结合，大部分项目仍选择在地方领导人稳定时参与说明官员变动对于民企参与 PPP 项目起到负面作用，会在一定程度上影响参与倾向的现象，假设 H1 得到验证。

在四类信息划分中，政府支持型信息的回归标准化系数为 0.164>0，P 值=0.001<0.01，明显小于显著性水平，说明政府支持型信息与民企参与程度有显著正相关关系。政府所公布的支持型信息越多，民企热情越高，说明政府鼓励性态度能够增加民企信心。当地方政府对于 PPP 项目重视程度较高时，政府公开网站会发布支持和鼓励参与 PPP 项目的信息，民间资本会感知到当地政府的态度，降低对于项目风险的预测，进而适当增加参与倾向。但其标准化系数仅为 0.164，说明激励效果不佳。广泛阅读相关信息，发现在大部分支持型信息中缺乏实质性的支持内容，大量信息流于形式，仅处于“口头支持”层面，导致激励作用有限。

政府服务型信息的标准化系数为 0.278>0，P 值=0<0.01，呈现显著正相关关系，而且系数大于政府支持型信息，说明此类信息对于民企参与积极性的提升程度更大，这意味民营企业十分关心 PPP 项目相关资讯和情况，处于一种观望态势。从实际分析来看，充分考虑信息壁垒因素，当政府支持型信息流于形式时，政府服务型信息能够给民营企业更多参考意义，这些相关信息增加民企决策人对于该模式的了解，降低因为信息未知产生的风险，增加参与倾向。如果政府提供更多公开 PPP 项目信息，可以增加未来民企进入项目可能。

政府保护型信息的标准化系数为−0.179>0，P 值=0.001<0.01，系数与预期相

反，政府对于已有项目的信息公布会抑制民企参与兴趣。政府保护型信息定义为对于现有 PPP 项目的关注与跟踪的信息公布，一般而言都是成功项目和规范性项目。从常识来看，一般这种信息的增加会对未来参与者起到参考意义，进而促使更多企业参与。这看似不符合逻辑，但在阅读政府网站相关公开信息后，发现已有项目公布信息主要针对国企、央企作为社会资本方参与者，对民企项目报道少之又少，推断这可能导致民企资本方认为这类项目主要是国企的“游戏”而自身缺乏参与能力，进而打消参与想法。

项目退库型信息的标准化系数为–0.128>0，P 值=0.007<0.01，呈现显著负相关关系，说明项目负面信息确实会打压民营企业参与积极性，与预期相符。很明显，项目退库对于所有 PPP 项目观望者都是一种负面信息，它展示出以前许多 PPP 项目存在的问题，给观望者 PPP 模式不健全的信息，会提高企业对于风险的评估，尤其是体量较小、现金流较为脆弱的民营企业更为重视风险管控，当出现退库消息时，民企参与度会降低。

由实验模型结果可以看出政府行为会调解民营企业参与 PPP 项目的积极性，不论是政府支持型信息、政府保护型信息、政府服务型信息和项目退库型信息，四类信息都能表现政府对 PPP 项目的关注度，能调节民营企业参与信心，对于民企加入有确实影响力。总体来看政府关注行为会增强民营企业参与 PPP 项目的积极性，公开信息越多，越能提升参与热情。具体分析，在四类行为中政府支持型信息和政府服务型信息呈显著正向影响，其中，政府服务型信息影响最大，从信息承载内容来说这可能是由于在政府支持型信息中有太多流于形式的口头鼓励信息，而政府服务型信息更能为民企决策者们提供相关信息，提升企业对于风险的认知和把控。相反政府保护型信息和项目退库型信息会减退民企参与热情，其中，政府保护型信息的抑制效果最强，这可能是缺乏对民企参与 PPP 项目的报道，反向降低民企参与热情，使民企方认为 PPP 项目更适合国企参与。

10.3.6 研究结论与政策建议

本节将理论分析和实证分析相结合，对于现有研究结果进行整理汇总，对比实验假设，得出本课题最终实验结论，根据实验结论对相关政策提出建议，达成课题研究的现实意义和理论意义。

1）研究结论

通过规范分析与实证分析相结合的方式，以 2014~2019 年我国 PPP 实践中 337 个区县执行和移交阶段 PPP 项目为观测样本，研究官员变动、政府行为与民企参与度之间的关系，对原始数据进行筛选、整理获取有效样本，通过软件进行描述性统计和多重线性回归分析，得出如下几点结论。

（1）地方官员的变更与民营企业参与度呈非显著的负面效应。本章着眼于区县级政府领导人变动情况与当年该区域民营企业参与 PPP 项目数量相结合，发现民营企业有超过六成选择在领导人稳定时参与 PPP 项目，多重回归分析模型也表示领导人变更系数为负，说明民企认为地方官员变动会增大自身风险，但是这种效应是非显著的，结合时间观察，在 PPP 市场火热时，即使官员调动频繁的县域也有很多民企项目开展。总体来说，官员不稳定会对民企参与造成一定的负面影响，但是这种负面影响可以被市场活跃度和当地参与氛围抵消。

（2）政府行为会调节民营企业参与度。出于政府与企业间信息壁垒考虑，假设政府行为可由政府门户网站公开信息表示。通过描述性分析，与 PPP 项目相关的公开信息数量越多的地方政府，能够拥有更多的民营企业参与 PPP 项目。主要原因是地方政府加大相关信息的公告,可以展现政府工作重点对 PPP 项目有偏向，能够增强民企信心，增大民企参与欲望。特别是对处于大力发展时期的城市，由于重视基础建设的重心和 PPP 模式特性相统一，能够增加民企心中“安全感”，进而促进民营企业参与 PPP 项目。

（3）政府支持型信息、政府服务型信息与民营企业参与度呈现显著正相关关系，政府保护型信息、项目退库型信息与民营企业参与度呈现显著负相关关系。具体结论：①政府支持信息激励作用有限。回归模型结果结合实际情况，在大部分支持型信息中缺乏实质性的支持内容，导致激励作用有限。②政府服务型信息正向效应更大。该类型信息占四类信息中的大头，主要能够为民营企业提供相关资讯。这类信息增加民企决策人对于该模式的了解，降低因为信息未知产生的风险，增加参与倾向。③政府保护型信息与民营企业参与度呈现显著负相关关系。这类信息主要公布国企参与项目，缺乏对民企项目报道，推断这可能导致民企资本方降低参与兴趣。④项目退库型信息与民营企业参与度呈显著负相关关系。这类消极信息会增加民营企业决策人对于风险的判断，使参与倾向降低。

2）政策建议

如今民企参与度过低，对于 PPP 模式的推广非常不利。政府作为 PPP 项目的主导者和参与者，对推动该模式有先天且独特的优势。根据研究结果，结合 PPP 项目现状对政府政策提供以下几点建议。

（1）加强 PPP 规章建设，将 PPP 项目组织化。地方官员的变更无论是对于政府本身还是合作企业都是不可降低的事件,由于制度关系领导人必然是流动的，不可能与长周期的 PPP 项目相匹配。其中，官员变更造成风险的关键点在于政策不连贯性，最有效的方法是将人的非理性因素降低，增强稳定的组织化和规章化，使所开展的 PPP 项目稳定性增强，不论领导人变换，都能依照合同和章程开展。但是在一些高度民企参与项目的省份，如山东省，即使有的区域连续几年变更在位官员，其民企参与数目仍然高于一些低层度民企参与的省份。数据观察可以发现山东省整体信息公布数量更高，而省级政府下达更多政府政策性文件。因此面对官员变更引起的民企信心问题，政府方可以下达更多规范性政府文件和建设整个区域的 PPP 项目推进氛围，加强民企信心。

（2）增强政府对于 PPP 项目的关注度，加大政府信息公开数量。虽然财政部组建政府和社会资本合作研究中心来公开 PPP 相关资讯，提升企业对于该模式的了解。考虑政府与外界企业间的信息壁垒，政府应该主动加大相关信息的公告，展现自身工作重点对 PPP 有偏向，引导民企参与信心，增大民企参与欲望。特别是重心在基础建设和公共服务的地区，充分利用 PPP 模式特性与自身需求相贴合的优势，增加宣传推广，促进民营企业参与 PPP 项目。我们的政府方在促进地方 PPP 模式融资时就应该加强公开信息，在数据收集时各地基层政府对于 PPP 项目的关注度大相径庭，有些政府能达到六千以上的信息发布，而有些政府四年间仅发布不到三十的相关信息，如若要大力发展这种融资模式减轻政府财政负担，政府方面关注应该增加。

（3）提升 PPP 项目公开信息的内容与质量，增加实质性政策鼓励和现有民营 PPP 项目报道，适当公布项目退库型信息。地方政府是 PPP 项目的直接参与者，民企决策方更希望从当地政府获取更贴切的相关信息作为风险判断依据。收集资料显示，大部分公开信息中缺乏实质性的支持内容，对于民企参与项目的鼓励仅仅流于表面，缺乏实质吸引力，难以调动民企的参与热情。而地方政府报道的示范性项目以国企参与者为主，缺乏民企 PPP 项目针对性宣传，给民企一种“排外”的信息。增加民企 PPP 项目正面资讯，有助于企业类比自身状况，增加参与倾向。而对于项目退库这类负面信息，政府应该适量发布，既起到一定提醒作用，又避免造成负面影响。

10.4 本章小结

本章针对 PPP 项目运作进行延展研究，从 PPP 项目资产证券化风险评价体系、PPP 项目资产证券化定价影响因素、地方官员变动与地方政府行为对民营企业 PPP 项目参与度影响，这三个角度对 PPP 项目运作进行研究，提出相关结论。

参考文献

安春明. 2009. 关于地方政府债务风险生成机理的探讨[J]. 社会科学战线，（2）：263-265.

安国俊. 2013. 中国地方政府债信用评级体系亟待完善[J]. 银行家，（3）：90-91.

巴曙松. 2009. 地方政府投融资平台的发展及其风险评估[J]. 西南金融，（9）：9-10.

巴曙松，曾智，朱元倩. 2013. 资产证券化与银行风险控制——巴塞尔协议 III 下资产证券化的度量框架及其对我国的启示[J]. 价格理论与实践，（11）：15-17.

布坎南 Z. 1991. 公共财政[M]. 赵锡军译. 北京：中国财政经济出版社.

布坎南 Z，马斯格雷夫 R. 2000. 公共财政与公共选择：两种截然不同的国家观[M]. 类承曜译. 北京：中国财政经济出版社.

蔡东方，孔淑红. 2017. 融资激励和融资约束对 PPP 模式下公共产品提供效率的影响——基于不完全契约理论的一般均衡分析[J]. 技术经济，（9）：124-130.

蔡红标，应娟. 2010-10-20. 地方融资平台实际债务测算[N]. 21 世纪经济报道，010.

曹春方. 2013. 政治权力转移与公司投资：中国的逻辑[J]. 管理世界，（1）：143-157.

曹桂全. 2014. 地方政府投融资体制现状及改革进路[J]. 地方财政研究，（7）：4-10.

曹桂全，赵阿敏. 2014. 地方政府投融资平台问题研究综述[J]. 经济纵横，（4）：121-124.

曹伟. 2014. 财政金融化模式：地方债治理新路径[J]. 小康，（1）：24-26.

曹小武. 2011. 湖北地方政府投融资平台的风险与重构研究[J]. 湖北经济学院学报，9（5）：31-34，91.

曹小武. 2016-04-20. 构建独立的地方政府债务管理体制[N]. 中国社会科学报. 004.

曹晓燕，宋敏. 2013. 商业银行债权实现与保护的长效机制——基于地方政府融资平台探讨[J]. 中央财经大学学报，（10）：31-36.

常晨，陆铭. 2017. 新城之殇——密度、距离与债务[J]. 经济学（季刊），16（4）：1621-1642.

陈超，李镕伊. 2014. 债券融资成本与债券契约条款设计[J]. 金融研究，（1）：44-57.

陈楚. 2019. 产业绿色发展：政府行为、企业意愿与民间资本选择[J]. 河海大学学报（哲学社会科学版），（2）：57-68.

陈国绪. 2014. 我国地方政府信用评级制度创新研究[J]. 财经问题研究，（8）：107-112.

陈惊天. 2018. 全面推进依法治国的五个体系——习近平新时代法治思想体会之五[J]. 人民法治，（7）：58-59.

陈静. 1999. 上市公司财务恶化预测的实证分析[J]. 会计研究，（4）：32-39.

陈磊. 2017-10-18. 地方政府隐性债务成因及界定[N]. 中国审计报，006.

陈琤,李丹. 2017. PPP 政策变迁与政策学习模式:1980 至 2015 年 PPP 中央政策文本分析[J]. 中国行政管理，（2）：102-107.

陈志敏，张明，司丹. 2015. 中国的 PPP 实践：发展、模式、困境与出路[J]. 国际经济评论，（4）：68-84.

陈志勇，庄佳强. 2014. 地方政府信用评级方法比较及在我国的应用[J]. 财政研究，（7）：25-28.

成涛林. 2016. 基于新型城镇化视角的我国地方政府债务问题研究[D]. 苏州大学博士学位论文.

成涛林，孙文基. 2015. 新型城镇化视角下的地方政府债务管理探讨[J]. 南京社会科学，（2）：27-32，39.

程瑜，孙维，闫晓茗. 2016. “财政金融政策协调配合下的结构性改革”闭门研讨会主要观点综述[J]. 财政研究，（4）：105-113.

程振煌，王东兴. 2008. 我国地方政府财政适度举债规模实证研究——以昆明市呈贡县为例[J]. 经济问题探索，（7）：179-181，185.

丛树海，李生祥. 2004. 我国财政风险指数预警方法的研究[J]. 财贸经济，（6）：29-35，96-97.

崔军. 2011. 我国地方政府债务治理：近期目标与长效机制[J]. 财经问题研究，（7）：14-18.

大卫 · N. 海曼. 2006. 财政学理论在政策中的当代应用[M]. 北京：北京大学出版社：494-495.

大卫 · 李嘉图. 2009. 政治经济学及赋税原理[M]. 北京：光明日报出版社.

邓明然，夏喆. 2006. 基于耦合的企业风险传导模型探讨[J]. 经济与管理研究，（3）：66-68.

邓淑莲，彭军. 2013. 地方政府债务风险控制的国际经验及启示[J]. 财政研究，（2）：71-74.

邓晓兰，陈晋. 2019. 非常规货币政策工具治理欧债危机的启示——兼论中国地方政府债务风险的化解思路[J]. 河北大学学报（哲学社会科学版），44（3）：43-50.

丁伯康. 2014. 新型城镇化政府投融资平台的发展转型[M]. 北京：中国商务出版社：178-187.

董再平. 2009. 论财政分权理论的局限性及其消极效应[J]. 现代财经-天津财经大学学报，29（7）：7-11，15.

段艺璇，郭敏. 2020. PPP 项目中的政府财政风险来源研究[J]. 管理现代化，40（2）：100-103.

段振文，张雪莲. 2013. 地方政府融资平台贷款的风险特征探析[J]. 中央财经大学学报，（8）：12-18.

段振文，张雪莲，冯开文. 2013. 地方政府融资平台贷款的风险产生原因探析[J]. 上海金融学院学报，（6）：66-72.

樊行健，宋仕杰. 2011. 企业内部监督模式研究——基于风险导向和成本效益原则[J]. 会计研究，（3）：49-53，95.

范柏乃，张建筑. 2008. 地方政府债务与治理对策研究[J]. 浙江大学学报（人文社会科学版），（2）：48-56.

范柏乃，张鸣. 2012. 地方政府信用影响因素及影响机理研究——基于 116 个县级行政区域的调查[J]. 公共管理学报，9（2）：1-10，122.

范盱阳，王海明，刘西明. 2010. 地方政府融资平台：动因、风险和防范[J]. 浙江金融，（10）：32-34.

方红星，施继坤，张广宝. 2013. 产权性质、信息质量与公司债定价——来自中国资本市场的经验证据[J]. 金融研究，（4）：170-182.

封北麟. 2010. 地方政府投融资平台的财政风险研究[J]. 金融与经济，（2）：4-7.

封北麟. 2013a. 地方政府性债务风险及其防范[J]. 中国金融，（7）：53-55.

封北麟. 2013b. 我国城镇化进程中的基础设施融资[J]. 经济研究参考，（13）：40-53.

封北麟. 2018a. 隐性债务:类型与规模[J]. 新理财（政府理财），（4）：26-28.

封北麟. 2018b. 隐性债务的应对之策[J]. 中国金融，（8）：57-58.

封北麟. 2018c. 地方政府隐性债务问题分析及对策研究[J]. 财政科学，（5）：55-62.

冯树健. 2010. 警惕“第二财政”风险——地方政府隐性债务令人堪忧[J]. 财政监督，（1）：35-38.

风亚红，李娜，左帅. 2017. PPP 项目运作成功的关键影响因素研究[J]. 财政研究，（6）：51-58.

傅笑文，傅允生. 2018. 地方政府债务扩张机制与债务风险研究[J]. 财经论丛，（10）：29-34.

甘炜，李梦雪，刘千亦. 2015. 政府行为对民间资本养老机构投资意愿的影响[J]. 财政研究，（10）：58-66.

干胜道. 1998. 所有者财务论[M]. 成都：西南财经大学出版社.

干胜道. 2015a. 基于贡献三因素论的企业增值额分配财务公平测度研究[J]. 财会学习，（5）：13-17.

干胜道. 2015b. 嵌入公平的财务基本理论创新研究[J]. 会计之友，（12）：16-18.

干胜道. 2015c. 资产：最重要的是使用权[J]. 财会学习，（2）：1.

干胜道. 2016. 企业财务压力：来源与管控[J]. 会计之友，（9）：20-22.

干胜道. 2018. 嵌入公平与财务理论创新——兼论我国企业财务公平理论的发展[J]. 财会月刊，（11）：3-6.

干胜道，陈冉，王满. 2016. “四 E”财务理论框架初探[J]. 财会通讯，（10）：5-9.

高颖，张水波，冯卓. 2014. 不完全合约下 PPP 项目的运营期延长决策机制[J]. 管理科学学报，17（2）：48-57.

高震男，王一鸣，刘俊玮. 2019. 融资结构对经济增长和条件收敛的影响[J]. 上海经济研究，（10）：95-108.

龚强，王俊，贾珅. 2011. 财政分权视角下的地方政府债务研究：一个综述[J]. 经济研究，46（7）：144-156.

顾海峰，孙赞赞. 2013. 融资融券对中国证券市场运行绩效的影响研究——基于沪深股市的经验证据[J]. 南京审计学院学报，10（1）：22-30.

管敏，刘长生. 2019. 新兴大国政府投资规模和结构对民营资本投资的影响研究[J]. 湖南师范大学社会科学学报，（6）：37-45.

郭复初. 1997. 财务通论[M]. 上海：立信会计出版社.

郭励弘. 2009. 实施债权人对融资平台的信用评级[J]. 中国金融，（20）：38-39.

郭宁，安起光. 2017. PPP 模式资产证券化定价研究——基于期权调整利差模型的分析[J]. 山东财经大学学报，（1）：11-18，27.

郭玉清，孙希芳，何杨. 2017. 地方财政杠杆的激励机制、增长绩效与调整取向研究[J]. 经济研究，（6）：169-182.

韩洪灵，郭燕敏，陈汉文. 2009. 内部控制监督要素之应用性发展——基于风险导向的理论模型及其借鉴[J]. 会计研究，（8）：73-79，96.

韩立岩，牟晖，王哲兵. 2005. 市政债券的风险识别与控制策略[J]. 管理世界，（3）：58-66.

韩文秀，刘成. 2000. 我国实施积极财政政策的潜力及可持续性问题研究[J]. 宏观经济研究，（12）：27-31.

韩增华. 2011. 刍议分税制改革与中国地方政府债务风险之关系[J]. 现代财经（天津财经大学学报），31（4）：23-29.

何德旭，王学凯. 2020. 地方政府债务违约风险降低了吗？——基于 31 个省区市的研究[J]. 财政研究，（2）：9-26.

何杨，满燕云. 2012. 地方融资平台债务：规模、风险与治理[J]. 财政研究，（2）：34-37.

洪源，刘兴琳. 2012. 地方政府债务风险非线性仿真预警系统的构建——基于粗糙集-BP 神经网络方法集成的研究[J]. 山西财经大学学报，34（3）：1-10.

呼显岗. 2004. 地方政府债务风险的特点、成因和对策[J]. 财政研究，（8）：42-45.

胡翠萍. 2012. 企业财务风险传导机理研究[D]. 武汉理工大学博士学位论文.

胡一石，盛和太，刘婷，等. 2015. PPP 项目公司资本结构的影响因素分析[J]. 工程管理学报，（1）：102-106.

黄国桥，徐永胜. 2011. 地方政府性债务风险的传导机制与生成机理分析[J]. 财政研究，（9）：2-5.

黄黎. 2018-05-18. 依法稳妥化解地方债务风险[N]. 中国城乡金融报. A04.

黄志雄，张颖. 2020. 国有资本参与视阈下 PPP 契约弹性问题研究[J]. 中国经贸导刊（中），（4）：162-163.

吉富星. 2019. 隐性债务治理与政府融资规范[J]. 中国金融，（3）：67-68.

计承江. 2010. 关于政府融资平台发展问题的探索[J]. 金融理论与实践，（1）：4-6.

贾俊雪，张晓颖，宁静. 2017. 多维晋升激励对地方政府举债行为的影响[J]. 中国工业经济，（7）：5-23.

贾小东. 2016. 中国交建融资新模式：PPP+资产证券化[J]. 时代金融，（21）：161-163.
贾银萍. 2009. 关注地方政府融资平台贷款风险[J]. 银行家，（7）：26-28.
姜彬. 2008. 从制度演进的角度考察地方财政融资与担保[J]. 生产力研究，（12）：37-39.
姜超. 2018. 地方政府隐性债务规模有多大？——地方隐性债务系列专题之一[EB/OL]. 海通证券，http://finance.sina.com.cn/stock/stockzmt/2018-09-20/doc-ihkhfqnt0880677.shtml.
姜建清，李勇. 2004-11-09. 关于商业银行资产证券化[N]. 金融时报.
姜秀华，孙铮. 2001. 治理弱化与财务危机：一个预测模型[J]. 南开管理评论，（5）：19-25.
姜子叶，胡育蓉. 2016. 财政分权、预算软约束与地方政府债务[J]. 金融研究，（2）：198-206.
蒋米娜，柴志伟，詹俊鹏. 2012. 从欧洲主权债务危机析我国地方政府债务的安全[J]. 特区经济，（10）：89-91.
蒋雅维. 2015. 我国地方政府融资平台风险防范问题分析[J]. 现代经济信息，（2）：443.
金戈. 2016. 中国基础设施与非基础设施资本存量及其产出弹性估算[J]. 经济研究，51（5）：41-56.
金彧昉，李若山，徐明磊. 2005. COSO 报告下的内部控制新发展——从中航油事件看企业风险管理[J]. 会计研究，（2）：32-38，94.
靳毅. 2018a. "城投信仰"真的趋弱了吗：理论与实际——城投新论系列专题之宏观篇[EB/OL]. 国海证券，https://doc.mbalib.com/view/2a681a1dd285af0969ac065ffeebe3f4.html.
靳毅. 2018b. 江苏省城投债风险及择券方法研究——城投新论系列专题之区域篇[EB/OL]. 国海证券，https://doc.mbalib.com/view/5969d4a65dd7016c0bd13736687eafd5.html.
靳毅. 2018c. 全国各省经济财力及城投财务分析——城投新论系列专题之中观篇[EB/OL]. 国海证券，http://ishare.iask.sina.com.cn/f/5ijvABXRiMN.html.
凯恩斯. 2005. 就业、利息和货币通论[M]. 北京：商务印书馆.
考燕鸣. 2008. 地方政府债务绩效考核指标体系及评价模型研究[D]. 沈阳大学硕士学位论文.
柯永建，王守清，陈炳泉. 2008. 英法海峡隧道的失败对 PPP 项目风险分担的启示[J]. 土木工程学报，（12）：97-102.
柯永建，王守清，陈炳泉. 2009. 私营资本参与基础设施 PPP 项目的政府激励措施[J]. 清华大学学报（自然科学版），49（9）：1480-1483.
克莱因 L. 2015. 凯恩斯的革命[M]. 北京：商务印书馆.
寇宗来，盘宇章，刘学悦. 2015. 中国的信用评级真的影响发债成本吗?[J]. 金融研究，（10）：81-98.
李芳芳. 2017. 发展地方政府融资平台的对策建议研究[J]. 时代金融，（2）：79-80.
李海涛. 2014. 我国债券市场信用评级制度发展研究[J]. 南方论刊，（3）：44-45，101.
李昊. 2011. 我国地方政府债务风险预警模型研究[D]. 大连理工大学博士学位论文.
李虹含. 2016a. 新《预算法》下中国地方政府债务的监管探讨[J]. 财政监督，（7）：37-40.
李虹含. 2016b. 基础设施 PPP 模式的财政风险监督控制[J]. 财政监督，（3）：38-40.

李佳，罗明铭. 2015. 金融创新背景下的商业银行变革——基于资产证券化创新的视角[J]. 财经科学，（2）：13-22.
李京城，孙文基. 2007. 试论化解和防范地方政府债务的对策[J]. 财政研究，（7）：51-53.
李经纬. 2012. 经济社会学视角中的地方政府债务风险问题[D]. 复旦大学博士学位论文.
李经纬. 2015. 新预算法及其配套政策法规实施背景下的地方融资平台转型与发展[J]. 中央财经大学学报，（2）：3-9.
李娟娟. 2011a. 地方政府融资平台的财政与信贷风险及化解对策[J]. 改革与战略，27（9）：78-80,131.
李娟娟. 2011b. 当前地方政府债务融资的问题与对策[J]. 开放导报，（2）：81-84.
李孔逸. 2018. 地方政府债务风险集聚“胡焕庸线”？——基于各省投资和财政数据的分析[EB/OL]. 财富证券，https://mbd.baidu.com/ma/s/CBqryNJJ.
李兰英，李伟. 2012. 我国房地产金融风险向土地财政风险传导的博弈机制分析[J]. 现代财经（天津财经大学学报），32（7）：59-68.
李丽珍，安秀梅. 2019. 地方政府隐性债务：边界、分类估算及治理路径[J]. 当代财经，（3）：37-47.
李龙. 2012. 我国地方政府债务风险预警与化解[D]. 南开大学博士学位论文.
李茂媛. 2012. 地方政府债务风险的本源探究及防范对策[J]. 江西社会科学，32（3）：44-48.
李鹏雁，刘刚. 2007. 基于层次分析法的不良资产证券化风险评价[J]. 哈尔滨工业大学学报，（12）：1949-1951.
李升. 2019. 地方政府投融资方式的选择与地方政府债务风险[J]. 中央财经大学学报，（2）：3-12.
李升，樊珮琪. 2019. 地方政府隐性债务风险的防范与化解[J]. 财政监督，（13）：18-23.
李升，朱欣，韩海彬. 2019. 地方显性债务与隐性债务的形成机制：基于融资约束的实证考察[J]. 天津商业大学学报，39（1）：17-24.
李嵩然，马德功. 2015. 我国地方政府债务风险预警研究——基于Logistic模型[J]. 金融与经济，（12）：4-8.
李天德，陈志伟. 2015. 新常态下地方政府投融资平台转型发展探析[J]. 中州学刊，（4）：20-23.
李侠. 2010. 地方政府投融资平台的风险成因与规范建设[J]. 经济问题探索，（2）：162-167.
李砚忠. 2007. 论地方政府债务的特点、原因与对策组合[J]. 学术探索，（3）：31-35.
李一花. 2002. 中国地方政府投资研究[D]. 厦门大学博士学位论文.
李永. 2013. 地方2012政府债务风险传导机制分析[J]. 知识经济，（19）：81,96.
梁鸿建. 2008. 政府融资平台贷款项目风险管理[D]. 昆明理工大学硕士学位论文.
梁颖，葛新权. 2010. 全球金融危机下我国各地方政府的隐性债务扩张及其风险[J]. 经济研究导刊，（2）：111-112.

廖家勤，伍红芳. 2015. 地方政府债务风险预警模型探索——基于28个省区市债务数据的实证分析[J]. 金融理论与实践，（10）：57-60.

刘恩禄，汤谷良. 1989. 论财务风险管理[J]. 北京商学院学报，（1）：50-54.

刘洪芳. 2017. 我国地方政府债务信用评估体系构建研究[D]. 中央财经大学博士学位论文.

刘骅，卢亚娟. 2014. 地方政府融资平台债务风险预警模型与实证研究[J]. 经济学动态，（8）：63-69.

刘纳新，伍中信，林剑峰. 2015. 科技型小微企业融资风险传导过程研究——基于小世界网络视角[J]. 会计研究，（1）：56-60，97.

刘尚希. 2005. 财政风险:从经济总量角度的分析[J]. 管理世界，（7）：31-39.

刘尚希. 2018. 以拆弹的精准和耐心化解地方隐性债务风险[J]. 地方财政研究，（8）：4-6.

刘尚希，赵全厚，孟艳，等. 2012. “十二五”时期我国地方政府性债务压力测试研究[J]. 经济研究参考，（8）：3-58.

刘少波，黄文青. 2008. 我国地方政府隐性债务状况研究[J]. 财政研究，（9）：64-68.

刘伟，李连发. 2013. 地方政府融资平台举债的理论分析[J]. 金融研究，（5）：126-139.

刘娅，干胜道. 2014. 民族地区政府投融资平台债务风险评价体系研究——基于凉山州国有投资发展有限责任公司的案例研究[J]. 云南民族大学学报（哲学社会科学版），31（5）：128-132.

刘娅，干胜道，邓同钰. 2014. 地方政府投融资平台债务风险评价体系研究——基于成都工业投资集团的案例研究[J]. 财政研究，（11）：18-22.

刘娅，干胜道，赵淑鹏. 2019. PPP项目资产证券化风险评价体系[J]. 统计与决策，35（11）：161-163.

刘娅，王茜，赵淑鹏. 2018. 社会资本会影响信贷可获得性吗[J]. 西南金融，（3）：65-70.

刘娅，王思瑞，郭书琴. 2018. PPP项目会计处理方法对比研究——以“新水源PPP资产支持专项计划”为例[J]. 财会通讯，（19）：69-72.

刘娅，岳秀敏. 2016. 项目收益类债券产品研究——基于PRB/PRN的案例[J]. 财会通讯，（14）：47-49，129.

刘娅，岳秀敏，赵淑鹏. 2017. 浅析新《预算法》下城投公司的财务核算——以杭州城建集团为例[J]. 财会月刊，（25）：84-89.

刘煜辉. 2010. 清理地方政府平台债务的宏观成本[J]. 西部论丛，（7）：10-11.

刘源隆. 2018a. 地方债的前世今生[J]. 小康，（24）：36-38.

刘源隆. 2018b. 财政部：开好“前门”严堵“后门”[J]. 小康，（24）：40-41.

刘子怡. 2015. 政府效率与地方政府融资平台举债——基于31个省级政府财务披露信息的实证分析[J]. 现代财经（天津财经大学学报），35（2）：37-48.

柳学信，孔晓旭. 2017. 增长风险、治理模式与PPP项目转型[J]. 改革，（6）：95-106.

龙俊桃，杜碧，欧健. 2018. 地方政府债务风险分析和管理安排[J]. 西南金融，（1）：57-63.

卢兴杰. 2012. 我国地方政府融资平台问题研究[D]. 西南财经大学博士学位论文.
芦亮. 2013. 新型城镇化背景下地方政府融资平台的债务风险问题研究[J]. 中央财经大学学报，（9）：14-18，63.
路军伟. 2010. 中国地方政府投融资平台风险及其防范[J]. 石家庄经济学院学报，33（3）：96-100.
陆晓琴，黄元君，王喜. 2017. 基于 PCA-RBF 神经网络的 PPP 项目风险智能评价研究[J]. 科技管理研究，（14）：59-63.
罗伟卿. 2010. 财政分权理论新思想：分权体制与地方公共服务[J]. 财政研究，（3）：11-15.
罗煜，王芳，陈熙. 2017. 制度质量和国际金融机构如何影响 PPP 项目的成效——基于“一带一路”46 国经验数据的研究[J]. 金融研究，（4）：61-77.
马蔡琛. 2018. 基于政府预算视角的地方隐性债务管理[J]. 财政科学，（5）：18-23.
马恩涛，李鑫. 2017. PPP 政府债务风险管理：国际经验与启示[J]. 当代财经，（7）：24-34.
马恩涛，李鑫. 2019. 我国 PPP 项目落地率及其影响因素研究[J]. 经济与管理评论，35（2）：32-43.
马海涛，邓鸿志，任文. 2010. 后金融危机时期我国地方政府投融资管理机制问题研究[J]. 经济研究参考，（10）：2-10.
马海涛，吕强. 2004. 我国地方政府债务风险问题研究[J]. 财贸经济，（2）：12-17.
马海涛，秦强. 2010. 完善制度建设，加强政府投融资平台管理[J]. 经济与管理研究，（1）：45-49.
马金华. 2011. 地方政府债务：现状、成因与对策[J]. 中国行政管理，（4）：90-94.
马进. 2010. 我国银行贷款损失税收政策研究[D]. 财政部财政科学研究所硕士学位论文.
马万里. 2019a. 中国地方政府隐性债务扩张中的机会主义效应——基于制度—心理互动的分析[J]. 社会科学，（11）：48-59.
马万里. 2019b. 中国地方政府隐性债务扩张的行为逻辑——兼论规范地方政府举债行为的路径转换与对策建议[J]. 财政研究，（8）：60-71,128.
马万里，张敏. 2020. 中国地方债务缘何隐性扩张——基于隐性金融分权的视角[J]. 当代财经，（7）：28-37.
马文涛，马草原. 2018. 政府担保的介入、稳增长的约束与地方政府债务的膨胀陷阱[J]. 经济研究，（5）：72-87.
毛捷，徐军伟. 2019. 新时代地方财政治理：地方债实地调研和间接金融分权视角[J]. 财经智库，4（6）：80-103.
毛振华，袁海霞，刘心荷，等. 2018. 当前我国地方政府债务风险与融资平台转型分析[J]. 财政科学，（5）：24-43.
梅建明. 2011. 关于地方政府融资平台运行的若干问题[J]. 财政研究，（5）：64-66.
梅建明，雷同. 2011. 地方政府债务风险管理及控制的国际经验[J]. 经济研究参考，（23）：42-44.

梅建明，刘秦舟. 2014. 欠发达地区政府融资平台转型发展的若干建议[J]. 财政研究，（8）：63-65.

梅建明，易卫民，黄世为. 2013. 基于 KMV 模型的上市类融资平台公司信用风险研究[J]. 财政研究，（10）：64-67.

梅建明，张宽. 2019. 关于 PPP 项目实施绩效管理的几个重要问题[J]. 财政监督，（23）：49-54.

梅建明，詹婷. 2011. 地方政府融资平台债务风险与"阳光融资"制度之构建[J]. 中南民族大学学报（人文社会科学版），31（4）：124-128.

孟春. 2014. 运用 PPP 模式助推新型城镇化[J]. 中国财政，（9）：22-24.

孟祥娟. 2018. 城投的昨天今天明天——2018 下半年城投债投资策略报告[EB/OL]. 申万宏源，https://max.book118.com/html/2021/0711/8053143070003120.shtm.

米璨. 2011a. 我国地方政府投融资平台：问题、风险与防控[J]. 中国流通经济，25（4）：123-127.

米璨. 2011b. 我国地方政府投融资平台产生的理论基础与动因[J]. 管理世界，（3）：168-169.

缪小林，伏润民. 2012. 我国地方政府性债务风险生成与测度研究——基于西部某省的经验数据[J]. 财贸经济，（1）：17-24.

莫兰琼，陶凌云. 2012. 我国地方政府债务问题分析[J]. 上海经济研究，24（8）：100-108.

莫吕群，陈振东，郭霁月，等. 2016. 基础设施 PPP 项目融资风险分析与案例研究[J]. 工程管理学报，（5）：71-76.

潘如虎. 2007. 过度投资背后的地方政府行为机理研究——以对开发区过度建设的分析为例[J]. 浙江金融，（4）：32-33.

潘晟. 2018-08-17. "拆弹"隐性债务须深化金融改革[N]. 上海金融报. A02.

潘文轩. 2010. 防范与化解地方政府投融资平台运行风险的对策措施[J]. 经济研究参考，（42）：25.

潘志斌. 2015. 基于或有权益模型的我国地方政府性债务风险度量[J]. 系统管理学报，24（6）：847-853.

配第 · W. 2006. 赋税论[M]. 北京：华夏出版社.

蒲丹琳，王善平. 2014. 官员晋升激励、经济责任审计与地方政府投融资平台债务[J]. 会计研究，（5）：88-93，95.

钱凯. 2010. 防范地方政府融资风险问题的观点综述[J]. 经济研究参考，（30）：36-43.

钱颖一. 1995. 企业的治理结构改革和融资结构改革[J]. 经济研究，（1）：20-29.

秦德安，田靖宇. 2010. 地方政府融资平台研究综述[J]. 地方财政研究，（4）：9-13.

邱冬阳，曹亚飞，邓璇. 2018. 中国 PPP 资产证券化定价影响因素的实证研究[J]. 上海经济，（4）：92-107.

瞿定远. 2012. 中国地方政府投融资平台风险研究[D]. 华中科技大学博士学位论文.

曲智超. 2004. 政府的隐性债务或有债务风险与国债政策的可持续性[J]. 财会研究，（8）：4-6.

任龙辉，陈志. 2012. 关于我国地方政府融资平台的文献综述[J]. 华北金融，（8）：7-10.

任蕊. 2017. 论当前地方政府融资平台贷款存在的风险及防控措施[J]. 中国集体经济，（1）：81-82.

任中红，刘成，叶林，等. 2011. 地方政府债券投资运作的实践与思考——对邵阳市地方政府债券资金运行情况的调查[J]. 金融经济，（4）：31-33.

萨伊. 1997. 政治经济学概论：财富的生产分配和消费[M]. 北京：商务印书馆.

沈俊，邓明然. 2006. 基于热传导原理的企业风险传导研究[J]. 武汉理工大学学报（信息与管理工程版），（9）：37-40.

沈立人，戴园晨. 1990. 我国“诸侯经济”的形成及其弊端和根源[J]. 经济研究，（3）：12-19，67.

沈沛龙，樊欢. 2012. 基于可流动性资产负债表的我国政府债务风险研究[J]. 经济研究，47（2）：93-105.

沈丽，刘媛，李文君. 2019. 中国地方金融风险空间关联网络及区域传染效应：2009-2016[J]. 管理评论，31（8）：35-48.

沈雨婷. 2019. 财政分权与晋升激励对地方政府债务影响研究[J]. 甘肃社会科学，（1）：172-178.

时红秀. 2007. 地方政府经济竞争：理论演进和中国的实践[J]. 国家行政学院学报，（5）：91-94.

司铁英. 2018. PPP 项目资产证券化存在的问题及对策研究[J]. 会计之友，（15）：82-84.

斯蒂格利茨 J. 1998. 《经济学》小品和案例[M]. 北京：中国人民大学出版社.

斯密 A. 2002. 国民财富的性质和原因的研究[M]. 北京：商务印书馆.

苏晓鹏，王兵，冯文丽. 2009. 地方政府投融资平台风险预警与化解对策[J]. 农村金融研究，（12）：29-32.

孙凌志，贾宏俊，任一鑫. 2016. PPP 模式建设项目审计监督的特点、机制与路径研究[J]. 审计研究，（2）：44-49.

谈建军. 2012. 地方政府投融资平台风险防范研究[J]. 区域金融研究，（10）：79-83.

唐小梅. 2010. 后危机时期商业银行拓展地方融资平台业务的理性思考[J]. 南方金融，（5）：72-75.

唐云峰. 2006. 论仲裁员报酬[J]. 商事仲裁，1：70-80.

田丰沛. 2020. 民营企业参与 PPP 项目现状和发展建议[J]. 山西农经，（5）：100-101.

田雪丰，赵玉梅. 2016. 我国地方政府融资平台债务风险问题研究综述[J]. 经营与管理，（8）：103-106.

万莎. 2010. 我国地方政府债券发行风险分析——基于经济学维度的思考[J]. 金融与经济，（2）：41-44.

汪立鑫，左川，李苍祺. 2019. PPP 项目是否提升了基础设施的产出效率？[J]. 财政研究，（1）：90-102.

王安兴，解文增，余文龙. 2012. 中国公司债利差的构成及影响因素实证分析[J]. 管理科学学报，（5）：32-41.

王柏杰. 2018. 基于地方政府资产负债表的地方债务规模与风险估算——来自中国七个资源型省份的经验证据[J]. 山西财经大学学报，40（10）：17-30.

王大用. 2004-04-13. 地方政府负债的合法化问题[N]. 金融时报.

王芳，陈曦. 2013. 地方政府债务形成的“赤字竞赛”假说[J]. 财政研究，（7）：40-42.

王嘉，闫婷. 2015. 地方政府融资平台债务风险及对策分析[J]. 科技展望，25（32）：191.

王健，汪伟勃. 2017. 英俄 PPP 模式的比较及对中国的启示——基于 KPI 方法的研究[J]. 复旦学报（社会科学版），59（4）：125-133.

王金昌. 2013. 地方政府投融资平台资产风险形成机理与评价研究[D]. 中南大学博士学位论文.

王清刚. 2012. 企业社会责任管理中的风险控制研究——以 BJNY 集团的环境、健康和安全管理为例[J]. 会计研究，（10）：54-64，96.

王涛，高珂. 2019. 我国地方政府隐性债务风险与化解对策研究[J]. 西南金融，（11）：3-12.

王涛，高珂，李丽珍. 2019. 基于财政可持续性视角的地方政府隐性债务治理研究[J]. 当代经济管理，41（12）：63-75.

王文峰. 2015. 我国地方政府融资平台风险及防范研究[D]. 首都经济贸易大学博士学位论文.

王晓光. 2005. 地方政府债务的风险评价与控制[J]. 统计与决策，（18）：35-38.

王晓彦，胡婷婷，胡德宝. 2019. PPP 项目利益与风险分担研究——基于 PPP 项目利益主体不同利益诉求的分析[J]. 价格理论与实践，（8）：96-99.

王旭颖. 2017. “泛资管”背景下券商资产管理业务的创新研究[J]. 经营管理者，（22）：17-18.

王亚芬，梁云芳. 2004. 我国财政风险预警系统的建立与应用研究[J]. 财政研究，（11）：25-27.

王晔. 2011. 我国地方政府投融资平台规范发展的探讨[J]. 科技情报开发与经济，21（8）：161-163，169.

王义中，宋敏. 2014. 宏观经济不确定性、资金需求与公司投资[J]. 经济研究，49（2）：4-17.

王永钦，陈映辉，杜巨澜. 2016. 软预算约束与中国地方政府债务违约风险:来自金融市场的证据[J]. 经济研究，51（11）：96-109.

王雨辰，胡轶俊. 2019. 民营企业 PPP 项目参与度研究——基于公共性的风险分析[J]. 软科学，33（6）：89-94.

王玉婷. 2016. 地方政府融资平台贷款信用风险研究[D]. 武汉大学博士学位论文.

王远胜. 2016. 突破 PPP 融资瓶颈：项目整体营业证券化试探[J]. 证券市场导报，（5）：4-9，16.

王元璋，涂晓兵. 2011. 试析我国资产证券化的发展及建议[J]. 当代财经，（3）：67-72.

王真，雷良海. 2016. 新预算法背景下地方政府融资平台风险分析[J]. 物流工程与管理，38（7）：236-238.

王治，谭欢，王靖. 2015. 基于期权博弈的 PPP 项目特许权期决策模型[J]. 财经理论与实践，36（6）：58-63.

魏加宁. 2004. 中国地方政府债务风险与金融危机[M]. 北京：经济科学出版社.

魏加宁. 2010. 地方政府投融资平台的风险何在[J]. 中国金融，（16）：16-18.

魏蓉蓉，李天德，邹晓勇. 2020. 我国地方政府 PPP 隐性债务估算及风险评估——基于空间计量和 KMV 模型的实证分析[J]. 社会科学研究，（2）：66-74.
温来成. 2014. 中国地方政府债务管理改革的里程碑[J]. 理论视野，（10）：28-31.
温来成，李婷. 2019. 我国地方政府隐性债务边界的厘清及治理问题研究[J]. 中央财经大学学报，（7）：18-26.
温来成，刘洪芳. 2016. 我国地方政府信用风险评估体系的构建及运用[J]. 中央财经大学学报，（9）：11-19.
温来成，刘洪芳，彭羽. 2015. 政府与社会资本合作（PPP）财政风险监管问题研究[J]. 中央财经大学学报，（12）：3-8.
温来成，马昀. 2019. 我国地方政府债务透明度问题研究[J]. 财政监督，（12）：17-21.
温来成，张偲. 2014. 地方政府投融资平台城投债发展前景研究[J]. 经济研究参考，（38）：28-40.
文照明. 2013. 完善地方政府投融资平台建设的思考[J]. 宏观经济管理，（1）：39-40.
毋晓雷. 2013. 地方债务风险及防控[J]. 宏观经济管理，（1）：41-43.
吴世农，卢贤义. 2001. 我国上市公司财务困境的预测模型研究[J]. 经济研究，（6）：46-55，96.
武彦民，杨峥. 2012a. 土地财政、城市产出效率与全要素生产率增长差异[J]. 审计与经济研究，27（4）：87-94.
武彦民，杨峥. 2012b. 土地财政与最优城市规模[J]. 经济与管理研究，（3）：29-38.
武彦民，张丽恒. 2011. 地方投融资平台债务的风险状态与控制[J]. 天津商业大学学报，31（2）：3-8.
武彦民，张丽恒. 2012. 我国地方政府融资平台债务风险的现状与治理研究[J]. 青海社会科学，（6）：70-75.
夏红艳. 2010. 规范地方政府融资平台的法治化路径[D]. 西南财经大学硕士学位论文.
夏诗园. 2019. 中国金融市场发展对地方政府债务适度规模的影响研究——基于省级面板数据门槛模型的实证检验[J]. 宏观经济研究，（5）：74-88.
夏喆. 2007. 企业风险传导的机理与评价研究[D]. 武汉理工大学博士学位论文.
夏喆. 2009. 论企业财务风险的传导机理[J]. 财会月刊，（21）：19-22.
夏喆，邓明然. 2006a. 企业风险传导规律研究[J]. 财会月刊，（32）：13-14.
夏喆，邓明然. 2006b. 企业风险传导过程中的规律研究[J]. 当代经济管理，（5）：32-34.
向鹏成，王碧. 2019. 演化博弈视角下民营企业参与 PPP 项目的积极性研究[J]. 建筑经济，40（1）：58-63.
肖钢. 2009-11-02. 地方融资平台贷款应有保有压[N]. 人民日报. 018.
谢恒，李萌，冯丽丽. 2009. 构建现代投融资机制，加快城市基础设施建设——以河北省为例[J]. 中国经贸导刊，（20）：40-41.
谢虹. 2007. 地方政府债务风险构成及预警评价模型构建初探[J]. 现代财经（天津财经大学学报），（7）：63-65.

谢新. 2014. 地方政府基础设施建设投融资平台债务问题研究[D]. 南开大学博士学位论文.
谢旭人. 2010. 加快财税体制改革促进又好又快发展[J]. 中国财政，（22）：8-10.
谢志华. 2007. 内部控制、公司治理、风险管理：关系与整合[J]. 会计研究，（10）：37-45，95.
辛晓瑜. 2018. 关于地方政府隐性债务风险的思考[J]. 中国市场，（29）：51，67.
星焱. 2017. 我国 PPP 项目资产证券化中的问题与对策[J]. 证券市场导报，（5）：40-44.
熊波. 2009. 我国发行地方债的理论基础与制度设计[J]. 财政研究，（6）：42-43.
徐梅. 2002. 地方公共投资研究[D]. 四川大学博士学位论文.
徐明稚，张丹，姜晓璐. 2012. 基于现金流量模型的高校财务风险评价体系[J]. 会计研究，（7）：57-64，97.
徐文擎. 2017-01-18. 洪磊：PPP 项目资产证券化业务发展空间广阔[N]. 中国证券报. A02.
许安拓. 2011. 地方融资平台风险：总量可控局地凸显[J]. 中央财经大学学报，（10）：7-12.
许争，戚新. 2013. 地方政府性债务风险预警研究——基于东北地区某市的经验数据[J]. 科学决策，（8）：30-47.
薛菁. 2020. 政策扶持对民营企业 PPP 项目参与度影响效应探析[J]. 兰州学刊，（4）：138-148.
闫明，顾炜宇. 2014. 我国地方政府信用风险评级体系构建：框架与方法[J]. 中央财经大学学报，（3）：47-54.
杨斌，董玲. 2013. 基于灰色系统理论的资产证券化风险评价[J]. 会计之友，（8）：31-34.
杨灿明，鲁元平. 2015. 我国地方债数据存在的问题、测算方法与政策建议[J]. 财政研究，（3）：50-57.
杨海生，才国伟，李泽槟. 2015. 政策不连续性与财政效率损失——来自地方官员变更的经验证据[J]. 管理世界，（12）：12-23，187.
杨海生，罗党论，陈少凌. 2010. 资源禀赋、官员交流与经济增长[J]. 管理世界，（5）：17-26.
杨珊. 2014. 论地方政府信用评级法律制度建设[J]. 西南交通大学学报（社会科学版），15（5）：121-127.
杨十二，李尚蒲. 2013. 地方政府债务的决定：一个制度解释框架[J]. 经济体制改革，（2）：15-19.
杨淑娥，徐伟刚. 2003. 上市公司财务预警模型——Y 分数模型的实证研究[J]. 中国软科学，（1）：56-60.
杨伟，黄亭亭. 2010. 我国地方政府投融资平台风险分析[J]. 中国金融，（6）：80-81.
叶建木. 2009. 企业财务风险传导路径及传导效应[J]. 财会月刊，（2）：88-89.
叶晓甦，杨俊萍. 2012. 基于多目标规划模型的 PPP 项目定价方式研究[J]. 统计与决策，（6）：74-77.
叶祝颐. 2018-07-25. 决算公开再进一步更好回应社会关切[N]. 中国商报，01.
殷德生. 2000. 我国金融组织空间结构：路径、效率与改革[J]. 当代财经，（8）：37-41.

尹航，李远富，赵冬梅. 2016. 基于云模型的 PPP 项目风险分担方案决策方法[J]. 科技管理研究，（15）：201-206.
尹龙. 1999. 资产证券化：动力、约束与制度安排[J]. 金融研究，（2）：58-63.
于海峰，崔迪. 2010. 防范与化解地方政府债务风险问题研究[J]. 财政研究，（6）：56-59.
于宁. 2010. 重庆城投的政府之手[J]. 中国投资，（3）：54-57.
于新花. 2009. 企业财务风险管理与控制策略[J]. 会计之友（中旬刊），（2）：23-24.
余德厚，程进飞. 2017. "去杠杆"背景下的金融创新——"名股实债"的性质认定及法律风险分析[J]. 湖南工程学院学报（社会科学版），27（3）：86-91.
袁广达. 2010. 基于环境会计信息视角下的企业环境风险评价与控制研究[J]. 会计研究，（4）：34-41.
袁洁. 2015. 我国地方政府性债务风险管理文献综述[J]. 经济研究参考，（23）：91-93.
袁琳，张宏亮. 2011. 董事会治理与财务公司风险管理——基于 10 家集团公司结构式调查的多案例分析[J]. 会计研究，（5）：65-71.
岳中志，蒲勇健，明道东. 2005. 地方财政风险成因分析及政策建议[J]. 江苏商论，(6)：131-132.
曾莉，罗双双. 2020. 我国 PPP 实践中民营企业参与度及其影响因素研究——基于 731 个县域样本的实证分析[J]. 软科学，34（2）：33-38.
张丽恒. 2013. 我国地方政府融资平台债务风险研究[D]. 天津财经大学博士学位论文.
张立承. 2018a. 基于融资平台公司的地方政府隐性债务变动趋势分析[J]. 财政科学，(5)：48-54.
张立承. 2018b. 地方政府隐性债务:学理分析与政策实践——"地方政府隐性债务"专题沙龙综述[J]. 财政科学，（5）：13-17，23.
张立承. 2019. 地方融资平台债务违约风险:从企业显性到政府隐性[J]. 财政监督，(13)：12-17.
张敏，张胜，王成方，等. 2010. 政治关联与信贷资源配置效率——来自我国民营上市公司的经验证据[J]. 管理世界，（11）：143-153.
张明，邹晓梅，高蓓. 2013. 中国的资产证券化实践：发展现状与前景展望[J]. 上海金融，(11)：31-36.
张鹏. 2015. 中国地方政府投融资平台债务融资风险研究[D]. 辽宁大学博士学位论文.
张璞，王丽萍，李荣波. 2016. 基于相对风险模型的公私合作项目风险评价研究[J]. 技术经济与管理研究，（11）：3-7.
张琦. 2012. 我国地方政府投融资平台的作用及风险防范分析[J]. 财政监督，（4）：69-72.
张前荣. 2015. 资产证券化：可化解地方政府债务风险[J]. 宏观经济管理，（8）：53-56.
张偲，朱永永. 2014. 中央政府债务依存度与地方政府预算外支出关系的实证研究[J]. 上海经济研究，（8）：16-26.
张文，夏晶，张念明. 2016. 我国地方政府融资平台信用风险评估——基于 Logistic 模型[J]. 贵州社会科学，（10）：151-157.

张晓晶，常欣，刘磊. 2018. 结构性去杠杆：进程、逻辑与前景——中国去杠杆 2017 年度报告[J]. 经济学动态，（5）：16-29.

张旭，成睿. 2019. 关于防范化解地方政府隐性债务风险的思考[J]. 债券，（4）：38-41.

张莹. 2015. 中国公私合作模式发展研究综述[J]. 东北财经大学学报，（4）：20-25.

张莹华. 2013. 集团公司财务风险控制体系的建设[J]. 会计之友，（6）：102-104.

张友棠，黄阳. 2011. 基于行业环境风险识别的企业财务预警控制系统研究[J]. 会计研究，(3)：41-48，95.

张志英. 2009. 中国金融市场波动传导的时滞分析[J]. 工业技术经济，28（5）：156-161.

赵静，方兆本. 2011. 中国公司债信用利差决定因素——基于结构化理论的实证研究[J]. 经济管理，33（11）：138-148.

赵全厚. 2018a. 地方政府隐性债务浅析[J]. 财政科学，（5）：44-47.

赵全厚. 2018b. 地方政府债务风险防范中的财政金融协调[J]. 财会月刊，（24）：3-8.

赵淑鹏. 2015. 地方政府投融资平台债务风险管控研究[D]. 西南财经大学博士学位论文.

郑汉金，曾伟. 2012. 我国地方政府投融资平台的债务风险防范与控制研究[J]. 改革与战略，28（9）：25-29.

郑华. 2011. 预算软约束视角下地方政府过度负债偏好的制度成因分析[J]. 财政研究，（1）：48-51.

郑洁，昝志涛. 2019. 地方政府隐性债务风险传导路径及对策研究[J]. 宏观经济研究，（9）：58-66.

中国人民银行南昌中心支行课题组，张智富. 2017. 金融风险与财政风险的协同管理研究——以政府引导基金为例[J]. 金融与经济，（12）：57-64.

周佳嵋，李茜. 2011. 地方政府投融资平台银行债务的风险研究及未来合作模式探索[J]. 中国财政，（9）：70-72.

周黎安. 2004. 晋升博弈中政府官员的激励与合作——兼论我国地方保护主义和重复建设问题长期存在的原因[J]. 经济研究，（6）：33-40.

周黎安. 2007. 中国地方官员的晋升锦标赛模式研究[J]. 经济研究，（7）：36-50.

周兰萍. 2016. 《PPP 项目运作实务》[J]. 中国战略新兴产业，（26）：75.

周亮，刘宜鸿. 2020. 防范和化解地方政府债务风险的难点与对策：一个文献综述[J]. 金融发展研究，（3）：58-64.

周青. 2011. 地方政府投融资平台风险管理与度量研究[D]. 重庆大学博士学位论文.

周首华，杨济华，王平. 1996. 论财务危机的预警分析——F 分数模式[J]. 会计研究，（8）：8-11.

周雪光. 2005. “逆向软预算约束”：一个政府行为的组织分析[J]. 中国社会科学，（2）：132-143，207.

周沅帆. 2010. 城投债——中国式市政债券[M]. 北京：中信出版社.

朱世武，应惟伟. 2000. 国债发行规模的实证研究[J]. 金融研究，（11）：49-57.

竹剡东. 2015. 我国地方政府债券信用风险的分析研究[D]. 浙江大学硕士学位论文.

Akai N，Sakata M. 2002. Fiscal decentralization contributes to economic growth：evidence from state-level cross-section data for the united states[J]. Journal of Urban Economics，52：93-108.

Akira Y. 2008. Sustainability of public debt，public capital formation，and endougenous growth in an overlapping Generations setting[J]. Journal of Public Economics，92（3/4）：897-914.

Alesina A，Hausmann R，Stein E. 1999. Budget institutions and fiscal performance in latin America[J]. Journal of Development Economics，59（2）：253-273.

Alesina A，Tabellini G. 1990. A positive theory of fiscal deficits and government debt[J]. Review of Economic Studies，57（3）：403-414.

Alesina A，Tabellini G. 1999. "Theory of subnational debt"[J]. Review of Economic Studies，57：111-123.

Annamalai T R，Hari S. 2016. Innovative financial intermediation and long term capital pools for infrastructure：a case study of infrastructure debt funds[J]. Journal of Financial Management of Property and Construction，21（3）：231-252.

Annicchiarico B，Marini G. 2005. Government deficits，consumption，and the price level[J]. Portuguese Economic Journal，4（3）：193-205.

Aschauer D. 2000. Public capital and economic growth：issues of quantity，finance and efficiency[J]. Economic Development and Cultural Change，48（2）：391-406.

Athias L，Nunez A. 2008. Winner's curse in toll road concessions[J]. Economic Letters，101（3）：172-174.

Babatunde S O，Perera S. 2017. Analysis of financial close delay in PPP infrastructure projects in developing countries[J]. Benchmarking: An International Journal，24（6）：110.

Babatunde S O，Perera S. 2017. Barriers to bond financing for public-private partnership infrastructure projects in emerging markets[J]. Journal of Financial Management of Property and Construction，22（1）：2-19.

Barro R J. 1974. Are government bonds NET wealth? [J]. Journal of Political Economy，82：1095-1117.

Barro R J. 1979. On the determination of the public debt[J]. Journal of Political Economy，87（10）：940-971.

Benny G. 2006. District magnitude，social heterogeneity and local party system fragmentation[J]. Research Article.

Besancenot D，Huynh K，Vranceanu R. 2004. Default on sustainable public debt：illiquidity suspect convicted[J]. Economics Letters，82（2）：205-211.

Bova E, Ruiz-Arranz M, Toscani F. 2016. The fiscal costs of contingent liabilities: a new dataset[J]. Social Science Electronic Publishing, 16: 14.

Breuss F, Eller M. 2004. The optimal decentralization of government activity: normative reconmmendations for the eurpean constitution[J]. Constitutional Politial Economy, 15: 27-76.

Brixi P H. 1998. Contingent Government Liabilities: A Hidden Risk for Fiscal Stability[M]. World Bank Publications.

Burke B. 2016. Gamify: How Gamification Motivates People to do Extraordinary Things[M]. Routledge.

Chen C, Yao S, Hu P, et al. 2016. Optimal government investment and public debt in an economic growth model[J]. China Economic Review, 45: 257-278.

Dabrowski K. 2006. The dynamics of concepts: a cross-cultural validity study[J]. Creativity Research Journal, 10: 201-206.

Dabrowski M. 2002. Currency crises in emerging-market economics: causes consequences and policy lessons[J]. CASE Network Reports, 5: 58.

Danil R. 2010. Soaring Government Spending "Crowds Out" Private Investment Returns[DB/OL]. http: //news. goldseek. com/goldseek/1275592140. Php010-06-0.

Devarajan S, Swaroop V, Zou H. 1996. The composition of public expenditure and economic growth[J]. Journal of Monetary Economics, 37 (2): 313-344.

Drine I, Nabi M S. 2010. Public external debt, informality and production efficiency in developing countries[J]. Economic Modelling, 27 (2): 487-495.

Easterly W, Rebelo S. 1993. Fiscal policy and economic growth[J]. Journal of monetary economics, 32 (3): 417-458.

Easterly W, Sergio R. 1993. Fiscal policy and economic growth: an empirical investigation[J]. Journal of Monetary Economics, 32: 417-458.

Georgellis Y, Iossa E, Tabvuma V. 2011. Crowding out intrinsic motivation in the public sector[J]. Journal of Public Administration Research and Theory, 21 (3): 473-493.

Groneck M. 2010. A golden rule of public finance or a fixed deficitregime? Growth and welfare effects of budget rules[J]. Economic Modelling, 27 (2): 523-524.

Guess M. 2014. When should public debt be reduced[J]. IMF staff discussion note, 15 (10): 1.

Gunnar S E, Litvack J, Rodden J. 2003. Eskeland Fiscal Decentralization and the Challenge of Hard Budget Constraints[M]. USA: The MIT Press.

Hamilton J, Flavin M. 1986. On the limitations of govemment borrowing: a framework for empirical tseting[J]. American Economic Review, 76 (4): 808-819.

Hayek F A. 1945. The Use of knowledge in society[J]. The American Economic Review, 35 (4): 519-530.

Hildreth W B，Miller G. 2002. Debt and the loeal economy：problems in benchmarking local government debt affordability[J]. Publie Budgeting & Finance，（22）：99-113.

Hildreth W B，Zorn C K. 2005. The evolution of the state and local government municipal debt market over the past quarter century[J]. Puhlic Budgeting and Finance，25（4）：127-153.

Horner-Devine C，Leibold M A，Smith V H，et al. 2003. Bacterial diversity patterns along a gradient of primary productivity[J]. Ecology letters，6（7）：613-622.

Jarrow R A,Turnbull S M.1995. Pricing derivatives on financial securities subject to credit risk[J]. The journal of finance，50（1）：53-85.

Jenkner M，Lu Z. 2015. Sub-National Credit Risk and Sovereign Bailouts：Who Pays the Premium? [J]. IMF Working Papers，14（20）：1.

Johansson D. 2010. Debt relief，investment and growth[J]. World Development，38（9）：1204-1206.

Johnson C L，Kriz K A. 2005. Fiscal institutions，credit ratings，and borrowing costs[J]. Public Budgeting & Finance，25（1）：84-103.

Jonathan R. 2004.Government finance[J]. Economics of the Public Sector，12-30.

Joseph E S. 2010. The mode of management of public capticald bebt[J]. Journal of Applied Economnetrics，（2）：137-160.

Kaufmann D，Kraay A，Zoido P. 1999. Governance matters[J]. Policy Research Working Paper Series.

Kennedy S，Robbins J. 2001. The role of fiscal rules in determining fiscal performance[J]. SSRN Electronic Journal，16：237.

Kim S，Park S. 2016. Credit rating inflation during the 2000s: lessons from the US state governments[J]. International Journal of Economics and Financial Issues，6（1）：13-19.

Kim W，Son Y S，Chung C C.2015. Torque-overlay-based robust steering wheel angle control of electrical power steering for a lane-keeping system of automated vehicles[J]. IEEE Transactions on Vehicular Technology，65（6）：4379-4392.

Kumhof M，Clinton K，Laxton D，et al. 2011. Deficit and reduction：short-term pain for long-term gain[J]. European Economic Review，55（1）：118-139.

Lan S. 2015. Fair valueand volatility in the cases of assets securitization，derivative hedging and loan loss provisioning[J]. Theoretical Economics Letters，5（5）：670-682.

Lerner A P. 1948. The burden of the national debt//Metzler L A.Income，Employment，and Public Policy[M]. New York：W. W. Norton：255-275.

Lerner A P. 2006. The role of fiscal[J]. Public Economic Review，（3）：68-80.

Liang S. 2015. Chinese credit asset securitization：development status，problems and suggestions[J]. International Business and Management，11（3）：87-90.

Lintner J. 1965. Security prices, risk, and maximal gains from diversification[J]. The Journal of Finance，20（4）：587-615.

Liu L，Waibel M.2010. Managing subnational credit and default risks[J]. The World Bank Policy Research Working Paper，53（8）：62.

Longstaff F A，Mithal S，Neis E. 2004. Corporate yield spreads：default risk or liquidity? New evidence from the credit default swap market[J]. Journal of Finance，60（5）：2213-2253.

Marianne V. 2003. Local Government Economics in Theory and Practice[M]. London：Routledge，38-60.

Martinez-Vazquez J，Vulovic V. 2016. How well do subnational borrowing regulations work? [J]. Social Science Electronic Publishing，1：50.

Mehl A，Reynaud J. 2010. Risky public domestic debt composition in emerging economies [J]. Journal of International Money and Finance，29：1-18.

Merton R C. 1974. On the pricing of corporate debt: The risk structure of interest rates[J]. The Journal of finance，29（2）：449-470.

Mikesell J，Mullins D.2011. Reforms for improved efficiency in public budgeting and finance：improvements, disappointments, and work in progress[J]. Public Budgeting & Finance，（5）：31.

Mossin J. 1966. Equilibrium in a capital asset market[J]. Econometrica: Journal of the Econometric Society，8：768-783.

Musgrave R A. 1959. The Theory of Public Finance[M]. New York：McRaw-Hill.

Musgrave R A. 1959. Public Finance in Theory and Practice：A Study in Public Economy[M]. New York：McGraw-Hill.

Nosbusch Y. 2008. Interest costs and the optimal maturity structure of government debt[J]. Economic Journal，118：477-498.

Oates W E. 1972. Fiscal Federalism[M]. New York：Harcourt Brace Jovanovich Press.

Pekka L P，Ojala L，Töyli J. 2016. An integrated ecosystem model for understanding infrastructure PPPs [J]. Utilities Policy，42：10-19.

Perez J, Prieto R. 2015. Risk factors and the maturity of subnational debt[J]. Public Finance Review，43（6）：22-26.

Pertersson L. 2003. Fiscal steuctures and economics growth at the state and local level[J]. Public Finance Review，（3）：67-80.

Philipov A, Avramov D, Chordia T, et al. 2007. Momentum and credit rating[J]. Journal of Finance，62（5）：2503-2520.

Plekhanov，Sin.2006. International Monetary Fund Globalization, Financial Markets，and Fiscal Policy.

Quiggin J. 2005. Economic liberalism：fall，revival and resistance[J]. Australian Public Policy Program Working Papers，5：3.

Raju S. 2005. On the cost of bank centered financial system[J]. Journal of Political Economy，（9）：416-424.

Reinhart C M，Rogoff K.2011. The Second Great Contraction:From "This Time Is Different" [M]. Princeton University Press.

Robertson M L. 2016. Securitization and financial markets：the implications for interest rate pass through[J]. Journal of Financial Economic Policy，8（4）：472-498.

Rodden J. 2002. The grants dilemma and fiscal of fiscal federalism：the performance around world[J]. American Journal of Political Science，46（3）：670-687.

Rondinelli D A. 1990. Financing the decentralization of urban services in developing countries：administrative requirements for fiscal improvements[J]. Studies in comparative International Development，25（2）：43-59.

Samuelson P A. 1996. Government debt behave[J]. Economist，（12）：14-15.

Savas E. 2000. Privatization and Public-Private Partnerships[M]. NewYork：Chatham House.

Schick A. 2003. The role of fiscal rules budgeting[J]. OECD Journal on Budgeting，3（3）：7-34.

Schmitt G S，Uribe M. 2004. Optimal fiscal and monetary policy under sticky prices[J]. Journal of Economic Theory Elsevier，（2）：233-235.

Sharpe W F. 1964. Capital asset prices: A theory of market equilibrium under conditions of risk[J]. The Journal of Finance，19（3）：425-442.

Shleifer A，Robert W，2010. Unstable banking[J]. Journal of Financial Economics，97：306-318.

Sing T F，Ong S E，Fan G Z，et al. 2005. Pricing credit risk of asset-backed securitization bonds in Singapore[J]. International Journal of Theoretical and Applied Finance，8（3）：321-338.

Skip K，Walker R W. 2010. Management practices and state bond ratings[J]. Public Budgeting & Finance，30（4）：47-70.

Stein J C. 2012. Monetary policy as financial-stability regulation[J]. Quarterly Journal of Economics，127：57-95.

Sundaresan S M. 2002. Institutional and analytical framework for measuring and managing government's contingent liabilities[J]. Government at Risk，6：99-122.

Sunderam A. 2013. Money creation and the shadow banking system[J]. Harvard University，28（4）：939-977.

Svennson L E O. 1994. Estimating and interpreting forward interest rates: Sweden 1992-1994[J]. NBER Working Papers.

Tah KA，Martinez O.2016. The effects of securitized asset portfolio specialization on bank holding company's return and risk[J]. Studies in Economics and Finance，33（4）：679-687.

Thornton J. 2007. Fiscal decentralization and economic growth reconsidered[J]. Journal of Urban Economics，61（1）：64-70.

Tiebout C. 1956. A pure theory of local expenditures[J]. Journal of Political Economy，64（5）：416-424.

Traum N. 2014. Does government Debt Crowd Out Investment?[A]. Working Paper Series Congressional Budget Office Washington D. C，（4）：20-26.

Wildasin D E. 2004. The institutions of federalism：toward an analytical framework[J]. National Tax Association，57（2）：247-272.

Woodford M. 2012. Methods of policy accommodation at the interest rate lower bound[J]. Federal Reserve Bank of Kansas City，12：185-288.

Yaziji M，Doh J. 2009. NGOs and Corporations: Conflict and Collaboration[M]. Cambridge University Press.

Yingshu B，Doowoo N. 2009. An analysis of the impacts of corporate governance on the financial performance of the Chinese banks[J]. International Journal of Revenue Management，（1）：132-140.

Young S S. 2012. Market-Oriented Subnational Debt Regimes：Empowering the Developing World to Construct Infrastructure[J]. Vanderbilt Journal of Transnational Law，（45）：160.